· 娱乐研究译丛 ·

主编｜晏 青　支庭荣

U0782448

社交媒体娱乐

［澳］斯图尔特·坎宁安（Stuart Cunningham）
［美］大卫·克雷格（David Craig）　／著

陈彦瑾　／译
陶 然

Social Media
Entertainment

中国传媒大学出版社
· 北京 ·

本书受到国家社会科学基金重大招标项目
"互联网群体传播的特点、机制与理论研究"（15ZDB142）资助纪念马特·帕拉佐洛——作家、明星兼制片人，《绽放》主创，以及所有用心创作的创作者们。

总　序
PREFACE

古登堡发明印刷机距今近600年，但在最近一个世纪里，娱乐功能才正式进入大众传播的功能序列，出现了哈罗德·门德尔松（Harold Mendelsohn）的《大众娱乐》（1966）、威廉·斯蒂芬森的《大众传播的游戏理论》（1964）等专门性的著作。娱乐与大众媒介相伴而生，但人们对娱乐进行较深入的研究还是近60年的事。我们很难给娱乐下定义，因为它是一个常识性的概念。目前娱乐研究学者一般认为，娱乐是一种沟通性、需要外部刺激、能让一部分受众感到快乐的活动。

娱乐在不同媒介的认知逻辑中存在差异，并在文化变迁、技术迭代中积累成当下样态。娱乐现象最先出现于报纸媒介，是大众传播历史上出现的一个新现象，受到较多关注。从20世纪初的"小报"，到硬新闻软化、故事化，娱乐新闻出现，直到当下，新闻娱乐化现象时时露头。相比其他媒介形式，因为娱乐潜能有限，报纸的娱乐化程度并不高，早期报纸作为资产阶级思想启蒙阵地身负重任，同时因为它使用的是文字逻辑，所以娱乐化现象在报纸上一经出现便引发了很多关注。

电影中的娱乐似乎没这么让人关注。电影中的娱乐随着技术发展越来越摄人心魄。当然，电影的娱乐性施予，本质在于电影是一种虚构的、讲故事的媒介，它以假定为真，利用奇幻的视听技术满足人们的白日梦。1877年，托马斯·爱迪生发明了留声机，它迅速成为该世纪最受欢迎的家庭娱乐设备。爱迪生试图给留声机提供视觉效果而让助理迪克森发明了"电影摄影机"，间接促成了19世纪末的电影的诞生。1902年，庞大的电影生产设施被制造出来，电影的流水线生产得以实现。大概从1897年开始，考虑到观众新鲜感会消退，电影行业的人们不得不频频更换电影放映场地，辗转于各地的杂耍剧院、露天游乐场、马戏团帐篷、中学等，彼时观看电影成为一种日常生活中偶发性、嵌入式的娱乐方式。直至10年后世界上第一座豪华电影院在巴黎被建造出来，电影的光学技术才得以实现。20世纪，电影开始引入叙事、声音、特效等技法和技术，成为娱乐的典型形式。

20世纪60年代，电视成为主流媒介之后，娱乐开始成为一个媒介现象被广泛关注。中国的娱乐化问题于20世纪90年代从电视媒介开始受到广泛关注。电视媒介承载了很多功能，一方面因为其日常性、公共性，电视有了更多公共服务价值。电视台作为国家经营之物，是人们信息接收和认知的权威来源，电视被视为严肃的媒介。另一方面电视是一个混杂的话语系统，其中有大量现实指向的内容（新闻、纪录片），也有大量虚构性、娱乐性的内容（电视剧、综艺节目）。所以，娱乐化作为一种问题域和方法域同时存在。

21世纪前后，基于计算机的互联网成为大众追求娱乐的主要媒介，媒介技术2.0时代的赋权带来的内容创生、传播过程的操控感、娱乐体验的丰富性以指数级的速度增长。如今，娱乐阵地转向移动媒体、智能媒体。据CNNIC（中国互联网络信息中心）的数据，截至2021年底，我国使用手机上网的用户超过10亿。其中，短视频用户规模达9.34亿。如今的娱乐方式更加多元，仅以电影、网络视频、网络直播、网络游戏、网络音乐、网络文学等几种业态来看，娱乐方式就五花八门了，如游戏的沉浸式、高卷入度的故事讲述和社交驱动的数字体验。2021年，全球游戏市值超过1,984亿美元，全球32亿游戏玩家，其中亚洲游戏玩家占14.8亿。所以娱乐产业年产值何止万亿？

娱乐很少纯粹享乐至上，更多的时候是"复调叙事"，甚至被视为"注意力引擎"（attention engines）。信息娱乐（infortainment）、寓教于乐（edutainment）等做法深入人心。比如，健康教育、信息教育、意识形态被整合到流行娱乐形式中，旨在积极影响意识、知识、态度或行为，而且一般认为，这种方式能有效减少人们对劝服性信息的抵触情绪，从而更有效。

综上可见，娱乐产业之巨、拥趸之多！阿萨·布里格斯（Asa Briggs）认为，大众娱乐是现代产业的源头。整个社会似乎也泛娱乐化，娱乐已渗透于日常生活、社会结构之中。那么引发的问题是，为什么我们所处的时代是娱乐社会，或者说，为何娱乐在这个时代挥之不去？

古代社会的个体嵌入与他人、社会的关系，与自然世界和宇宙整体的关系，亦在"人、神、自然"的统一秩序和整体的关系结构中。这种关系结构成为个体安身立命、产生意义感和价值感的源泉。但现代社会发生了"个人主义转向"和"个人中心主义转向"。"人"被重新发现，个体的"自我"价值从各种整体性的关系和等级秩序中跳脱出来，并被赋予神圣性，作为权利承担者的个体被释放出来，个体的权利在现代社会原则里得到维护。各种宏大的、超验的价值秩序解体，个体的私体验、自我主义变成唯我主义，个体很容易追求"渺小和粗鄙的快乐"，变成尼采所说的"末人"（last man）。泰勒在《世俗时代》一书中将类似现象概括为世俗社会的表征。我们生活在世俗时代，世俗性是理解当代整体问题的语境，而我们道德的、灵性的或宗教的经验与追寻正是发生在这一语境之中。在他看来，西方社会的世俗性首先体现在"公共空间的世俗性""宗教信仰与实践的衰落"，对宗教的不信任"已经成为许多人主要的默认选项"。

西方社会个人主义的兴起，容易引发人们对渺小、粗鄙的快乐的追求，放逐神性文化，从而追求当下的媒介享受，娱乐兴焉。在一定程度上，这种逻辑也可以用来解释中国情境下的娱乐问题。个人主义无法描述中国问题的核心要素，但现代社会价值的共通性、市场经济的基本运作原则，使得世俗性、个体、自我在我国成为一个需要正视的问题。

娱乐产业不仅丰富，而且是世俗社会的典型形态，它还适应人的生理心理结构。功利主义倡导者边沁认为，人类由痛苦和快乐主宰，道德的最高原则就是使幸福最大化。娱乐带来快乐。神经科学揭示，快乐是复杂的奖赏系统的核心部分，其核心体验是脑部深处的腹侧纹状体（伏隔核是其主要组成部分）运作的结果。眶额叶皮层中部与腹内侧额叶还会对快乐进行编码。另外，我们也应该认识到，文化多元的重要性。正如威廉·冯·洪堡（Wilhelm von Humboldt）所说的，人类的多样性发展，有着绝对而根本的重要性。以上罗列的种种说明，娱乐在社会生活中的重要性、广泛性，呼唤研究者入场。

如果将娱乐比喻成一个天平，一端住着"真善美"，另一端藏着"煽色腥"。国内主要选择"煽色腥"这一端进行伦理批判。在具体实践中，"娱乐问题"这一口头禅将娱乐问题化，也是很多讨论的逻辑起点。可能是无意识的，也可能是惯性使然，人们将娱乐单维度、武断地问题化，对其采用一种"被治理、规制"或"我们要严阵以待"的隐含语义系统的表达手段，并套入相应的理解框架。比如，"娱乐至死"这一术语将娱乐框定为一种"不祥之物"，而将娱乐者框定为一个"赴死者"，将提供娱乐的媒体框定为"作恶者"。

几十年来的相关研究汗牛充栋，看似繁花似锦，实则基础不牢、风雨飘摇。可以这样描述国内娱乐研究的问题：一是娱乐本体理论研究空缺。此现象甚是怪异，学界皆谈娱乐，可它究竟是何物，如何发生的，具体机制是什么等问题基本被漠视。可能是因为人人皆知娱乐，无细究的必要？二是主体意识缺乏。娱乐理论在学术界往往被边缘化。娱乐现象广受关注，但娱乐缺乏由内向外辐射的能力，往往成为流行文化、媒介伦理等研究的"婢女"。三是受限于固有的思维。研究陷于价值判断或不规范的规范。但大多数研究将娱乐视为冲毁主流价值堤岸的泥石流，从价值层面建立一套大众媒介的规范准则，试图用"应然"去推断"实然"。

无法有效展开娱乐研究的原因如下：一是早期的传播学者选择研究大众媒体的劝服功能而非娱乐功能，这个侧重点被长时期保持了下来。二是娱乐占据人们的日常时间，俘获了他们的注意力，因此研究者们误认为这对人类行为变迁没有决定性作用。这两条是娱乐研究者20多年前就提出来的。具体到国内，可能还要加上两条：一是中国的忧国忧民传统，让学者更关注严肃、沉重的事件，而将娱乐视为"轻佻"之物；二是实证主义研究滞后，近十几年有所缓解，但仍任重道远，这影响了娱乐研究的质量。这一系列因素，造成国内外关注的理论问题、选取的理论文本、研究方法都存在差异。

宽泛定义上的娱乐研究可以上溯至古希腊，理论成果包括柏拉图的游戏理论、马斯·霍布斯之幽默的优越论、赫伯特·斯宾塞之笑的理论、弗洛伊德之幽默的精神分析理论等。现代娱乐理论是从20世纪70年代开始的。世人大范围谈论娱乐，尤其以大众媒介为中介的娱乐现象成为一个被人广泛关注的对象，娱乐的媒介体验也开始成为学者们的关切点。发展至今，娱乐研究已有扎实的基础，众多学者已经构建了理论概念，并积累了相关体验，形成了娱乐研究的基本观念。

实际上，娱乐研究有两个学术传统，一个是受到法兰克福学派影响形成的批判传统。这些学者包括以利胡·卡茨（Elihu Katz）、大卫·福克斯（David Foulkes）、哈罗德·门德尔松等人。这个视角的研究，对信息的内容和形式进行了精确观察，并对符号系统和观众对娱乐的解释情境做了详细描述。只不过这个视角的娱乐研究在国外学术传统中中断了，相反，我国部分研究走的正是这条道路，但其往往将娱乐视为一个材料或对象，"顾左右而言他"。另一个是以道尔夫·齐尔曼为代表的研究传统，这是目前国外的主流研究范式。它在动机和情感心理学基础上发展而来，依赖于积极心理学、自我控制理论、道德心理学等理论资源，产生娱乐双因素模型、情感倾向理论、情绪管理理论、兴奋转移理论等娱乐理论，但这一传统在我国基本空白。

基于此，本译丛试图缓解我国这一困局："人民日益增长的美好生活需要和不平衡不充分的发展之间的矛盾。"

（1）丛书以娱乐本体理论为旨归，围绕"娱乐"这一内核事件的知识体系展开。《娱乐理论：牛津手册》一书在2021年由牛津大学出版社出版，近千页的篇幅，对娱乐理论的阐释不可谓不详。它为传媒娱乐研究提供了大量基于传播学和心理学的理论与模型，可视为人文社会科学研究的知识资源。全书论及基础理论、心理体验、特定娱乐形式、特定娱乐现象等，对娱乐理论、心理过程有深入讨论，对经典小说、VR（虚拟现实）视频游戏、虚构故事、媒介体育等各种"旧"和"新"的娱乐媒体做了梳理。

（2）心理学是国外娱乐研究最重要的传统和路径。丛书选择《娱乐心理学》《娱乐劝服心理学》两本论著，聚焦娱乐的心理学机制。前者聚焦心理学的视角与范式，从娱乐选择、接收和处理的基本机制与过程，到选择和接收媒介信息获得娱乐体验的机制与过程，以及娱乐理论中的心理学理论与模型等。后者从"劝服"这一新的视角，探讨娱乐媒体如何影响其受众，及其背后的心理加工机制。具体内容涉及植入式广告、品牌电影、电视节目和赞助活动等。

（3）对社会的影响是我们反思娱乐的重要面向。《娱乐与社会：影响、效果与创新》（第二版）讨论娱乐与社会是如何互塑的，侧重于讨论技术和文化融合对当代娱乐业的影响；讨论娱乐与经济、商业、文化、法律、政治、伦理、宣传、技术等的关系。

（4）娱乐理论要落脚到具体平台和经验材料上，迪士尼（Disney）、社交媒体是娱乐在传统媒体和新媒体领域的两个典型代表。《迪士尼政治经济学：好莱坞的文化资本主义》关注娱乐世界中的资本主义、娱乐经济的崛起、休闲文明的陷阱、好莱坞叙事等问题，对电影娱乐生产的论述较为精彩。《社交媒体娱乐》聚焦的是社交媒体平台催生的创意产业：社交媒体娱乐。社交媒体娱乐迅速扩张，传统娱乐业被迫将重要的权力和影响力让给内容创作者、"粉丝"和订阅者。数字平台为嵌入式广告创造了一个新市场，随之改变营销和传播领域。

译介这些论著，希冀国内的娱乐研究具有更多可资运用的理论资源，用以有效回答、解释当代娱乐文化现象。固然，这些理论、模型产生于国外语境，有部分还需要辨析，尤其需要结合中国文化语境进行理论消化和运用，我们不提倡西方理论崇拜，但也绝不漠视它。这些著作对娱乐的内在心理机制以及各种理论的阐述，为国内娱乐研究提供了一个好的"手电筒"。

在译丛即将付梓之际，作为丛书的组织者，有许多发自肺腑的感谢之言。首先，向这些著作的原作者致谢，他们原创性的成果为我们提供了宝贵的资源借鉴；其次，各位译者克服种种困难完成翻译任务，因为有他们，这些思想才得以以中文呈现；最后，感谢中国传媒大学出版社张毓强社长，他对丛书的优化提出了宝贵的建议。

娱乐研究需要我们重新理解日常经验和数字化生活，从现有的理论之林抽离，发展能够解释当下娱乐现象的理论体系。希望我们的工作最终能够得到广大读者的认可，以绵薄之力推动国内传媒研究的蓬勃发展。谨序。

晏　青　支庭荣

2022 年 6 月 12 日

目 录
CONTENTS

导　言

　　图1所示的照片拍摄于2017年春天，地点是著名的日落大道，这里矗立着一块广告牌。自好莱坞黄金时代以来，电影明星们的名字和形象就一直出现在这些广告牌上。这块广告牌宣传的是一部名为《这就是一切》（*This Is Everything*）的纪录片。这部纪录片由奥斯卡获奖电影人科佩尔（Barbara Koppel）（其作品有《美国哈兰县》等）执导，吉吉·戈尔热（Gigi Gorgeous）担任主演。对于大多数好莱坞观众，甚至好莱坞的专业人士而言，吉吉的名字和面容或许比较陌生。但对于油管（YouTube）、照片墙（Instagram）、推特（Twitter），以及脸书（Facebook）上的720万粉丝及追随者来说（Ifeanyi, 2017），吉吉堪称新的"it"女孩。粉丝们目睹了她从"化妆爱好者"逐步发展成"与全球美容品牌合作的广告影响者"的过程。作为一位活动家，吉吉的发展轨迹还包括其转变为一位活动家，她登上了杂志《倡导者》（*The Advocate*）的封面（Guerrero, 2017）。

　　吉吉并不孤单。在过去的几年间，油管发起了宣传杰出"创作者"的活动。和好莱坞同行一样，这些创作者属于"下一代"明星。不过，与好莱坞同行有所不同的是，这些创作者还是企业家、社群组织者以及文化偶像，他们身处一个全新的、以品牌为中心的平行媒体世界，我们将其称作"社交媒体娱乐"（Social Media Entertainment，SME）。

　　但毋庸置疑的是，社交媒体世界并非只充满这些鼓舞人心的积极进展。2016 年美国大选之后，大量有关恶意内容创作者通过在社交媒体上发布虚假内容来牟取私利的报道纷纷涌现。这场假新闻海啸或许影响了选举结果，因其涉及"反克林顿浪潮"内容［这里的克林顿指希拉里·克林顿（Hillary Diane Rodham Clinton）］，有些报道对特朗普（Donald Trump）的候选人资格进行了宣传，并传播了右翼内容。嗡嗡喂网站（Buzzfeed，美国的一个新闻聚合网站）就曾描述"巴尔干半岛青少年"是怎样"欺骗特朗普的支持者"，进而每天获利3000美元的情况。微软全国广播公司和美国国家公共广播电台也采访过作为"新产业"成员开展活动的创作者（Craig & Cunningham, 2017）。

图1 《吉吉·戈尔热：这就是一切》于"油管红会员服务"上
发布的宣传海报装点在好莱坞日落大道上。照片由大卫·克雷格（David Craig）拍摄。

在政治光谱的另一端，一些美国知名创作者在选举季积极推动市民参与投票，倡导自由主义理念并支持克林顿。视频博客兄弟（Vlogbrothers），即汉克和约翰·格林（Hank Green），通过油管上一个专门的频道——"如何在每个州投票"——发起了一场以其粉丝社群为依托的"投票"运动（Hank & Green, 2016）。网红美容视频博主英格丽德·尼尔森（Ingrid Nilsen）采访了奥巴马（Barack Obama），她还代表油管出席了两次政治会议。她的主张与音乐电视（MTV）的"摇滚选举"（Rock the Vote）活动类似，关键区别在于尼尔森代表的是小型企业主，而非跨国媒体集团。

但这些创作者不仅面临着得罪粉丝的风险，还可能遭受广告收入和品牌赞助商流失的损失。创作者奥克利（Oakley）向他的900万油管订阅者和600万推特粉丝表达了他对克林顿的支持。奥克利在选举前发布了题为《会见未来总统女士》的克林顿采访视频（Oakley, 2016）。除了收到超过66,000个肯定回复（"点赞"），奥克利还收到了10,000多个粉丝的"差评"——这些粉丝可能因此取消订阅频道，进而使他失去收入来源。就凯西·内斯塔特（Casey Neistadt）的情况而言，他公开宣扬政治话题，并坚决呼吁其他创作者站出来反对特朗普。对此，英国广播公司（BBC）考虑过，他这样做是否在"自毁油管前程"（Varley, 2016）。

自选举以来，这些创作者一直持续支持对特朗普的抵制，推进进步议题，并致力于打造一个更健康的新闻业。尼尔森和奥克利传播并发布了有关妇女游行的视频。内斯塔特参与了反对特朗普移民禁令的机场抗议活动，其相关视频在一天之内便获得了超过300万的浏览量（Gutelle, 2017a）。此后，内斯塔特开始与美国有线电视新闻网（CNN）

合作，并宣布在油管上推出新闻专栏及新闻聚合应用，通过算法筛选优质信源并屏蔽虚假新闻制造者（Jarvey, 2017a）。在众多社交媒体娱乐企业中，格林兄弟持续运营"卓越计划"（Project for Awesome.com）。该年度活动号召创作者为慈善机构筹款，致力于"减少世间苦难"。2016年，他们的活动为救助儿童会和联合国难民事务高级专员公署募集到超过150万美元的资金。这些活动与众多关于全球难民危机和叙利亚冲突的视频博客兄弟的视频主题相契合，而且这些视频已被全球数百万人观看。这些项目以及杰罗姆·贾尔（Jerome Jarre）的 #LoveArmy（目前正在索马里抗击饥荒）等项目（Jacewicz, 2017），仅仅是下一代创作者将其文化影响力奉献给全球进步事业的若干范例。

选举结束后，克林顿对假新闻给政治带来的有害影响进行了反思。她将这一现象称作具有"现实世界后果"的"流行病"（Gambino, 2016）。相较而言，这些具有进步倾向的创作者兼活动家的作为可以说是一种权宜之计，并未触及根本问题。从最低限度来看，他们展现了如何利用社交媒体这一新兴媒体来促进不同政治观点的交流与传播。从最高限度来讲，尽管他们在上一次选举中未能获胜，但对于赢得下一届选举而言，这些下一代的文化先锋可能至关重要，同时这也有助于在全球范围内催生进步性的变革。

定义社交媒体娱乐

这是一部关于人物与更多社交媒体创作者的著作。这本书探讨的是当下屏幕媒体所面临的冲击问题。实际上，我们知晓这一情况已有一个多世纪了。21世纪，屏幕产业的新兴格局显示，传统的参与者、规范、原则与实践已将巨大的权力和影响力拱手让给强大的数字流媒体和社交网络平台。值得注意的是，自20世纪初广播诞生以来，广告产业始终是传统主流媒体的重要支柱。但如今，这些新兴的平台对广告业的商业价值优势日益凸显。创作者借助这些平台创作各类截然不同的内容，这与传统内容行业长期以来的知识产权（IP）管控与使用模式形成了鲜明对比。这种全新的屏幕生态是由粉丝、观众的参与以及内在互动技术和策略所驱动的。这些要素相互融合，造就了一种多元混杂的全球化动态。这种动态正以迅猛的速度拓展，给老牌屏幕企业、创意工作者以及监管制度都带来了全新的挑战——更不必说媒体学者了。

21世纪屏幕行业的新兴格局涵盖了消费者习惯与期望、技术以及内容制作方面的深刻变化。这些变化与"整个媒体行业将数字技术和社交网络通信同传统屏幕媒体实践相融合的更大趋势"是存在关联的（Holt & Sanson, 2013, p.1）。这种新兴的屏幕生态不但给传统老牌媒体带来了严峻挑战，而且正受到一系列新涌现的在线屏幕娱乐平台的重塑。除苹果（Apple）、亚马逊（Amazon）、网飞（Netflix）等巨头外，尤以字母表公司（Alphabet）、谷歌（Google）、油管为核心力量，另外辅以脸书、推特、照片墙和色拉布（Snapchat）等社交平台，它们共同重塑行业格局。

5 可以说，在这种持续演进的屏幕生态中，最具挑战性与创新性的当数"社交媒体娱乐"的兴起。为求简洁，我们也可以将其简称为"SME"。我们将社交媒体娱乐看作一个新兴的原生产业。这一新兴产业是由专业内容创作者以及先前的业余内容创作者，凭借视频博客、游戏和DIY（自己动手制作）等新型娱乐与交流形式共同推动发展的，该产业进而开发出基于大量追随者（能够实现跨平台拓展）的潜在可持续业务。社交媒体娱乐的底层架构由多元且相互竞争的平台构成，而这些平台[包括油管、脸书、照片墙、推特、色拉布和威米亚（Vimeo）网站等]的一个显著特征便是具有具备社交网络功能的在线视频播放器。这些平台既引入了服务于自身利益的商业功能，同时又为内容创作者提供了可资利用的运营工具，使其得以培育多元化的商业模式与收益渠道。

这个产业仅有十余年的发展历程。它起始于2006年谷歌收购油管后不久，推出的时间与推特以及在中国与之类似的优酷、微博的大致相同。截至2017年，全球有超过300万油管创作者从他们所上传的内容中获得一定报酬，存在超过4000个油管的专业和业余频道，而且它们至少拥有100万订阅用户。油管排名前5000的频道的视频总浏览量超过2500亿次。不过，这些数据并没有像尼尔森收视率以及电视广告千人成本那样转化为实际收入。虽然部分创作者的视频浏览量和订阅用户数量很少，但其粉丝社群的参与度很高，品牌交易也更为丰富。他们也在努力维系可持续的职业生涯。

重要的是，应当着重指出社交媒体娱乐的内容、平台与好莱坞式内容、分发之间的差异。在某些情形下，社交媒体娱乐类内容会被持续创作出来，并主要通过葫芦网（Hulu）、网飞、亚马逊视频以及苹果音乐软件（iTunes）等"互联网分布式电视"门户网站分发（Lotz, 2017）。尽管这些门户网站侧重于发布由复杂算法反馈支撑的主流长篇优质内容（Hallinan & Striphas, 2016），但社交媒体平台为曾经的业余创作者提供了发展规模和技术上的便利条件，而且——尤其是就油管而言——还提供了报酬以及技能提升的机会。我们认为，相较于数字流媒体（门户网站），社交媒体娱乐给现有媒体带来了更为彻底的文化与内容方面的挑战。

毫不夸张地讲，这些发展动态堪称一场宏大的实验。在近乎全球范围内，其旨在将**6** 本土创意转化为对广告商、品牌方、媒体、影视工作室以及风险资本投资者而言更具吸引力的技能与内容，并对内容、娱乐形式、创作文化、产业结构以及观众参与度的衡量等方面产生影响："就非侵权内容的可用性而言，世界上从未出现过像油管这样的网站。"（Hetcher, 2013, p.45）

本书通过"生态学"方法，深入探讨各要素之间的相互依存关系，并将对这个新兴的原生产业展开剖析：对平台与功能可用性、内容创新与创意劳动、货币化与管理模式、媒体全球化的新形态，以及这一新生媒体行业所引发的关键文化问题进行系统性梳理与描绘，犹如绘制一幅地图般呈现其全貌。我们的分析建立在对该领域多层面深入且持续的产业参与基础之上，主要依托对创作者、平台运营方、媒体高管与经理、经纪人、技术集成商以及政策制定者开展的150多次访谈。尽管调研主要聚焦于美国（因其是社交媒体娱乐的发源地），但我们的实地调研工作还涵盖了在悉尼、上海、柏林、北京、伦敦以及孟买等地的访谈。我们出席并参与了多个行业活动，如美国红人大会（VidCon）、由格林兄弟举办的视频会议，还协助打造了临时的油管空间。

同时，我们的研究也受益于对媒体研究、文化研究、传播研究以及媒体管理等核心议题和相关讨论的深度参与。这些议题涵盖参与式文化的动态变化、媒体文化中的少数族裔及边缘群体状况、媒体产业的数字化变革、社交媒体的崛起、创意劳动的条件以及媒体全球化的新形势等方面。这本书讲述的是一个原生产业的发展历程，它诞生于上述诸多问题及讨论所涉及的文化、技术与产业动态相互交织之处。基于这样的理论框架，我们能够在新媒体政治经济学领域（世界主流媒体与信息技术公司存在的文化冲突方面）作出有理有据的修正性阐释；能够在高度规范的空间内，打造一系列注重真实性与社群性的商业短视频文化；能够拓展创意劳动相关问题的讨论范围，将某些媒体管理形式所具有的不确定性纳入其中；能对在无知识产权控制条件下实现媒体全球化这一新兴 **7** 趋势作出客观评价。

这项研究蕴含着一些重要的启示。2017年，相较于观众每日电视观看时长累计达12.5亿小时，据估算观众每日观看油管的时长已达10亿小时（Solomon, 2017）。油管每月有15亿用户观看视频，这还不包括通过链接、分享等其他方式观看视频的用户。仅在移动端，用户每日观看油管视频的时长就达1小时，包括观看用户自主生成的内容和专业制作的内容。例如，据估算音乐类内容占油管内容总量的40%，其中大部分专有内容的推广来自大型唱片公司。以上还仅仅是油管的情况。自我们在2015年开展初步研究以来，脸书的用户数量增长了25%，现已超过20亿。作为脸书旗下平台的照片墙，其用户规模更是翻了一番，已超过8亿。但是，社交媒体上的网络行为很难与电视观看行为相提并论。正如我们在第一章所阐释的，在这些平台上（跨平台）从事本土社交媒体娱乐创作的创作者占比是难以准确估算的。显然，在所有这些统计数据中，社交媒体娱乐在在线内容总量中仅占一小部分。尽管学术界已对视频分享的"制度化"或"正规化"给予了很多关注，但大部分相关研究很可能仍游离于那些支撑社交媒体娱乐产业动态发展的活动之外。

本书期望整合不同的观点，旨在

图2 美国红人大会：首屈一指的社交媒体娱乐行业、贸易与粉丝大会。照片由大卫·克雷格拍摄。

8

培育企业所有者可持续的经营能力，并弘扬对未来的内容及文化生产可能产生深远影响的媒体创作精神。我们还希望追踪在商业体系中不断增加的文化进步成果。此外，经历2016年美国总统大选期间爆发的信息生态灾难后，社交媒体娱乐的商业环境因其对"另类新闻"与虚假信息的天然抵御而显露独特优势。由于主流品牌与广告主普遍抵制有损社会文明与民主价值的内容，这一环境反而更安全。

社交媒体娱乐的特殊性

鉴于社交媒体娱乐在空间层面跨越了多个行业，并且是在瞬息万变的背景下应运而生的，这本书探究了其独特之处。

线上分销的挑战

线上分销所面临的挑战引发了对这句惯用格言的反驳：如果内容为王，那么分销就是王者中的王者（"分销堪称霸主"）。相对而言，好莱坞巨头们的商业发展历程是一段颇为稳定的历史。但是，在21世纪最初的10年里，这些巨头试图在线上分销领域站稳脚跟，却基本上都以失败告终。与之相反，这一新兴的分销领域被互联网的"单一业务型"企业所占据，如网飞、苹果、亚马逊、谷歌和脸书。其中，不少企业的规模明显更大，资金也远比那些好莱坞巨头雄厚得多（Cunningham & Silver, 2013）。

9   当然，媒体从业者所面临的挑战并非个例。20世纪50年代，电视的兴起对电影制片厂的地位构成了威胁，使电影观众转变为家庭观众。不过，在随后的10年间，电视与好莱坞相互影响、逐渐融合。为了获取商业收益，电影制片厂愈加依赖电视，尤其是一个新推出的名为"家庭票房"（HBO）的订阅频道，而电视同样依赖好莱坞在内容生产及人才管理方面的专业技能。20世纪80—90年代，家庭录像带的普及进一步催生新屏幕生态，为独立电影产业注入持续生命力。同样，有线电视发行所面临的挑战也体现了一种随时间推移而共同演变的模式（特别是在节目编排方面）。例如，为了吸引更多的观众、获得更高的广告收益，随着有线电视的全面普及，大多数依靠广告盈利的网络将节目编排策略转变为好莱坞式故事讲述方式。曾经的艺术和娱乐网络转变为艺术与娱乐频道（A & E），且节目内容从英国联合制作转变为真人节目；而美国经典电影有线电视台（AMC）也已经从主要播放美国经典电影库内容的平台，转变为汇集《广告狂人》（*Mad Men*）、《绝命毒师》（*Breaking Bad*）之类美国电视剧的平台。

但是，当下所面临的挑战并非仅存在于分销领域。网飞和亚马逊在原创节目方面投入了巨额资金。它们不仅力求成为好莱坞电影及电视节目的发行渠道，更渴望成为自有品牌优质内容的输出终端。网飞出品的《纸牌屋》（*House of Cards*）、《女子监狱》（*Orange Is the New Black*）、《毒枭》（*Narcos*），亚马逊推出的《透明家庭》（*Transparent*）

和《丛林中的莫扎特》（*Mozart in the Jungle*）等剧集引发了全球关注，为此，专家们赶紧提出"传统电视行业应当陷入恐慌状态"的论断（McNab, 2016）。亚马逊和网飞甚至已成为此前独立电影市场的终端平台（Siegel, 2016）。

一个关键的区别在于这些平台的潜在价值主张。亚马逊的相关项目发挥了促销功能，从而推动了强大的电子商务业务会员资格的售卖。与之类似，截至 2017 年，仅从事交易和联合发行的苹果音乐频道，就避开内容制作方面的繁杂事务，从而为其核心业务苹果产品（iProducts）增添了发展动力。从某些方面来看，这与以往的情况并无太大差别。美国全国广播公司（NBC）之于美国无线电公司（RCA）生产的电视机，正如迪士尼之于毛绒玩具及主题公园，就像飞歌（Philco）、德士古（Texaco）之于广播、广告支持的电视，也如同电影院之于爆米花和苏打水。在新屏幕生态下的专业生成内容（PGC）板块中，媒体内容分发不过是其他高利润行业实现目标的手段罢了。这些行业更热衷于向消费者销售产品，而不是向观众讲述故事。

不过，应当对早期与好莱坞开展合作的外来者进行区分。例如，受早期协同型商业策略驱动的日本企业集团，以及硅谷的科技公司。

> 纵观好莱坞的发展历史，它向来倾向于抵制外来者——除非这些外来者带着资金前来。……外来者们常常会被那些觉得自己运气好得难以置信的电影公司高管、人才经纪人弄得钱财亏损。……与以往那些天真的国际参与者不同，后者往往是直接把钱交给电影公司，而流媒体平台将自身塑造成竞争者。……它们正在做着传统电影制片厂所做的全部事情。（Garrahan, 2017）

就社交媒体娱乐而言，硅谷与好莱坞之间的视频之战见证了呈现混合型内容的社交网络平台的崛起，其中最具代表性的便是油管。这些平台（面向那些能够以足够的网络速度访问宽带和移动系统的用户）提供对多种形式（视频、照片、文本），以及创新格式[视频博客（vlogs）、动图（gif）、网络流行梗图（memes）]的无限内容的开放访问权限。这些平台中，出现了多样化且激烈的竞争浪潮，涵盖了从油管、推特和脸书等基于网络的平台，到照片墙、色拉布和微影视频（Vine，现已停运）等移动端应用。在《联通性文化》（*The Culture of Connectivity*）一书中，范·迪克（van Dijck, 2013）着重探讨了这些平台是如何构建社交性的。

社交媒体娱乐的创作者

我们的焦点之一是社交媒体娱乐的创作者群体。起初，他们只不过是业余爱好者，几乎未曾打算获取任何形式的收入，更别提拥有可持续的职业生涯了。借助业余爱好与个人表达，新屏幕生态（new screen ecology）为他们提供了潜在的职业机遇，甚至使其

10

11

有可能获得网红般的地位。这种差异是不容忽视的。这些创作者突破了筛选媒体人才的常规路径。相较于以往的专业人才，油管博主（YouTubers）应当被视作一类内容创作者，他们能够对自己的职业前景拥有更高的掌控权。好莱坞一家顶尖经纪公司的数字部门负责人总结道："传统的电影或电视领域的艺术家（作家、导演、演员），往往需要花费一定的时间来等待机遇降临。……而数字创作者的心态则恰恰相反。他们不会坐等机会；他们主动创造机会。"（Weinstein, 2015）独特的职业发展道路和极低的准入门槛意味着相较于主流的屏幕媒体，社交媒体娱乐具备更强的种族多样性、文化多样性以及性别多样性。此外，由油管博主开始，还催生出微影博主（Viners）、色拉布博主（Snappers）和照片墙博主（Grammers）。这些雄心勃勃的创作者能够适应并利用后续平台所提供的商业及技术便利条件。

业余内容创作者在新媒体平台的崛起并非新鲜事。早期，业余且非营利性质的无线电操作员就曾出现在美国家庭的地下室中。家用摄影机的发展催生了那一代的后院电影制作人。在车库为朋友、家人演奏的乐队和朋克摇滚歌手也在小型场地开启了他们的演艺生涯。不过，这种类比也就到此为止了。业余广播员们被联邦政府强行推行的商业体系"扫地出门"了（Streeter, 1996, p.251）。为保证观众数量，电影制作人被迫进入电影节或影视工作室体系以确保影片发行。不可避免地，乐手们被迫与唱片公司签约，而唱片公司不仅掌控着他们作品的发行，还主宰着他们的命运。

这完全不能和社交媒体娱乐的创作者相提并论。社交媒体娱乐的创作者处于多种有利条件之下，特别是能够在多个平台上实现无限制的内容分发。此外，数字生产手段不仅使低预算的制作成为可能，而且除了处于这个生态系统最顶层的情况，几乎不存在分工细化的现象。创作者身兼数职，取代了线上的编剧、制片人、导演和演员，以及线下的剪辑师、外景勘景员、作曲家和视觉效果总监等角色。不仅如此，借助这些平台所提供的代理服务机构，内容创作者就能作为广告销售代表开展运营，确保自身与平台之间建立合作伙伴关系，并借此获取分成收入。创作者还像线上的社群运营组织者一样开展活动，培育了一套被贝姆（Baym）在2015年称为"关系劳动"（relational labor）的实践模式。该模式不仅引导粉丝积极参与，而且获得了商业和文化方面的收益。

个人的能动性与在传统媒体劳动中所表现出来的截然不同，这些创作者辞去了原本需要全天候投入精力去做的日常工作（倘若他们曾经有这么一份工作的话）。但是，其工作条件或许既繁重又不稳定。近期的学术研究较少聚焦于油管上的创作者，而是更多地着眼于照片墙以及美容视频博主群体（Duffy, 2015a; Abidin, 2016a）。这些研究描述了满怀期望的创作者们付出的劳动常常令人大失所望，以及创作者们的生计又是如何频繁地受到平台算法与监管干预反复无常的"摆弄"。不过，创作者们仍然可与好莱坞那些怀揣志向的从业者情况进行比较。毕竟，好莱坞向来是个声名狼藉的地方，因其要求从业者在有害且要求严苛的岗位上苦做多年学徒。

内容创新

这些创作型企业家正在开发与传统媒体全然不同的内容创新形式。重要的社交媒体娱乐内容涵盖游戏、DIY 操作视频，以及最受关注的个性视频博主所创作的内容。这些能够让粉丝高度参与并深度卷入其中的内容，体现了社交媒体的网络便利性。菲利克斯（PewDiePie）游戏视频的最显著特征就是有粗俗且出格的评论。这可能介于娱乐与体育节目电视网（ESPN）的《体育中心》（*Sports Center*）以及丹尼尔·托什（Daniel Tosh）主持的美国喜剧节目《托什零点秀》（*Tosh.0*）这两种风格之间，而他的游戏实况解说也同时深度植根于交互式视频游戏的底层逻辑。家园频道（HGTV）、烹饪频道（cooking channel）以及 DIY 频道（DIY channel）所呈现的是关于寻找房源、准备食物以及家庭装修方面的线性报道内容，而这些内容的制作依旧需要训练有素的摄影师、剪辑师、化妆师以及制片人团队，更不用说还依赖有线电视所提供的内容分发渠道了。与之形成对比的是，在某些情况下，数十亿观众热衷于观看玩具和电子产品的开箱、拼装过程。这种属于拆箱类的 DIY 子类内容，通常仅以一双手（画外音表演者）和一段背景音乐为主要元素呈现出来。"组装"如今已变得如同点击和播放一样简便易行。

13

难以确切定义的个性视频博主活跃于这个新屏幕生态的商业与文化核心地带，或许这与真人秀角色、脱口秀嘉宾存在相似之处。但是，这种类型（形式）的出现与博客等在线交流工具有着密切关联，且呈现出分享日常经历（如他们"称霸油管世界"）的典型特征（Samuelson, 2014）。相较于传统媒体中的内容创作者，这些视频博主既不擅长讲故事，又没有我们所界定的媒体"专业技能"。但在评价这个新兴行业的内容创新时，一个常见的错误是，仅仅依据传统的娱乐故事讲述、制作或者表演的标准去界定他们的技能。恰恰相反，这些创作者凭借自身的个性，围绕视频博客高度规范化的真实性话语，打造一个媒体品牌。

在追求"真实"的前提下，若不是受限于媒介形式本身，在线视频博客所展现出的媒介真实性或许是能够与真人秀节目相提并论的。摄制组不会刻意脱离屏幕，编辑也不会刻意去编排后期的故事情节，而只是较为松散地从表演者的生活中获取灵感。这属于商业化、媒介化、代理式的印象管理（Goffman, 1959）。对于这些视频博主而言，油管就是一个舞台，只不过他们不仅扮演表演者的角色，还扮演售票者角色，从中获取商业收益。

互动性

这种新的屏幕生态占据了社交媒体传播与娱乐内容深度融合的空间。同时，它是由互动性（interactivity）及屏幕史上截然不同的观众中心性（audience-centricity）共同塑造而成。从高德曼（Goldman）所提出的"无人能预知成败"（Goldman, 1989），到电影测映焦点小组、电视观看日志，再到收视率，屏幕观众的发展史体现的正是娱乐行业对观众行为、需求以及欲望的一种更高层级回应的演进过程。成熟的学术传播理论已被应用于研究观众的"使用与满足"情况。近期，这些关注点被纳入观众和粉丝研究范畴。**14** 该研究着重强调观众在解码及运用媒体信息时所展现出的能动性，以及粉丝在与媒体制作人共同创造意义方面所表现出的深度投入和创造性参与（Jenkins，1992）。主流观众的参与向来侧重于产生"饮水机效应"或者"必看电视"现象（这是"追剧族"的前身）。

当前，新屏幕生态的专业生成内容部分（如流媒体服务网飞及其众多的国内模仿者、亚马逊以及像家庭票房这类与有线电视套餐脱钩的优质品牌）往往比社交媒体娱乐部分更受关注。凭借对主流观众的人口学吸引力，它正持续抢夺社交媒体娱乐的舆论关注度。这种替代性娱乐范式以按需点播模式颠覆了传统线性广播的霸权地位。学界热议流媒体技术赋能的沉浸式追剧模式与超细分受众定向投放（Anderson，2006），但需指出：线性播出"暴政"的瓦解早在DVD盒装时代就已显露端倪。如今占据主导地位的流媒体服务利用大数据实现了对受众的超细分，但很少涉及互动环节。这引发了人们对于当代娱乐中算法影响力的严重担忧（Hallinan & Striphas，2016）。

相比之下，社交媒体娱乐是娱乐与社群发展及维护的一种深度融合。订户或粉丝的参与不仅至关重要，而且催生了取代知识产权控制的收入共享商业模式。

全球可及与知识产权动态

从定性角度来看，由于全球可及性和社交媒体娱乐平台的广泛使用，我们有理由认为出现了新一轮的媒体全球化浪潮。相较于国家广播、电影以及DVD发行体系按"窗口"地区发放许可证的模式而言，这一浪潮所面临的阻碍相对较少。与电影和电视行业相比，那些世界上规模较大的信息和通信公司的主要平台，对内容的强制监管力度相对较弱。

对于像网飞这类主要的专业生成内容流媒体服务平台来说，激进的全球扩张意味着**15** 它们需要与每个新市场的既有版权方进行协商谈判，时常得关停热门内容的非正式访问渠道，如辖区内的虚拟专用网络（VPN）工作区。从长远视角出发，尽管流媒体巨头们很有可能会使区域许可模式陷入困境，但社交媒体娱乐的内容在很大程度上具有"天生全球化"的性质。究其原因，与一般的内容产业（特别是好莱坞和广播电视行业）相比，社交媒体娱乐并不主要依赖知识产权控制。在2017年推出分账制订阅视频平台之前，油管、脸书主动规避了传统媒体那种涉及IP所有权/共享权的复杂法律模式。这些平台不仅免于为内容支付费用，而且不给予后端剩余收益或利润分成。更确切地讲，油管依据广告收入分成，与其创作者达成了"合作协议"。这也是脸书、照片墙、推特、图奇（Twitch）、色拉布和其他平台在2016—2017年陆续为自家创作者推出的一种商业策略。

跨国运营的传统媒体与油管之间的主要差异在于，前者负责制作、持有内容，或者为内容在多个区域的分发、展示以及销售进行授权；后者主要扮演着内容创作和推动传播的角色。

油管不采取知识产权的所有权立场是有着重要理由的，这与它持续维持平台或在线服务提供商（而非内容公司）的定位密切相关。1998年出台的《数字千年版权法》（The US Digital Millennium Copyright Act），除了将规避版权保护措施的行为定为犯罪行为，并加重互联网领域侵犯版权行为的处罚力度，还为在线服务提供商[OSP，包括互联网服务提供商（ISP）]制定了针对版权侵权责任的"安全港"条款。只要收到权利持有人提出的侵权索赔诉求，它就会做出响应，阻止对涉嫌侵权内容的访问。

* * *

基于"社交媒体娱乐是一个原生产业"的论断，本书的每一章都对其作为新兴产业与传统产业那些既有区别又相互联系的方面进行了考察。因此，频繁的交叉引用会引导读者去了解社交媒体娱乐相互依存的"生态"系统，但每一章在一定程度上又可以独立成篇。此外，由于本书试图更全面地探究这一原生产业对21世纪媒体、文化以及传播研究产生的影响，所以各章均涉及学术文献的关键内容。

运用网络经济学与生产文化相关的学术理论，第一章将这一新兴原生产业的政治经济学特征界定为好莱坞（由知识产权驱动的娱乐产业）与硅谷（专注迭代技术实验的领域）两种文化之间高度不稳定且相互依存的冲突范式，而非传统资本主义霸权按部就班的商业运作模式。在第二章中，我们论证了社交媒体娱乐中创作者劳动的条件虽具有不稳定性，但同时创作者也是被赋予了一定权利的。当下有很多文献提醒人们不要过度强调文化和创意产业工作的自主性及意义，而这章阐述了社交媒体娱乐起源于业余性质的"激情项目"。借助具有全球可及性的平台，这些项目得以广泛传播并具备了商业可行性。这也反映了一种全然不同的异质性情形。

针对中介机构（如多频道网络、数据分析公司）可能与创作者职业一样不稳定（甚至或许更不稳定）的情况，第三章探讨了它们相较于油管和其他数字平台（当然也包括现有媒体）有着更为迫切的创新需求。第四章或许比本书的其他任何一章都更能凸显社交媒体娱乐与传统内容产业之间的差异。通过探寻社交媒体娱乐核心话语层面的自我认知，我们论证了：凭借高度的标准化诉求，它实现了更深程度的真实性。由此，社交媒体娱乐得以将自身与传统媒体区分开来，进而确立自身的权威性。

在第五章中，我们通过梳理相关证据表明了：相较于主流屏幕媒体，社交媒体娱乐呈现出更强的种族多样性和文化多样性。我们认为，在线创作者（作为文化创业家）恰恰因为身处商业化环境中，致力于将自身的文化与社群影响力最大化，因此其必须在亚文化身份政治与更广泛的公众之间进行定位。第六章我们将社交媒体娱乐看作近乎无摩擦的全球性现象，即它并非西方文化帝国主义的又一实例，而是"由不受标准版权行业高度管控机制约束的内容塑造而成"。最后，我们探讨了新出现的一些发展态势，这些发展态势或许预示着社交媒体娱乐在发展历程中即将迎来进一步的变化和新阶段。我们在结语部分发出了面向创作者的倡议，希望他们在这个充满挑战与机遇的原生产业领域积极行动。

17   在现有研究的基础上，我们采用了一种批判性媒体产业研究（CMIS）的方法，将宏观层面的政治经济学与文化研究的关注点更加紧密地结合在一起。CMIS密切关注流行文化及其生产实践的政治、经济和社会维度。传统政治经济学和文化研究通常将大众文化视为"被商业主义严重侵蚀"的领域，而批判性媒体产业研究者恰恰将其视为表征和抗争的核心场域，尤其是围绕边缘化和新兴群体："忽视娱乐生产中表征实践的内在逻辑，只会加剧公共领域中最弱势群体的隐形化或误视。"（Havens, Lotz & Tinic, 2009, p.250）

哈文斯（Havens）、洛茨（Lotz）和蒂尼奇（Tinic）呼吁关注"日常实践和竞争性目标"（Havens, et al., 2009, p.236），这对我们的研究项目也很重要。因为这一研究始终聚焦于日常主体（社交媒体娱乐的创作者）与商业文化（好莱坞和硅谷之间）之间的深刻冲突。在方法论层面，我们也赞同这些研究者重视开展产业中层实地调研工作，包括考察社交媒体娱乐的新特性，通过访谈获取新媒体实践的实际情况。我们的研究预设了一个新兴原生产业的出现，所以分析社交媒体娱乐与现有媒体之间的关系便成为一个关键的方法论挑战。这意味着我们将借助社交媒体、网络经济学、媒体管理与全球化等领域的一系列研究成果（包括该领域的新方法），以及政治经济学研究、文化研究和生产研究等媒体产业研究的关键方法来开展研究。

第一章　平台策略

就媒体行业研究来讲，确定社交媒体娱乐定位的关键框架背景在于好莱坞与硅谷之间的关系。对财富500强（美国规模较大的公司）成员变化率所做的分析显示，随着时间的推移，其更替速度有所加快（Strangler & Arbesman, 2012）。相比之下，屏幕行业的核心业务一直颇为稳定。在20世纪上半叶统领电影业的最初的8家公司（派拉蒙、米高梅、福克斯、华纳兄弟、雷电华、环球、哥伦比亚以及联美）中，唯有雷电华不复存在了，在20世纪50年代它的寡头垄断地位被迪士尼取代。进入21世纪，米高梅联合公司从年度十大电影发行商名单中跌落。广播电视行业的寡头垄断局面虽然存续时间相对短暂，但其垄断程度更深。哥伦比亚广播公司（CBS）、美国全国广播公司和美国广播公司（ABC）加入了六大电影制片厂的行列，在电视领域占据主导地位近70年，而福克斯是其间唯一新增的主要电视网。

这些"大型企业"顺应了监管结构、技术以及大众品位等方面出现的重大变革浪潮，对公司结构进行了重塑，目前通过母公司重新构建起了一种事实上的垂直整合模式，即美国全国广播公司—环球（NBC-Universal），维亚康姆—派拉蒙—哥伦比亚广播公司（Viacom-Paramount-CBS），时代华纳（Time Warner），迪士尼—美国广播公司（Disney-ABC），以及福克斯（Fox）。随着内容与发行深度融合，数十年来在电影、电视以及音乐、出版、主题公园等领域，已然形成这些巨头占据主导地位的寡头垄断格局。

但是，它们目前在某些方面也面临着前所未有的挑战。一度较为稳定的收视率如今出现分散的情况，这意味着电视观众群体的分散，但依然庞大的观众群体对广告商而言仍旧是有价值的。不过，图1.1所示的行业分析表明，2016年美国数字广告收入以及2017年全球数字广告收入均已超过传统的电视广告收入（Slefo, 2017; Poggi, 2017）。[1]北美电影是依靠提高票价来抵消停滞不前的观影上座率的，而有线电视行业正面临着不断加剧的裁员状况。若以增加订阅量作为应对举措，只会进一步提高用户的退订率。一

---

[1]　此处原著信息疑似有误，因附图1.1中并无2017年的相关数值。——译者注

群新的信息技术公司结合在一起，它们能够大规模地向个人推送内容，不但创造了新的国内和全球市场，而且为新形式的内容搭建了支持框架。这种新的屏幕生态对传统媒体公司的主导地位发起了挑战，而在数字发行方面最为成功的那些公司往往是"局外人"；它们是规模更大的公司，拥有更为丰富的资源，并且采用信息技术（IT）行业的商业模式，而非好莱坞的优质内容与定价模式。

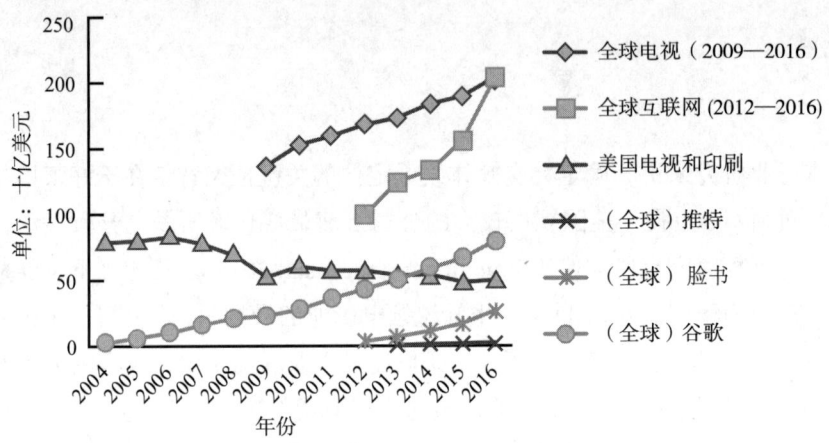

图1.1 社交媒体娱乐和传统媒体广告收入的比较

来源：《全球娱乐与媒体展望》细分市场调查结果，普华永道会计师事务所，http://www.pwc.com/gx/en/industries/entertainment-media/outlook/segment-insights/internet-advertising.html；《全球电视广告支出（2010—2020）》，统计学家公司，https://www.statista.com/statistics/273713/global-television-advertising-expenditure/；《投资者关系》，字母表股份有限公司，https://abc.xyz/investor/；各上市公司投资者关系页面，谷歌股份有限公司，https://investor.fb.com/；各上市公司投资者关系页面，推特股份有限公司，https://investor.twitterinc.com/；《新闻媒体状况报告》，皮尤研究中心，http://www.journalism.org/media-indicators/local-tv-broadcast-advertising-revenue/。

　　这些公司［即苹果、亚马逊、谷歌、脸书、网飞］与传统媒体公司之间存在根本区别。它们属于互联网的"单一业务"企业，拥有庞大的在线客户或用户群体，能够生成海量有关搜索行为和购买行为的数据；它们都极为重视技术创新；它们还具有多年直接**21**面向客户群体开展营销的经验，可以根据每个人过往的行为，精准锁定那些最有可能对特定类型内容或节目感兴趣的人。它们要么与专业内容制作公司展开合作，要么设法绕过专业公司设置的内容屏蔽策略。它们借助新内容推动了内容呈现、分发以及类型方面的实质性变革，并在针对新兴受众进行多屏内容分发的平台操控上处于领先地位。在美国，网飞和油管目前占据了黄金时段互联网流量的50%以上，亚马逊和葫芦网的视频网站分别占据了3.96%和2.47%（Weiß，2016）。世界各地的人们每分钟会向油管上传超过500小时的视频（Robertson，2015）。网飞自称已是"世界领先的互联网电视网络"。图1.2显示，2016年这些大型公司（及其母公司）的营收仅为新兴企业［谷歌、亚马逊、苹果、脸书、雅虎、网飞、推特〕营收的35%，即292亿美元。

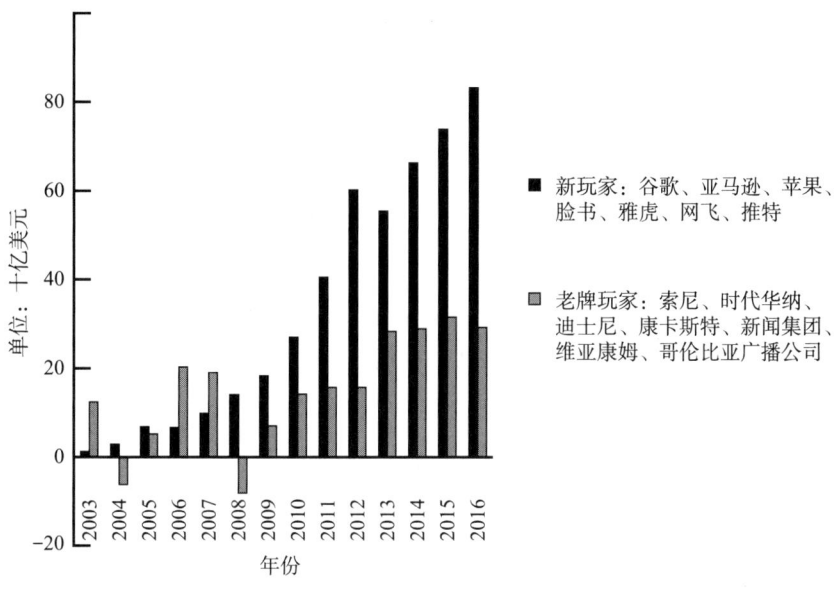

图1.2 新玩家和老牌玩家的收入

来源：《美国年度报表（10-K表）（2003—2016）》，美国证券交易委员会，https://www.sec.gov。

吸取历史经验教训并考量新挑战的特殊性，我们认为新兴社交媒体娱乐形式的政治 **22**
经济学可理解为"工业文化的相互依赖性冲突"。基于这一原因，我们采用了"北加州
式"与"南加州式"的区分方式。这一区分源自北加州、南加州流行文化中"广为人知
的竞争"，体现为地区口音以及（自由）政治倾向程度方面的差异（Winokur, 2004）。但
我们着重关注的是这样一个事实，即围绕文化地理展开的这种竞争，也显著映射到两种
截然不同的工业文化上，而且这两种文化之间的冲突与融合正日益加剧，并逐渐变得相
互依存。北加州式商业文化运用了信息技术战略，涵盖积极创新颠覆、重视快速的原型
开发与迭代、秉持"永久测试"理念、擅长高级测量以及"编程"等方面。就其自身而
言，南加州式商业文化体现在成熟的屏幕媒体领域，也就是体现在由着悠久历史的好
莱坞、主要的广播公司以及有线电视公司所构建的商业模式上（以人才驱动的大众媒体
和优质内容为特点，并有限使用几十年前的测量技术）。

新兴数字平台对现有媒体行业的威胁固然很大，但不容忽视的是，IT巨头们也不
得不适应大众媒体娱乐产业的新旧两种基础要素。这既包括消费者口味难以捉摸的特
性——正是这种特性催生了传统媒体应对需求极端不确定性的方法 [正如经济学家凯夫
斯所言："创意活动的创新几乎可以等同于消费者不断改变自己的喜好。"（Caves, 2000,
p.202）] 也涵盖品牌方与广告主对数字媒体根深蒂固的谨慎态度（毕竟它们几乎是所有
资金的来源），以及内容生产者新获得的话语权与能动性。一方面，屏幕生态正逐渐适

应软件行业所说的"永久测试"状态，即快速的原型迭代或"快速试错、学习、转向"的模式。另一方面，脸书、推特和谷歌的工程文化也被迫接纳了网红营销、品牌内容以及其他作为收入来源的"高干预"商业形式。用数字行业高管莱文（Levin, 2015）的话**23** 来说，这是"在谷歌广告联盟（AdSense）之后实现货币化"所面临的挑战，即营销和广告无法单纯通过自动化（或业内所谓的"程序化购买"）来实现大规模拓展。

权力与危险

本章探讨的是为社交媒体娱乐的兴起提供便利条件的主要平台所采取的变革策略。这些平台的发展历程是围绕着文化冲突展开的，而且与它们在视频领域作为内容驱动方的变量趋同性相关。我们将平台策略置于一个连续体之上。在这个连续体的一端，是在专业生成内容领域占据绝对优势的数字平台——葫芦网、亚马逊、苹果音乐、网飞及众多本土模仿者。另一端则是蓬勃发展、规模庞大的纯社交媒体平台，即脸书、推特、图奇、照片墙和色拉布。这些平台试图利用用户生成内容（UGC）的创作者以及网络效应来为自身吸引（以营利为目的）大量受众。处于中间位置的是油管，它是一个庞大的内容平台，嵌套在具备社交媒体便利性的交流平台（谷歌）之中。我们之所以关注油管，是因为它不仅是社交媒体娱乐领域的先行者，而且与电视频道、订阅型视频点播（SVOD）平台之间的关系紧密且时常相互融合。2015年，其推出了油管红会员服务。该平台以更具传统媒体知识产权（IP）类型、形式以及类似电视的许可协议为特色，这进一步佐证了我们此处提出的关于油管在这个新屏幕生态中具有独特性的观点。论及内容与战略，社交媒体平台在视频领域作为可货币化的内容驱动方的变量趋同性，便是勾勒这一历史概况的关键所在。

这些历史也将与平台看似不可战胜的力量形成对比。例如，沃尔夫（Wolff, 2015）和塔普林（Taplin, 2017）发起了对大型数字平台的猛烈抨击，二者秉持了截然不同的观点。一方面，沃尔夫支持连续性，反对那些破坏电视基本商业弹性的平台权力，并且将平台制作的内容视作商品化的"流量"，而非优质产品。另一方面，塔普林对其秉**24** 持"快速行动并破坏事物"看法的平台权力进行了全面且带有阴谋论色彩的描述，包括制作美国屏幕内容这一有着悠久历史的手段。正如我们在下一节（尤其是涉及网络经济学的部分）中所阐述的：尽管塔普林所坚称的垄断趋势是客观存在的，但这种趋势也为构建社交媒体娱乐的新声音以及新内容形式的潜在可行性创造了条件。关注平台及其权力是有多方面原因的，涉及避税、隐私、反竞争行为，以及国家安全等问题（Hart, 2013）。我们得出的结论充分考量了很多方面的问题。但我们认为，在经济史学家和理论家熊彼特［Schumpeter, 1975（1942）］所描述的资本主义条件下，社交媒体娱乐的萌芽与主流媒体上留下的"灼痕"一样重要。

接下来要讲述的故事既关乎权力，又涉及危险。它并不是一个技术决定论的故事，而是一个始终坚定地在技术文化层面反复探索，以期寻求可持续性的故事。正如摩西（Moses, 2017）所指出的：“在平台的世界里，没有什么是永恒不变的。”

自2005年推出以来，油管一直奉行多边的，有时甚至是略显冗余的管理策略。在与好莱坞竞争的同时，该平台也积极寻求与之开展合作。与此同时，这个平台与独立的本土创作者携手合作，并对他们所属的管理公司提供补贴，仅要求创作者注册其订阅平台，而且这个平台利用自身打造的油管空间（YouTube Spaces）和创作者学院（Creator Academy）来辅助这些公司开展相关业务。这些复杂操作是由类似电视的平台（如网飞、亚马逊和葫芦网），以及第一代、第二代社交媒体网站（脸书、推特、照片墙、图奇和色拉布）的激烈竞争推动的。后面这类社交媒体平台和应用程序直至近期才引入类似油管的功能，包括视频播放器、货币化服务和合作协议等方面功能。作为回应，油管的最新策略是推出一个具备联网功能的、多平台且能够在台式电脑、手机、机顶盒以及智能电视上运行的多屏系统，该系统囊括音乐和视频直播等内容。

尽管如此，油管的盈利能力依旧存在不确定性。有媒体宣称该平台在2014年至2017年的某个时段开始实现盈利。虽说其盈利占母公司谷歌/字母表（Alphabet）总投资回报的比例较小，但这一比例已在逐步提高（Hough, 2015; Winkler, 2015; Somaney, 2016; Rao, 2016）。在2016年末，油管首席执行官沃西基（Susan Wojcicki）说，“我们仍处于投资阶段”，并补充说，“目前还没有明确的盈利时间表”。（Rao, 2016）不过，油管规模之庞大是毋庸置疑的。其宣称每月有多达15亿独立用户使用油管，且这些用户的日均视频消费时长可达1小时（Wallenstein, 2017）。

相较于油管，推特的发展轨迹被证实更具风险性，这也促使专家们做出了“推特之死”的预测（Topolsky, 2016）。推特和油管于同一年推出，推特用户数量曾迅速增长至超过3亿。推特并未着力推出新功能或打造自身专属平台，而是在创立后的第一个10年里收购了一些补充性平台，其中包括简易循环视频网站“微影”和直播平台“潜望镜”（Periscope）。但是，推特的管理层频繁出现重大变动并经历了多次裁员，公司收入以及市值均出现急剧下滑的情况。尽管微影在极短时间内就收获了1亿用户，但它还是逐渐走向衰落（尤其是本土创作者为了在竞争更激烈的其他平台上获取更多商业机会而纷纷放弃这个平台之后）。最终在2016年，微影被关停了（Chen, 2016）。

与色拉布如伊卡洛斯般迅速失宠的情况相比，油管和推特那西西弗斯式的挣扎可谓相形见绌。截至2015年，色拉布已成为史上增长速度最快的社交媒体平台，并在2017年初通过公开募股（IPO）收获了近200亿美元的投资。但事实证明，即便不说它的成功是虚幻且存在欺诈成分的，其辉煌也如它所呈现的内容一样转瞬即逝。在宣布出现严重亏损的短短3个月后，该平台一夜之间市值便蒸发了数十亿美元，沦为“华尔街最著名的失败案例”（Tully, 2017）。

或许色拉布的衰落也要归因于与照片墙竞争的日益加剧。照片墙在2016年对自身的功能、战略以及管理进行了全方位改革，推出类似"故事"和照片滤镜等功能，试图效仿色拉布（Shinal, 2017a）。这些改变使得该平台的用户数量近乎翻倍，达到7亿，甚至超过推特（Constine, 2017a）。大量的学术研究聚焦于照片墙，着重研究它为女性美妆和时尚博主所提供的便利条件（Duffy, 2015b; Abidin, 2016a）。事实上，围绕平台与内容研究的一个细分领域或许已然形成：2017年12月进行的布尔检索显示，以"照片墙"和"美妆"（beauty）为主题的论文多达一千篇。和油管一样，照片墙在社交媒体娱乐领域占据着显著地位，在推动创作者参与品牌内容创作以及网红营销方面表现突出。但它与油管又存在很多不同之处。照片墙同本土创作者之间合作的透明度欠佳，而更像是处于《狂野西部》（Flynn, 2017a）那种无序状态和《网红营销的秘密帮凶》（Hudson, 2017）所描述的隐秘状态。正如《纽约时报》所指出的，照片墙由于缺乏对内容创作者的赞助机制，得以规避美国联邦贸易委员会（FTC）对网络广告反复无常的监管要求（Maheshawri, 2016）。

照片墙的战略也体现出它与母公司脸书的整合情况上，脸书于2012年收购了该平台。截至2017年中期，仅脸书一家就积累了20亿全球用户。不过，与油管类似，随着全球化扩张步伐的放缓，脸书也被迫对收入战略进行多元化拓展。脸书已经做出战略性转变，开始与油管展开直接竞争，推出了类似的内容及盈利策略，包括一个可与本土创作者达成合作协议的视频播放器（Spangler, 2014a）。

与油管一样，脸书也将目光投向了传统媒体，计划在2017年于其"观看"（Watch）平台上推出专业制作的原创节目（Shinal, 2017b）。恰似施尼兹勒（Schnitzler）《轮舞》（La Ronde）中循环往复的华尔兹一般，此类平台的策略转向仍在持续推进。亚马逊不仅在授权好莱坞内容和制作原创好莱坞内容方面双双下注，而且将目光对准了本土的社交媒体创作者。2014年，亚马逊收购了游戏直播平台图奇，精准预见2017年即将兴起的直播平台新浪潮。为与油管展开直接竞争，亚马逊于2016年推出了一个名为"亚马逊视频直连"（Amazon Video Direct）的独立平台，通过为内容创作者提供与好莱坞影视工作室同等级别的发行渠道和播放质量，助力其触达亚马逊海量用户群体。

这些平台所采取的策略及行为可被视作某种"端倪"，它们犹如揭示重大真相的细微线索。平台所具有的引人注目、高速增长以及规模庞大等特征，或许并不能代表其占据着主导地位，甚至无法体现其具备可持续发展的能力。本章认为，尽管这些平台及相关的便利性条件塑造了社交媒体娱乐的结构与运作模式，但它们并不会依据批判政治经济学的理论化范式，去对传统媒体实施监管，或是控制其内容、创作者以及在线社群。

鉴于平台之间存在的不相称性以及时常发生直接冲突的文化，驱动平台战略的资本主义内在逻辑（由于各平台文化难以调和且频发直接冲突）更趋近于拉什和厄里（Lash & Urry, 1987）提出的"失序资本主义"（disorganized capitalism）特征，而与斯尔尼切克

（Srnicek, 2016）、富克斯（Fuchs, 2014）或金达荣（Jin, 2013）等学者所论述的、具有至高权力与极强延续性的"平台资本主义"及其前身形态存在本质差异。

现在回到我们的关键概念框架，即媒体政治经济学、网络经济学、生产文化，以及可供性理论中关于"权力"的修正性概念。我们将尝试对这些平台的扩散、分化及迭代性演变做出解释。后续章节将会探讨这些条件是如何为创作者社群的快速扩张，以及管理、生产和技术中介的倍增创造了空间。总体而言，这些平台、公司以及创作者（包括他们所创作的创新性内容和所利用的网络社群），共同构成了我们称之为"社交媒体娱乐"这一新屏幕生态的支柱。

理论框架

在与政治经济学理论对话基础上，我们首先提出了对媒体权力的一种修正性认知。从网络经济学的角度出发，我们思考了数字时代和网络技术是如何引发巨大变革的。这种变革不仅体现在产业内部，还体现在对媒体权力的学术研究中。这种变革带来的影响包括使技术与内容生产在产业、企业、管理以及生产文化等方面产生冲突，这些情况在媒体生产研究领域的理论著作中均有所体现。最后，可供性理论为技术与商业潜力的扩散、分化、演变与融合提供了潜在驱动力。

我们对于政治经济学的理解源自《权力的修正主义阐释》（*Revisionist Account of Power*）。权力这个概念支撑着"政治经济学"这一术语所蕴含的理念，即经济并非作为一个独立的领域而存在，而是始终与已经政治化的过程、意图及行动者紧密联系、不可分割。媒体政治经济学的基本假设是，媒体领域中大规模的经济行为主体对于生产何种内容、如何进行生产以及可能以何种方式被接受，都施加了巨大的（或许是附带性的）影响力。从其核心要义来讲，批判政治经济学假定：权力来源于掌控生产与积累途径的能力，而且是从社会上层向底层流动的。它还假定了经济、政治以及文化权力之间存在着或强或弱的联合方式，并假定经济权力能够行使政治与文化权力的能力。

例如，批判政治经济学领域的学者已经揭示了，媒体集团是如何运用寡头垄断策略来巩固媒体权力的（McChesney & Schiller, 2003）。这一策略包括谋求"掌控"监管机构并促使其融入产业融合进程，取消所有权限制，以及弱化竞争、减少多样性。尽管内容或许会受到高额融资及精湛技艺等因素的影响，但娱乐产业的结构始终取决于分销渠道的稀缺性（这是由少数几家工作室或电视网络所决定的）。媒体学者、社会活动家贝加蒂肯（Bagdikian, 1983, 2004）曾谴责，90%的美国媒体为6家公司所掌控，而在1983年时，掌控美国媒体的公司数量为50家。即便身处有线电视和卫星电视的多频道时代，情况依旧如此。原因在于，这些电视网络中的大多数，归属于那些同时拥有电影制片厂和广播网络的集团。媒体集中化的趋势仍在持续，而且势头不减。

28

　　我们可以在认同这些观点所依据的大部分事实基础的同时，重新审视它们对媒体产业文化中权力（以及隐含的能动性）的阐释。批判政治经济学中的权力概念正如福柯（Foucault，1991）所提出的"统治"的概念。福柯对权力的定义更具普遍性，"统治"只是其中的一个类别。经济、政治以及文化权力之间的关联从来不是预先确定的，尤其是在媒体行业正经历这种根本性变革的背景下，我们更倾向于认同福柯的观点，即权力在本质上是相互关联且处于变化之中的，抵抗是权力行使过程中必然会产生的结果。

　　这一主导性理论取向得到了《网络经济学》（*Network Economics*）中观点的支持。巴隆（Ballon，2014）指出，媒体经济学在很大程度上持续受到摩尔定律（Moore's Law）和梅特卡夫定律（Metcalfe's Law）所引发的技术变革的影响。摩尔定律表明，集成电路上晶体管的数量大约每两年翻一番，这一表述准确地描述了集成电路处理能力呈对数增长的情况。梅特卡夫定律指出，"兼容通信设备的系统价值随着设备数字的平方而增长"（Ballon, 2014, p.85），即通信网络的价值与用户数量呈二次方增长，而成本以线性方式增长。

29

　　基于这些"定律"，巴隆得出了如下结论："在互联网经济中，最大的经济收益将源于数字内容的生产与分发……而非来自承载该内容的商品化硬件以及传输网络。"（Ballon, 2014, p.84）他认为专业制作的内容并未（因受到知识产权方面、制作成本下降以及消费者不愿付费等因素的限制）成功地成为互联网经济活动的主要驱动力。相反，"新媒体公司必须建立在低成本，甚至'免费'提供大量易于浏览的内容和应用程序的基础之上，这些内容与应用程序通常由终端用户自行制作或发布到网上"。虽然这一说法或许有些言过其实，但摩尔定律已然"体现了新媒体持续的供过于求状态"（Ballon, 2014, p.85）。

　　如果摩尔定律将我们引向"注意力至上"的观点，那么梅特卡夫定律就彰显了"联通性至上"的理念。梅特卡夫定律"强化了互联网繁荣高峰期的普遍假定，即一旦达到临界用户数量，这些效应便能确保增长快速和利润可观"（Ballon, 2014, p.86）。事后来看，这无疑是一个存在风险的预测。一个关键的间接网络效应在于，数字媒介使得某个平台的用户对补充性商品及服务的生产者产生了额外的依赖，这又被称作"锁定策略"。尽管准入门槛降低（得益于摩尔定律），但对市场集中度的担忧绝非过度，市场支配问题和新媒体公司一直是过去20年政策辩论中反复出现的话题。梅特卡夫定律曾遭到批评，被指"夸大了通信网络的价值"。巴隆写道：仅有一部分相互连接的用户可能会进行具有实质意义的相互交流；随着信息过载和垃圾邮件现象的出现，网络的价值或许会降低；而且需要考量用户之间的关联性，而非仅仅着眼于连接数量。此外，该定律还支撑了一种通过搜集极为详尽的用户数据（基于对个人付费意愿更为精准的评估，以确保实施更具针对性的广告策略），来挖掘用户参与度及互动情况的商业模式。

30

网络经济学就平台动态的复杂性、生产者与受众使用平台的方式提出了深刻的见解。这些大型数字平台凭借先发优势，规模和范围优势得以进一步拓展。兼具"天生数字"与"网络本土"的双重属性意味着，相较于资本主义寡头垄断的早期形态，它们能更有效地在网络经济中占据主导地位。但是，网络经济学也向我们表明了，横向、点对点的连接本身就具备实现更佳联通性及联网可能性的潜力。赋予平台"锁定"能力的网络经济学，同样赋予了其点对点的组织能力，进而极大地增加了创作者之间的交流机会。因此，尽管可能存在形成更大规模寡头垄断的趋势，但也存在着拓展的机遇。至少在民间层面上，甚至有可能存在民主发声与自我表达的机会。梅特卡夫定律（联通性至上）让我们认识到，虽然网络经济学在平台所有权及策略层面上助长了寡头垄断和赢家通吃的局面，但它同样为点对点赋权传播这一新形式的诞生创造了条件。倘若每个人都在使用谷歌或脸书，那么任何相互联系的人都能够免费实现相对顺畅的传播。

视频博客兄弟的在线创作者、思想领袖汉克·格林就很好地把握到网络经济与权力（关乎创作者文化和机会）的辩证关系中这些趋势所蕴含的意义：

> 大量的融合现象已然存在，并且还将持续下去。少数传统媒体公司将会真正透彻地理解这一点，进而占据大量市场份额。部分本土媒体公司同样会成为掌控大规模在线媒体领域的重要参与者。但互联网的了不起之处在于（我希望如此），对于那些大型公司（以及政府监管机构）而言，准入门槛将会变得更高。所以，总会不断有规模较小的组织或者仅仅希望创作些热门新事物的个人参与进来。这里面有些成果确实会很棒，当然也有些东西仅仅是因为低俗不堪却反而流行起来。这就是在线媒体所具有的最大的颠覆性所在，那些经过融合发展后的公司难以跨越准入门槛。它们会尝试突破，但希望互联网的自由文化及大众标准能够阻止这种情况发生。(Green, 2015a)

这些理论观点获得了重要媒体行业研究的支持，即围绕生产文化（production cultures）而不断增多的学术研究。（我们在第三章中也会看到这些主要成果。）考德威尔（Caldwell, 2009）回顾了其著作《生产文化：电影和电视中的工业反身性和批判实践》（*Production Culture: Industrial Reflexivity and Critical Practice in Film and Television*）的意义，并呼应了我们在哈文斯、洛茨和蒂尼奇（Havens, Lotz & Tinic, 2009）的论述中所看到的观点。考德威尔评论道，针对霍尔（Stuart Hall）"媒体编码"（media encoding）的研究（生产文化相关内容），远远少于对其"解码"（decoding）的研究，即文本实践和消费文化方面的研究。但这个产业远非企业文化资本主义的浑然一体、密不透风的黑箱：

31

事实上，似乎越来越少的媒体集团能够掌控所有领域，当下与超级公司相互交织的现实工作世界，充斥着一系列极为复杂的生产模式、社会互动、文化实践及竞争关系。因此，"产业"远不是一个坚不可摧的庞然大物，它其实是一种存在诸多漏洞的政治经济现象，由数百个截然不同的工作部门及相互冲突的社会群体构成。这些部门和群体被锁定在关系紧密，却又具有临时性的联盟之中。文化研究理应充分认识到这些追求风险规避、注重灵活性的新兴媒体集团所具备的复合性与异质性本质。采取这样的认识方式，将有助于学者们从媒体集团自身所处的产业社群（而非仅仅局限于观众或粉丝社群）及其文化现象入手，"从头开始"进行研究。这并非要将其与政治经济学的方法对立起来，而是把媒体产业当作一套微观社会层面的"生产文化"——而非宏观层面上"文化生产"背后的驱动力量——来展开研究。如此一来，实际上能够提供一系列综合性的证据，用以支持多种宏观政治经济层面的论断。(Caldwell, 2009, p.68)

考德威尔的研究颇具前瞻性，预见了数字媒体所引发的颠覆性变化。早在 2009 年，考德威尔在描述上传文化时就阐释了"另一种媒体创作者"是如何打破传统娱乐领域对技术优势的盲目崇拜。"互联网和数字媒体正为文化干扰规则的建立创造最佳条件，因为当下从表面上看，人人都能够访问所有者的'设备'"(Caldwell, 2009, p.77)。事实上，考德威尔察觉到创作者极大地提升了数字媒体的可访问性（无论是在生产方面，还是分发方面），而这只是用以区分社交媒体娱乐平台的多种便利性条件之一。

32

差异化的平台可供性

把握社交媒体娱乐的关键在于，理解社交媒体娱乐平台是如何作为内容交付系统及网络通信技术发挥作用的。正如知名创作者、社交媒体娱乐领域的思想领袖汉克·格林向我们指出的这种双重本质：

> 当下的"新"媒体其实并没有那么新，很难说它不是主流的部分。不过，仍然有充分的理由对二者加以区分。因此，我建议使用"新主流"这一说法。实际上，它或许也就再存续几年的时间，直至这一切真正再次融入"媒体"这个大概念。在我看来，技术不过是让"新主流"得以存在的依托，真正重要的其实是人类不断探寻新的交流方式。探讨这个问题着实很有意思。(Green, 2015a)

在此，我们阐释了类电视的线性、封闭性数字媒体门户与交互式社交媒体平台在概念及产业方面存在的差异。交互式社交媒体平台的特点是，在众多商业化和专业化的创作者的参与下，形成了一系列由用户掌控的可供性。

在我们构建的概念性框架中，诸如网飞、葫芦网和亚马逊等数字媒体平台构成了封闭式内容分发体系，主要传播联合制作与原创传统媒体内容。这些内容往往以好莱坞艺人作为亮点呈现，从传统媒体公司及制作人那里获取预先许可，并由他们提供资金支持与负责制作。尽管在内容分发、策划方面与传统电视有所不同，但无论是剧本剧、纪录片、动画、真人表演，还是戏剧，这些都效仿了传统专业生成内容的类型及文本特征。由于以往只是侧重于体现它们与传统电视的区别，用于描述这些网站的术语包括"网络电视""OTT"和"VOD"（视频点播）。洛茨（Lotz，2017）提出了"门户"这一术语，用以描述那些以互联网协议为显著特征的网站，"借此来区分通过互联网途径收集、策划并分发电视节目的关键媒介服务"。

洛茨进一步对类电视的媒体门户和以业余或用户生成内容为特征的社交媒体平台加以区分，她将前者描述为一种"新兴的互联网分布式电视产业，它利用社交媒体的动态性并基于培育粉丝社群的特征……但又足够清晰，具备自身的特点"（Lotz，2017）。除了伯吉斯（Burgess）和格林（Green）2009 年针对油管所开展的研究，早期关于社交媒体的学术研究较少涉及内容或创作者，而是侧重于交际性特征方面的探讨。在具有开创性的论文中，博伊德和艾利斯（Boyd & Ellison，2007，p.211）首先将这些"社交网站"定义为"基于网络的服务，允许个人在限定的系统内构建公开或半公开的个人资料，呈现与他们共享链接的其他用户的列表，查看并链接他们和系统内其他人的列表"。在他们 2007 年发表这篇文章的时候，很多社交网站已经推出却又随后消失，如交友网（Friendster）和聚友网（MySpace），这种发展模式预示着基于北加州式社交媒体娱乐平台的快速演变。随着这些网站的变迁，学界和业界用以描述它们的术语也发生了相应变化。正如布彻（Bucher，2015，p.1）所指出的，"我们如今通常将社交网站纳入社交媒体这一术语范畴"。

后续的学术成果巩固了平台研究中一个新兴的子领域。该子领域聚焦于网络、连接以及数据化的"社交媒体逻辑"（van Dijck & Poell，2013）。推特用户能够在其粉丝群中发布、分享并点赞推文。脸书用户会在个人主页上更新状态，以便其内容在"好友"网络中被点赞、评论和分享。第二代社交媒体平台提供了更多独具特色的功能，涵盖照片（照片墙）、限时动态（色拉布）和短视频（微影）等方面。随着时间的推移，正如我们通过梳理平台发展历史而看到的，这些社交媒体平台已逐渐融合，主要呈现出以界面设计、移动性及用户量统计为特征的发展态势，它们提供了相似的功能，进而塑造出高度竞争的格局。伯吉斯（Burgess，2014）已经预见这些发展模式，他颇具前瞻性地描述了一种新兴的"平台范式"。在这一范式中，少数科技公司掌控着主导在线用户交流和

33

34

互动方式的平台（包含社交媒体娱乐的各类变体）。在这些平台上，社交网络与内容创作、媒体消费实现了相互融合。

在社交媒体娱乐的发展历程中，油管始终是一种类电视的内容门户与社交媒体平台相融合的产物（尽管它在整合方面所获得的成功较为有限）。最初它以"视频内容库"的形式被推出，后来向用户倡导"广播自己"的理念，油管的核心功能在于允许用户上传、观看及分享视频。在该平台界面的整个演变进程中，视频内容播放器始终处于核心地位，而社交网络功能实际上处于相对次要的位置。与网飞类似，油管平台提供了涵盖多种垂直类节目的视频内容。同时，它又和脸书、推特一样，设有分享按钮、点赞按钮，以及用于评论和回复的区域，并一直致力于将这些功能成功融入播放器。通过采用收购与内部创新相结合的策略，油管力图整合社交网络的各类特性。

随着各类平台数量的迅速增加，创作者们获得了跨平台运营并利用其差异化功能特性的能力。在此过程中，平台功能不断涌现新用途。心理学家吉布森（Gibson, 1977）率先创造了"可供性"（affordance）这一术语，旨在描述个体在实际所处环境下具备操作可能性的"可行动潜力"。在信息传播技术（ICT）研究中，平台设计的预设功能与用户实际能动体验间的张力，催生了可供性研究的核心二元范式。通信技术研究的数字化转向极大地拓展了可供性理论维度（Hutchby, 2001; Hsieh, 2012; Postigo, 2016; Nagy & Neff, 2015），而社交媒体的出现又进一步推动了相关讨论。博伊德（Boyd, 2010）阐述了社交媒体的结构可供性，且这种可供性对网络公众的形成起到了促进作用。正如我们将在第二章中看到的，社交媒体娱乐的创作者已经能够将网络公众转化为忠实的粉丝群体，并使其成为多元的收入来源。与此类似，商业可供性，即"金融经济与社会经济得以共生共存"（Humphries, 2009, p.1），根植于社交媒体动作的"逻辑"范畴（van Dijck & Poell, 2013），其涵盖可编程性、流行度、联通性及数据化等方面内容。范·迪克和波尔认为，"社交媒体的逻辑，正如以往大众媒体的逻辑，正逐步渗透到公共生活的各个领域，决定着社交媒体与现有商业、广告实践相互融合的文化及商业动态，同时持续改造既有模式"（van Dijck & Poell, 2013, p.30）。为了与创作者主体保持一致，我们着重关注创作者参与社交媒体娱乐的产业化进程，探讨他们在与传统娱乐、媒体广告协同发展的过程中，如何通过逆向解构实现对社交媒体经济产业化进程的深度参与。

虽然平台不断变化的特性服务于企业扩大规模和增加收入的利益诉求，但技术可供性与商业可供性的融合，使创作者能够利用这些平台去吸引、连接并整合各类社群。

这些可供性与传统电影和电视发行商所提供的可供性存在很大差异，像数字电视门户、工作室及网站（包括网飞和葫芦网在内），它们要么自身拥有内容，要么获得许可来分发相应内容。与之相比，油管推出了程序化广告模块，并为旗下创作者提供了收入分成合作服务。由此可见，油管的特性及服务赋予了创作者对内容的完全所有权，可跨多个平台进行分发的非排他性权利，以及获取多种收入来源的能力。这些收入来源涵盖网红营销、众包、虚拟商品、订阅播放、授权等多个方面。换言之，平台不仅打造了相应的技术特性，还提供了商业服务（相较于传统的媒体环境而言，无论这种情况本身是否平台有意为之，它都为创作者创造了大量的商业机会）。

此外，在社交媒体娱乐平台之间，还存在着另外一套独特的技术和商业可供性。油管一直致力于将社交网络特性成功融入视频内容平台，然而，创作者已经掌握了利用推特、照片墙等平台的方式，进而能够更为有效地连接并整合粉丝社群。虽然后者既未设置程序化广告，又未推出合作方案，但创作者已经找到了通过影响者营销活动将自身内容变现的途径（无论是否拥有视频内容或油管频道）。**36**

微影（具备短片、循环、屏幕编辑等特性）和色拉布（具备瞬时性、滤镜、快照等特性）等平台的不同技术特性，为创作者开辟了创新多种内容表达形式的渠道。例如，在微影上的数字魔术师扎克·金（Zach King）以及在色拉布上的恶作剧者杰罗姆·贾尔（Jerome Jarre）。在视频方面，最为显著的变化或许当数照片墙了。它将社交网络、移动性与照片共享功能相融合，且后来把视频纳入多模态的组合。不过，跨越所有社交媒体娱乐平台（推特和照片墙）的视频融合趋势，虽在一定程度上减少了平台间的差异化，却有助于提升多个平台上创作者的商业化水平。正如我们将在第二章中看到的，可供性也能够助力能力的提升（恰如从色拉布到照片墙的转变所展现的）。因为前者在扩大平台规模的同时，拒绝为创作者提供更多的创收途径。"油管和照片墙培养了社交化明星。但色拉布似乎认为，迎合那些时常售卖品牌商品者，可能会损害该应用对核心用户的吸引力。"（Chen, 2017）虽然这些可供性不一定是通过平台自身有意设计而形成的，但它对创作者的专业化及商业化发展确实起到了助力作用。正如汉克·格林所观察到的。

> 突然间，它已不再仅仅是一种关乎经济层面的创作者文化了；仿佛有一个庞大的产业沉甸甸地压在我们身上。…… 在我看来，该产业仅仅建立在一种靠意外惊喜维系的经济模式之上，这让人感觉很是怪异。尤为奇怪的是，油管似乎完全是在不经意间就实现了这样的转变。着实奇怪。（Green, 2015b）

正如斯特里特（Streeter, 1996, 2011）所指出的：在媒介发展历程中，可供性这种非传统的、具备颠覆性与创新性的现象是有先例可循的。就像电报一样，电话最初也是为传输娱乐及新闻内容而设计的。无线电广播在早期发展阶段，原本是为海上通信而设计的（旨在实现"人—人"通信），不过后来被企业利益所左右。早期的信息和通信技术以为军事或工业用途设计为主要特征，当时人们很少意识到它们在经济、通信或者文化方**37**

面所具有的变革性与可供性。媒体史学家希尔姆斯（Hilmes, 1997, 2010）同样指出，新兴媒体行业会与其前身共同演进，且有时会对其设计特性及可感知的可供性进行反向塑造。

历史视域下的社交媒体娱乐平台

社交媒体娱乐平台的兴起与发展，与媒介史上的早期转型节点存在呼应。以电视产业对电影业的冲击为例，这场变革曾对好莱坞一个多世纪的内容生产与发行霸权构成重大威胁。类似的文化冲突模式可见于广播与有线电视之争，以及流媒体平台（如网飞）与社交媒体平台（如油管、脸书）的竞合关系。或许企业集团与大公司稳固的寡头垄断格局有着惊人的相似性。此外，媒体与科技行业的交叉持股现象在好莱坞并不鲜见。索尼（Sony）的消费类电子产品与其电影娱乐、游戏软件业务相互协作，正如康卡斯特（Comcast）的有线电视、电话和宽带服务受益于其对NBC环球的所有权。类似的关系还有苹果和苹果音乐、亚马逊和亚马逊会员服务、谷歌和油管。

虽然这些差异对于我们理解这种全新的屏幕生态系统至关重要，但对比也仅止于此。产业发展的速度可谓史无前例。从网络经济学、颠覆性技术文化以及迭代的平台可供性等角度来审视，这些平台在10年间便已历经了从早期应用到模仿娱乐产业结构性基础的发展历程（而这一基础原本是历经多年才得以构建的）。不同于传统媒体在国家、地域和文化层面的局限性，我们借助前几节的理论与概念框架，勾勒出这些平台的发展轨迹，阐释了它们庞大的规模与广泛的影响范围。虽然网络经济学有助于阐释丰富的辩证效应，但平台可供性稳固了商业可行性的潜力，如在过剩供应中营造出人为的稀缺性。一系列技术特征区分了渠道与网站、网站与应用程序、门户与平台，然而每个平台都围绕着视频强大的融合性。这既体现了程序化视频广告的吸引力，又反映了其局限性。

我们在此关注的是，以融合可供性为特征的社交媒体娱乐平台。这类平台在颠覆好莱坞及麦迪逊大道技术实践的同时，又具备可共享内容和社交网络的特性，为一种新兴的原生产业创造了条件。更宽泛地讲，这一平台策略的历史印证了具有颠覆性和变革性的"平台力量———种新的商业模式，它借助技术将人、组织及资源连接在一个互动的生态系统中（能够创造和交换惊人的价值）"（Parker, Alstyne & Choudary, 2016, p.4）。在网络效应的推动下，平台为行业内的企业家、合作伙伴及用户提供了访问权限与机会，培育了新型经济（共享经济），体现出另一种管理策略特征。本书在撰写过程中，将对这些新型原生产业的各个组成部分逐一进行梳理。

我们认为，阐释社交媒体娱乐发展的核心驱动力是内在相互依存且经协商融合的文化冲突。一方面是新兴的北加州式平台（及其信息技术策略与文化，包含快速的原型制作与迭代、持续测试、精准测量及编程），另一方面则是业已成熟的南加州式屏幕媒体（好莱坞、广播公司及有线电视公司，它们长期秉持大众媒体所采用的一种凭借优质内容、依靠人才驱动的商业模式）。

出于诸多原因，油管在这一平台发展历史中占据核心地位。相较于脸书和推特等其他第一代社交媒体娱乐（SME 1.0）平台而言，油管凭借其流媒体视频播放器和广告创意，看似最接近电视并威胁其主导地位。通过采用专业生成内容和用户生成内容相结合的策略，油管很快便开始与好莱坞影视产业争夺观众和广告商资源。不过，油管也遭遇了来自新兴的 PGC 视频门户网站（如苹果音乐、网飞、亚马逊和葫芦网）的竞争，进而转向通过合作协议以及程序化广告来助力创作者的崛起。这便是 SME 1.0 阶段的情况。

进入第二代社交媒体娱乐（SME 2.0）阶段，油管面临着来自其他北加州式社交媒体平台的竞争压力，其中最具代表性的当数脸书和推特。随后，SME 2.0 平台如雨后春笋般大量涌现，包括微影、照片墙、色拉布、图奇和潜望镜等。尽管如此，油管依旧在全球范围内持续进行迭代、试验及业务拓展。10 年之后，或许它已经实现盈利。在此期间，随着油管和其他第一代平台逐渐发展成为多平台、多屏幕的系统，围绕视频内容展开的平台发展（引入了与内容原生作者进行分成的多种收入流）仍在持续推进，最终形成了一个竞争异常激烈的平台格局：优质内容与广告成为新的稀缺资源；反过来，这也意味着创作者权利的提升。

若以过去 10 年为鉴，颠覆性变革、快速迭代以及对规模与可持续性的艰难求索，已成为社交媒体娱乐平台的常态运营模式。社交媒体娱乐平台的演进，实则折射出数字巨头与社交媒体企业短暂而强势的利益联盟，而这种合力正对好莱坞构成威胁。不过，正如詹金斯（Jenkins, 2006）及众多其他学者所提醒的，社交媒体娱乐平台或许会威胁传统媒体行业，但传统媒体行业并不会就此消亡。相反，它会通过适应环境，采纳新的文化价值观念与商业策略，参与替代性内容创新及受众群体构建，进而演变为代表新价值主张的主体。此外，好莱坞的发展历史足以证明其适应性。这段历史中满是昔日竞争对手留下的痕迹，它们或被收购，或被兼并。尽管面临的挑战规模或许令人生畏，但这场视频竞争绝非已成定局。虽然拥有巨额资本和市场推动的估值，推特仍在出售旗下子公司。微影已然不复存在。后起之秀色拉布也不过是对其前身模仿的延续。虚拟现实和全息技术等持续不断的技术颠覆，很可能会催生更多"燃烧的平台"。

SME 1.0：油管的发展历程

汉克·格林在描述平台的发展历程时指出："10 年之后，油管依旧是一个谜，尤其是对其自身而言。"（Green, 2015b）它的确称得上一个谜，因为油管在发展进程中既有

40 成功之处，也存在失败的情况。该平台不仅没能与其他视频门户网站及好莱坞就优质的专业生成内容展开有力竞争，而且多次尝试对社交网络平台加以整合，均未取得成效。它持续开展快速的特性与可供性迭代，这一过程既推动了一批企业创作者和中介机构的发展，也给它们带来了挫伤（油管未必是成功的直接受益方，还常常不得不承受因失败而招致的指责）。正如我们将在第六章中看到的，全球范围内多样化的媒体监管体系，依旧让该平台实现全球无障碍运营及盈利的目标变得复杂起来。尽管该平台已拥有超过13亿用户，但其为母公司谷歌［现为"字母表"（Alphabet）］带来的收益却较为有限。然而，众多社交媒体公司不得不设法效仿油管的策略，通过视频业务转型来争夺观众、订阅量、广告主及收益。

油管的起源故事是多种争论与分歧的焦点所在。平台上公共及非商业（前商业）内容的本质已成为媒体、传播及文化研究领域的一个关键议题，其被分别描述为"乡土创意"（Burgess, 2006）、"产用一体"（Bruns, 2008）及"业余媒体"（Hunter, et al., 2003）。在首部关于油管的批判性专著里，伯吉斯和格林（Burgess & Green, 2009, p.3）讨论了它早期在意义与用法方面所呈现的"不确定性"："油管的优势诞生于围绕其实际用途所存在的不确定性及矛盾性的迷雾之中。作为企业实践与受众使用共同作用的结果，油管清晰且明确的使命始终处于不断变化的状态。"

这场争论聚焦于油管的"规范化"问题[在洛巴托和托马斯（Lobato & Thomas, 2015）所提出的框架下，这指的是从业余视频向货币化与市场化转变的过程]，且往往围绕着社群主义的丧失展开（这种社群主义源于平台早期的业余特性）。此前就有学者更具批判性地将油管早期的发展历程描述成一种"失宠"叙事。该叙事构建起这样一种关于社交媒体平台的描述：平台最初的公共愿景因商业主义的侵蚀而遭受致命冲击。这些学者始终秉持的观点是，油管似乎注定要成为媒体内容产业的又一个组成部分。

41 金·基姆将这种转变描述为"油管从用户生成内容迈向专业生成内容的制度化进程"（Jin Kim, 2012, p.53）。与之类似，范·迪克阐述了油管从家庭式直播向广播转变，以及从面向社区的社交网络向基于观众原则的模式演变的情况（van Dijck, 2013, p.117）。按照范·迪克的说法，历经这些变化之后，"与最初的设计大相径庭，油管已不再是电视的替代品，而是媒体娱乐产业中一个成熟的参与者了"（van Dijck, 2013, p.127）。

冯德劳（Vonderau, 2016）在一项重要的史学修正研究中指出，从最初的规划阶段，油管便被明确设定为商业项目——当那些来自贝宝（PayPal）的创始员工和工程师开发测试版本时，他们就致力于打造一个具备可扩展性、能够迅速吸引数百万受众的平台（盈利模式被设定为核心功能的一部分）。尽管这一观点直接冲击了"跌落神坛"的叙事核心，但油管上仍存在大量的公共空间，全球数百万民众利用该空间开展非商业活动。不过，这也确实凸显了一项关键需求：我们需要一部批判性的历史，探讨这个主要围绕原始业余内容和创作者价值构建的大型商业平台的内部矛盾与固有张力。这正是我们的研究任务。

　　自被谷歌收购以来，油管的发展历程就可以被描述为：谷歌试图从作为一家专注于规模化、自动化、持续测试、快速原型打造以及迭代的IT公司所秉持的"北加州基础"，向迁就于娱乐、内容以及人才发展的"南加州基础"转变的历史。与此同时，这些努力体现了它和传统媒体模式（尤其是商业模式）之间的连续性和差异性。用福柯术语来讲，它们展现出行使支配权的局限性。尤其对于创作者和多频道网络（MCN）而言，所产生的结果显然是好坏参半的。油管试图以一个数字分发平台的角色来运营，却没办法与偏爱版权和稀缺性的老牌媒体公司展开竞争。虽然其为UGC创作者创造了很多机会，也为社交媒体娱乐的发展奠定了基础，但北加州模式对规模的过度执着，致使第一代社交媒体娱乐商业模式（通过程序化广告来分成）走向崩塌。其结果是迫使内容创作者和多频道网络去寻觅新的收入来源，如许可经营、商业化运作、电视交易及现场直播等，而所有这些都是成熟的南加州式创收策略。

　　油管的货币化策略暴露出媒体与广告之间不稳定的相互依存关系，映射出传统媒体广告效率低下的问题，也凸显了在线分析技术的赋能效应与精准效力。与传统电影制片厂和电视网络截然不同的是，油管选择规避传统媒体模式下所有权或共享IP带来的复杂法律问题。该平台既不支付内容采购费用，也不提供后期分成或利润共享，而是基于广告收入的首元分账模式与内容创作者签订"合作伙伴协议"。其核心在于从第一笔广告收入中就进行分成。这一策略已被证实是行之有效的。自2007年合作伙伴计划启动以来，油管已经与全球300多万名创作者建立了"合作伙伴关系"。

　　沿袭广播媒体既有的操作模式，谷歌采用了基于千人成本率（CPM）的传统广告算法；不过，谷歌能够凭借"谷歌分析"（Google Analytics）所提供的海量数据推出具有针对性的广告。基于这种北加州模式的变体，2007年，谷歌将其"谷歌广告联盟"技术引入油管平台，使得内容创作者能够在自己的油管页面上展示广告，其中包含覆盖在视频顶部的半透明横幅广告。2008年，谷歌对双击公司（DoubleClick）的收购，又将程序化（自动化）广告购买引入油管平台。这些技术的综合使用，助力油管在其平台上实现了近乎无障碍的商业化运作，并极大地扩大了业务规模。

　　在采取了这些举措之后，虽然确切数据被隐匿于其母公司有限的财报披露"防火墙"之后，但油管或许最终实现了盈利，其在2015年的全球收入达90亿美元（Hough，2015）。虽然这一数据仅占字母表公司总收入的10%——2015年预估为860亿美元（Somaney，2016）。不过，随着油管观看量的持续攀升及广告收入持续向数字化方向转移，就如图1.3所显示的，预计这些数额将会大幅上涨，到2023年估计将占到字母表公司总收入的36%。

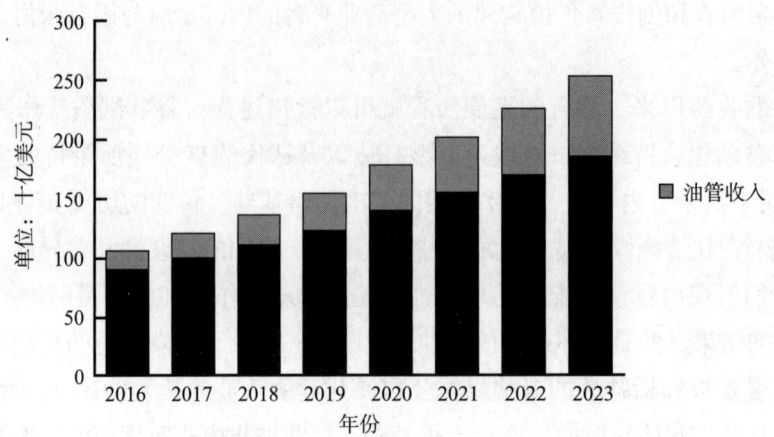

图1.3　预估2016—2023年字母表公司收入中油管的收入情况

详情可查看网址：https://www.trefis.com/stock/GOOG/model/。

图1.4呈现了电视和数字视频广告支出的增长态势，其表明在2014年至2020年，电视广告支出预计将增长12.5%。与此同时，数字视频广告支出将暴涨218.5%。油管已成为传统电视广告的强劲竞争对手，其平台有望分流电视广告市场24%的营收（O' Reilly, 2015）。表1.1显示，[1] 在2015年，谷歌和脸书合计占据数字广告支出72%的份额。到2016年，这一比例上升至77%，占据了2016年美国数字广告收入增长总量的99%。因此，虽然2016年美国互联网广告行业整体增长幅度达到21.8%，但谷歌和脸书的双头垄断格局使得"该行业其他所有公司的平均增长率近乎为0"（Wieser in Heath, 2017）。

43

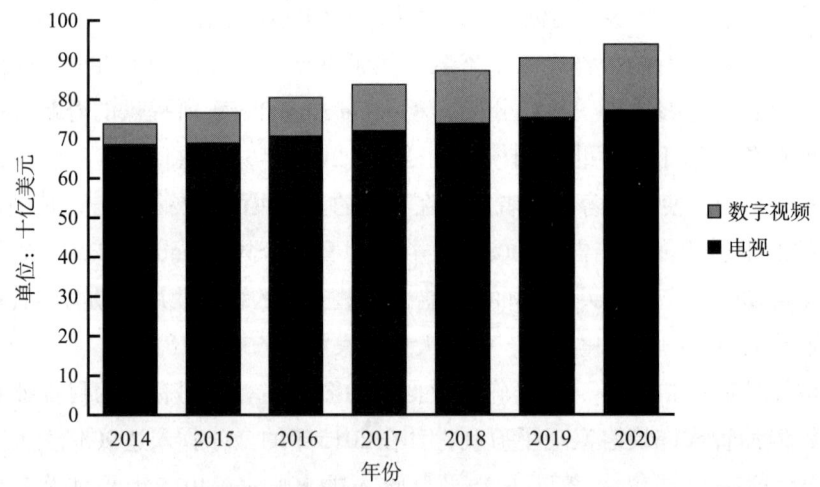

图1.4　预计电视和数字视频广告支出（2014—2020年）

来源：相关信息表明数字视频广告将以每年两位数的速度增长。数据来源于电子营销家（eMarketer）。

具体网址：https://www.emarketer.com/Article/Digital-Video-Advertising-Grow-Annual-Double-Digit-Rates/1014105。

---

[1]　此部分原著信息疑似有误（或图表与正文信息不一致）。——译者注

表1.1 美国数字广告收入*

	谷歌	脸书	其他
Q1 2015	6.9	1.6	4.6
Q3 2015	7.9	2.1	4.6
Q1 2016	8.3	2.6	4.9
Q3 2016	9.5	3.4	4.7
增长	2.6	1.8	0.1
增长份额	58%	41%	1%

* 计算单位：十亿美元

作者：杰森·金特（Jason Kint）

文章标题：谷歌和谷歌瓜分广告与数据版图：其余玩家所剩无几

文章出处：InContext

发表日期：2016年6月16日

文章网址：https://digitalcontentnext.org/blog/2016/06/16/google-and-facebook-devour-the-ad-and-data-pie-scraps-for-everyone-else/

访问日期：2018年5月5日

　　油管并未遭遇音乐共享平台纳普斯特（Napster）那般的命运。相反，它积极主动地降低主要版权所有者提起诉讼的风险，寻求与传统的南加州式媒体达成和解（而非对其构成威胁）。2006年，油管推出了内容识别系统，此系统能够识别专业制作的内容，并自动标记出潜在的版权侵权行为。油管为版权所有者提供了删除视频或获取视频全部广告收入的选择。此外，油管直接与传统媒体网络展开谈判，进而为其内容创建专属频道。得益于这一策略，油管成功地避开了与大多数主要竞争者之间的诉讼[维亚康姆（Viacom）除外，不过它最终也在2014年解决了针对油管侵犯版权的诉讼]。

　　虽然油管的应对举措或许阻止了高昂的诉讼和美国联邦通信委员会（FCC）潜在的干预，但内容识别系统在很大程度上是一把双刃剑。正如萨帕塔·金（Zapata-Kim, 2016, p.1847）指出的，油管"维护版权持有者和自身利益，却以牺牲内容创作者和更广泛的互联网社群为代价"。若创作者们的油管视频中包含受保护的好莱坞知识产权元素，就可能面临失去视频收益的风险，同时其自身的创作力和内容创新也可能受到抑制。从内容识别系统启用直至2017年的"广告灾难"（Adpocalypse）事件发生（当时谷歌和脸书对主要优质品牌撤回广告的反应过度，这表明广告有时会被程序化地放置在极端内容旁边，致使众多创作者的收入遭受损失），该平台持续呈现出过度纠正的保守模式——以创作者为代价，阻碍国家干预并阻挠法律补救措施的实施。我们将在后续章节中对广告灾难展开进一步探讨。45

　　在短期内，油管已从好莱坞盗版内容的避风港摇身一变，成为好莱坞媒体公司的合作伙伴，并促使其旗下人才走向专业化。油管的频道计划（无论是对优质内容的挖掘，还是对广告收入的依赖）似乎都在效仿电视模式。正如我们所看到的，在众多业内人士和学者眼中，油管似乎注定要成为媒体内容产业中的又一成员。范·迪克说得很明确："作为电视的替代品，油管的独特性已难以自圆其说，尤其是当我们浏览网站内容的时候。"（van Dijck, 2013, p.118）

但是，南加州式的改造显然并不彻底，且在很多方面已被搁置。传统媒体与在线媒体在结构、组织及物质利益等方面依旧存在显著差异，其中最突出的是在线媒体缺乏发行稀缺性，导致内容过剩且内容创作者准入门槛降低。内容创作者积累庞大订阅者/粉丝群体的速度，以及与广告主合作创收的规模前所未有。这导致平台过度强调内容数量，而平台因此陷入危机。

虽然整体而言在线广告收入持续增长，但油管千人成本率的暴跌预示这场危机的到来。依据最为成功的在线企业家汉克·格林（Green, 2014）的观点，"程序化"广告模式属于一种"极为有限的经济模式"，作为内容创作者以及多频道网络等中介机构的基础性收入，它已愈加难以为继。虽然签约合作伙伴通过"谷歌广告联盟"分成的模式使内容库存呈指数级增长，但广告收入增速始终无法匹配内容规模的膨胀速度。如Tubefilter公司的巴伦（Baron）所言，"油管实际上摧毁了视频广告市场，资本遭到了破坏。就在几年前，广播销售和在线视频销售的标准且相对合理的基准是每分钟25美元，如今已降至今年的2美元左右"（Winkler, 2015）。

这种情形所体现的"文化冲突"值得深思。正如沃尔夫（Wolff, 2015）等人对主张数字化创新的激烈批评者所指出的：数字平台对广告施加价格下行压力的结构性趋势会引发相应压力，从而促使其生产出数量更多但质量更低的内容。这反过来又会使广告收入下降，数字平台呈现出众多数字内容评论中常见的"逐底竞争"特征。沃尔夫认为，北加州模式像对待商品一样关注受众，这导致了对"流量"（而非高质量产品和环境）的关注。当较高的每千次印象费用率意味着广告收入超过购买流量的成本时，这种关注效果最佳，但所记录的每千次印象费用率的下降已经破坏了这种套利模式。沃尔夫的论证如下：虽然新的数字平台增加了竞争，但与此同时为传统网络提供了新的分发平台和货币化机遇。新的分发平台正为档案馆提供能够拓展（而非蚕食）市场的内容以及接触新受众的新形式。

强调这段历史中存在的多重讽刺意味是极为关键的。由于未能稳固此前吸引好莱坞优质内容的策略，油管反倒在孕育社交媒体娱乐的领域占据了领先地位。于是转向备用计划（B计划），油管通过同时开展版权/知识产权交易（既不向原创者谋求所有权，又制定了稳健的原创内容策略），成功构建起了另一套商业价值体系。但是，正如我们将在第二章中看到的，基于从创作者（他们不能仅依赖油管所提供的资源）那里榨取最大剩余价值这一出发点，该策略在结构上就具有不稳定性。通过与内容创作者签订合作协议，油管的收入得到了显著提升。原创内容创作者与平台按一定比例分享广告收入，通常是创作者占55%，平台占45%。谷歌开发了内容识别系统（视频上传后会为内容匹配而自动扫描），其初衷是避免重蹈"纳普斯特式覆辙"并吸引优质的好莱坞内容，不过后来该系统成了一项关键策略。借助它就能规避共享知识产权这种棘手、烦琐的传统媒体模式，并且在很大程度上无须为内容支付费用，还能与版权所有者分享剩余利润。

北加州式的技术文化显然非常习惯于频繁"重启"（重新开始）、"迭代"（再次尝试）或"转向"（意为改变方向）。尽管油管近期的举措时常借鉴南加州商业模式，但其快速迭代的能力反映了"不成功便成仁"的北加州精神。在过去几年里，油管屡次变更其合作伙伴计划。收入分成比例已从对优质创作者较为有利的70%（创作者）/30%（平台）的高位，转变为如今标准化的55%（创作者）/45%（平台）的分成模式。此外，为了优化面向广告类的数据分析，油管还定期调整算法，而这使得部分创作者原本依赖的、与之有着持续联系的数百万订户在一夜之间莫名地消失了。协议和分析工具的这些变动引发了创作者兼合作伙伴的不满，促使大量创作者转投脸书、照片墙及微影（在其存续期间）等替代平台。作为回应，油管开始以"油管原创"（YouTube Originals）的名义资助影视项目，主角为其头部内容创作者，如菲利克斯、斯莫什（Smosh）、法恩兄弟（Fine Brothers）、公鸡牙齿（RoosterTeeth）、辛格（Lilly Singh）和格拉切法（Joey Graceffa）。这些南加州式举措有助于油管遏制创作者、内容、受众及广告商流向其他平台，包括一系列业已出现的第一代和第二代社交媒体平台。在本章后续内容中，我们将回过头来探讨这种持续的转向最终将油管引向何方的问题。

SME 1.0：TV.com

油管试图从传统媒体中吸引优质内容的努力，受到了新型交易、订阅乃至基于广告商的类电视门户网站（Lotz, 2017）的阻碍，如苹果音乐、亚马逊、网飞和葫芦网这类门户网站提供了更具盈利性的合作模式。随后，包括HBO在内的付费有线频道、基础有线频道及广播电视网纷纷推出自有门户，无论用户是否订购有线或卫星套餐，都能通过移动端或网络观看内容，甚至体育特许经营机构及联盟（如美国职业棒球大联盟）也创建了专属门户网站，将其品牌与内容价值拓展至数字领域。

北加州式与南加州式文化的冲突延伸至整个数字平台，为内容生产营造出高度多变的环境。为了维持并强化专业生成内容和用户生成内容之间的差异，我们现在把注意力转向那些专注于专业生成内容的数字平台，从对比油管策略的角度对它们展开分析，以便后续能与融合视频功能的社交媒体平台作出进一步的比较。尽管亚马逊、苹果音乐和葫芦网在该产业中表现亮眼，但我们的分析主要聚焦于网飞。探究它与油管之间的异同点，这将有助于理解社交媒体娱乐所具备的一些独特性质。

好莱坞流传着一句老话，"内容为王"掩盖了政治经济学领域的一个真理，即如果说内容是王者，那么发行就是金刚（Cunningham & Silver, 2013）。在线内容分发领域的两大巨头便是网飞和油管。二者加起来，占据了美国黄金时段在线观看人数的50%以上。网飞和油管在很多方面都极为相似，二者均为全球性平台。油管的内容可上传至世界各地，并能在世界范围内（不包括中国、朝鲜以及中东和北非的部分国家）播放。得益于不少人借助虚拟专用网络技术访问其服务，网飞几乎覆盖了世界上的每一个国家。

但二者之间依然存在显著差异。网飞并未在南加州式与北加州式策略之间频繁转换，而是将二者融合成一个独立且统一的整体。总体而言，它相当于一家主流的在线视频商店，店内全部由专业生成内容所填充。网飞自称"全球领先的互联网电视网络"，它借助北加州式的前沿推荐算法来引导消费者浏览内容，进而收获了大量满意的消费者群体。除了针对原创内容推行新型的"狂欢观看"分发策略，在北美以外的众多地区，其老影片资源或许颇为有限。不过，网飞具备全球知名度，也吸引了娱乐媒体的不少关注。

49　　另一个根本差异体现在知识产权与全球覆盖模式方面。网飞的全球扩张行动，要求它与每个新入区域的现有版权所有者展开谈判，且时常需要它在这些区域内尽力封堵访问其热门内容的非正规途径（如VPN等替代方案）。尽管从长远来看，流媒体行业的巨头们（亚马逊、苹果音乐和网飞）很可能会使区域许可制度陷入困境，但社交媒体娱乐的内容在很大程度上具有"天生全球化"的特性。这是因为它的发展并非主要基于知识产权控制，这一点与一般的内容产业（尤其是好莱坞和广播电视行业）形成了鲜明对比。油管刻意规避了传统媒体复杂且法律负担沉重的IP所有权/共享模式，既不支付内容采购费用，也不提供后期分成或利润共享，而是选择与创作者签订基于广告收入首元分账的"合作伙伴协议"。虽然网飞凭借强大的品牌影响力以及对广播、有线电视的直接挑战吸引了大多数媒体和学者的关注，但油管的社交媒体娱乐平台化模式或许对主流媒体构成了更为深层、更为长期的挑战。因为它拥有对自身有利的观众数量统计数据，以及更为多样化的全球制作与参与基础。

网飞构建了一个令人羡慕的IT架构。其中，一篇颇具影响力的报告文学声称解释了"网飞如何逆向设计好莱坞"（Madrigal, 2014）。作为一个长视频内容的分发平台，它为可扩展性、适应性以及灵活性树立了标杆。网飞与亚马逊和苹果公司一道，致力于融合北加州式和南加州式策略。网飞彰显了北加州式算法文化，服务于以客户为中心的娱乐与信息消费类产品及服务的数字分发工作，它对专业制作优质影视内容的坚守则体现了南加州式的价值取向与关键要点。

融合北加州式和南加州式策略意味着，社交媒体娱乐的某些关键的可供性特征被挤压殆尽。观众数据的收集与解读能够揭示出大量有关观看模式、社会价值以及消费体
50　验方面的信息。但是，在专利法、保密协议、竞业禁止条款及其他法律文件的约束下，PGC数字发行公司对这些数据的利用方式在很大程度上仍"秘而不宣"。哈利南和斯特

拉法斯（Hallinan & Striphas, 2016, p.118）认为，随着工程师和算法成为文化的仲裁者，这种算法信息处理方式干预了"文化的概念基础"。他们的分析聚焦于北加州地区相关机构的推荐系统，如亚马逊、脸书、默契网（Match.com）、推特和其他技术驱动型公司，并关注了网飞奖（Netflix Prize）如何让这一过程接受专业审查的方式。

但可以说，网飞推荐系统对文化产生的影响，不如新闻时事领域中算法文化对公共生活造成的回音室效应那般受人关注。更为直接且关键的问题应当是网飞对待内容创作者的方式，这已触及其南加州属性所能承载的极限。网飞并不对外公布关于收视率、谁观看了什么内容，以及观看量等信息（实际上，它是掌握这些信息的）。这尤其打击了内容创作者的积极性。与网飞相比，广播公司和有线电视公司在节目表现相关信息的透明度方面都达到了较高的水平。油管对创作者/制片人利益的开放程度则又另当别论了。正如米特尔所述：

> 目前，网飞的运营模式更偏向于一家科技公司，而非一个单纯的媒体品牌。这意味着其关键资产在于用户基础、品牌，以及与用户相关的海量数据。相较于构建这些基础，实际收入和利润反倒处于次要地位。在未来几年内，网飞或许将不得不做出抉择，是向媒体业务进一步靠拢（将内容以及货币化观众作为关键资产），还是尝试为自身塑造混合媒体与科技公司的双重身份（苹果公司和亚马逊都在竭力达成这种平衡），又或者遵循多数科技公司的发展路径：通过收购其他公司壮大自身，抑或被其他公司收购。（Mittell, 2016）

SME 2.0：初创企业

在2010—2014年，众多第二代基于网络的平台及移动应用的出现，进一步加剧了社交媒体娱乐领域的平台竞争态势。主要参与者涵盖了照片墙、色拉布、图奇和潜望镜等。在某些情形下，相较于第一代平台，这些第二代平台的用户拓展速度更快。过去10年间，油管收获了13亿用户，脸书收获了17亿用户，而推特在2017年稳定保持在略高于3亿用户的规模。在6年多一点的时间里，照片墙便收获了5亿用户。图奇［重新推出时曾名为"贾斯汀电视"（Justin.tv）］的用户数量已经突破3.13亿。在被其所属公司推特一夜之间关停之前，微影在最初的4年里收获了逾2亿用户。最新的平台色拉布在2015年被誉为"增长速度最快的平台"，拥有逾2亿用户，其日使用量超过了推特（Mittell, 2015）。

虽然这些平台的吸引力并非零和博弈，但其在技术可供性方面的差异有助于吸引用户群体。正如科恩（Cohen, 2014）所指出的，"社交媒体已不再是千篇一律的模式"，超50%的美国成年人会使用多个平台。尤为值得注意的是，第二代社交媒体平台在呈现出视频播放器及模式差异化特征的同时，实现了规模的快速扩张，而且其用户界面实现了内容播放器与社交网络的更优整合（这一点有别于第一代平台，其中最典型的就是油管）。与第一代平台大相径庭的是，这种后发优势有助于吸引用户及观众，进而吸引广告商并增加收入。

与其前代平台类似，这些平台具备技术与商业功能快速迭代的特点，最为显著的表现是围绕视频进行的融合。视频优化了平台的盈利模式，因而也提升了平台在风险投资轮次之外潜在的可持续发展能力。移动性同样十分突出，毕竟照片墙、潜望镜和色拉布均属于带有用户界面的应用程序，能够充分利用手机的移动性以及相关的技术可供性优势。

其他不同的技术可供性体现为临时广播和实时广播，尽管实时广播的前身早在2005年就已推出。最初开发的节目以在线真人秀为特色，贾斯汀电视在2009年转而允许用户整合自身的直播频道。该平台很快便成为游戏爱好者的聚集地，它所承载的是一种允许观众观看自己喜爱的电子游戏玩家并评论和演示在线游戏策略的内容类型（详见第四章）。到2011年，贾斯汀电视更名为"图奇电视"（Twitch.tv），并引入了更多功能，允许视频游戏直播流搭载带有粉丝评论的聊天室。可以说，这一创新展现了视频播放器与社交网络在单屏集成方面最为显著的整合特征。

参照油管的合作模式，图奇在2011年7月推出合作伙伴计划，允许每周至少进行3次直播且平均视频浏览量超过500次的图奇创作者分享从其广告流中产生的广告收入。截至2014年，图奇已成为美国高峰时段互联网流量的第四大来源（Aisch & Giratikanon, 2014）。图奇还预计在2014—2015年推出多个直播移动应用程序，如"潜望镜"、"猫鼬"（Meerkat）、"串流"（Streamly）和"你现在"（YouNow）等。

在这些第二代平台中，最引人注目的当数"色拉布"和"照片墙"。与油管及直播平台不同，色拉布上的内容存续时间极短，24小时后便会从用户视野中消失。此外，该平台的社交网络功能仅面向受邀用户开放。正如维纳查克（Vaynerchuk, 2016）所指出的，色拉布提供的功能迅速吸引了青少年用户。这是一个独立的平台，与开始使用脸书的父母们隔绝开来，其内容每日都会消失。不难想象，这样的功能被视为有价值的。

虽然色拉布起初和其平台的前身一样，仅限于分享图像，但如今已拓展至涵盖即时视频和实时视频。除增添新的技术可供性外，色拉布还通过其"发现"（Discover）界面与广告商、品牌商建立起合作伙伴关系。这部分功能特性主要依靠数字出版商的赞助及品牌内容体现出来，合作的数字出版商包括嗡嗡喂新闻网、美国有线电视新闻网、娱乐与体育节目电视网、麻趣资讯网（Mashable）和异视异色（Vice）等。色拉布针对部分功能推出了"免费+增值"模式，用户可购买品牌滤镜用于照片和视频。虽然色拉布并未与创作者达成收入分成协议，但那些寻求内容变现的精明用户仍可通过品牌内容交易获取可观收入。即便如此，色拉布的生存期或许仍会像微影、聚友网和交友网等众多其他社交媒体前身一样短暂，其中最为关键的原因在于照片墙带来的竞争威胁。

根据梅迪亚基克斯（Mediakix, 2017）的研究，媒体营销领域有观点指出"照片墙拥有价值10亿美元的'影响者经济'"，且预计到2020年将形成规模为50～100亿美元的市场。事实上，照片墙的崛起已使其成为社交媒体平台的核心。照片墙的照片分享功能更契合美妆、生活方式及设计这类注重图片展示且"品牌安全"的纵向细分市场。这种技术可供性与内容类型的紧密契合，使得照片墙的创作者们纷纷投身于由麦迪逊大道所代表的各类品牌、产品及服务所发起的"影响者营销"浪潮。沉浸于持续迭代的技术文化氛围里，照片墙反复更新用户界面，调整面向用户和创作者的可供性选项，并且与脸书协同一致地挖掘平台的盈利潜力。这些变化涵盖了很多方面，如引入专门用于吸引微影用户的短视频播放器。此外，为更有效地与色拉布展开竞争，该平台还结合即时性特点推出了"快拍"（Instagram Stories）功能。正如我们将在下一节中看到的，如同油管之于谷歌，照片墙已逐渐成为脸书旗下旨在实现内容与传播最佳商业化的融合型、集成型、跨平台生态系统的一部分。

虽然社交网络所具备的可供性促进了内容的传播，且视频播放器的千人成本率高于单纯的文字或图片，但社交媒体广告仅通过"眼球经济"实现消费者定向盈利，仍沿用传统电视的"管道模式"。虽说汇聚16.5亿的关注量（"眼球"指的是关注量）绝非无足轻重，但这种"管道模式"未能辨识出社交媒体是"平台"而非"管道"，因此社交媒体广告需要同时兼顾品牌方、创作者以及消费者三方的利益。若只是单纯依靠在社交媒体上利用关注量（"眼球"）来盈利的策略，很可能会遭遇失败（Choudary, 2014）。

SME 2.0：多平台之战

面对第二代平台的崛起，第一代平台运用了一系列不同的北加州式和南加州式策略，以期应对日趋激烈的竞争。凭借投资、广告以及公开募股获取充足的资金后，脸书和推特参与了多平台收购行动，并加快了功能强化的步伐。虽然这些举措在不同程度上实现了整合并取得了一定成效，但并未确保其可持续发展。

在照片墙推出两年后，脸书于2012年斥资10亿美元将这个尚无任何收入的平台收入囊中。当时，这一收购举动遭到诸多嘲讽。但是，到了2014年，该平台的估值已高达350亿美元（Gelles, 2014），这让扎克伯格（Zuckerberg）当初看似疯狂的决策变成了一笔财富。脸书的此次收购，标志着它采取效仿谷歌收购油管增值内容的策略。此后，脸书又陆续收购了其他平台，如即时通信服务瓦次普（WhatsApp）。脸书的收购策略彰显了它具备"同时打造多款产品"的能力（Wagner, 2017）。

虽然脸书与照片墙作为独立的平台开展运营，但也存在部分整合的情况。这种双平台系统不仅创造了规模经济效益，而且提供了一系列吸引不同用户群体的技术特性，进而吸引了内容创作者。截至2017年底，尽管照片墙受到了脸书公司一定程度的保护，但它始终保持着类似初创公司的运营模式，其全球业务规模估值约为8亿英镑。脸书聘请了一支新的管理团队，该团队于2016年对照片墙进行重新打造，目的在于直接模仿竞争对手的特色功能。该平台推出了短视频功能（类似微影）以及即时性的"快拍"功能（配合类似色拉布的照片滤镜，且每日都会删除相应内容）。这一系列举措进一步推动了照片墙的快速发展，同时促使色拉布的业务急剧下滑。

55　　　　脸书持续增添新功能，并开发模仿油管视频内容、合作伙伴关系以及广告策略的功能。2014年，脸书嵌入自主研发的视频播放器。该播放器具备自动播放功能，用户在向下滚动脸书动态消息页面（俗称"脸书墙"）时，视频即可自动播放。自2015年起，随着直播功能的推出，脸书进一步巩固了其在视频领域的融合发展态势。该平台以20亿美元收购虚拟现实耳机制造商欧酷拉VR（Oculus VR），彰显了它开展直播内容的长远规划。2015年中期，脸书推出"推荐视频"（Suggested Videos）模块，其中涵盖了来自美国有线电视新闻网、《纽约时报》等诸多主流媒体公司，美国职业篮球联赛（NBA）等体育联盟，以及电影制片厂和电视网络的品牌内容视频。渐渐地，除了数量有限的优质内容创作者，这些合作伙伴还囊括了新的数字及社交媒体中介机构，如"美味制造"（Tastemade）和"趣味或死亡"（Funny or Die）等。随着广告合作伙伴关系的逐步建立或即将达成，对于大多数创作者和媒体而言，除了本身所具备的社交网络功能（该功能一直有助于创作者汇聚粉丝，并产生额外的"影响者营销"收入），脸书已成为又一个颇具可行性的视频平台。

得益于这些以视频为驱动、以内容为导向的举措，品牌方直接上传至脸书的视频数量超过了上传至油管的视频数量，脸书宣称其用户每日的视频浏览量达40亿次（James, 2015）。但是，一个关键争议也随之而来：究竟什么才算脸书的视频浏览量呢？它对于内容创作者以及广告商而言，又有着怎样的重要性呢？知名网络红人汉克·格林在2015年发表的一篇题为"盗窃、谎言与脸书视频"的博客文章中指出，脸书将任何播放时长超过3秒的内容视为"浏览量"（不论是否有声音），其中包括那些在用户浏览动态消息时自动播放的视频。"这看似一种没有受害者的行为，但从根本上拉低了在线视频的首要衡量指标。浏览量可是大家都在关注的关键数据，也是创作者为了维持生计而销售给广告商的重要内容"（Green, 2015c）。格林的这一评论得到了印证：脸书平台曝出，过去两年间严重高估了平台用户的观看时长（误差幅度60%～80%），此举遭到多收费的广告主和品牌方的强烈抵制（Vranica & Marshall, 2016）。我们将在第四章进一步探讨这一问题。

针对该平台的另一项投诉则聚焦于有害的"免费启动"。亦即，脸书的合作伙伴在未获得原创者许可的情况下，从油管上抓取视频并上传到脸书，以此牟取潜在收入。需要注意的是，"免费启动"与分享油管视频链接有所不同。分享链接时所有的浏览量、积分以及收入都会返还给原始发布者，而在"免费启动"模式下，收入却归脸书以及实施"免费启动"操作的相关方所有（且这些相关方几乎无须承担任何责任）。正如全屏幕（Full Screen）公司的首席执行官斯特洛姆波洛斯（Strompolos）在推特上所写的：

> 我挺喜欢那些通过"免费启动"方式呈现的视频，但实在讨厌看到我们自己的视频被下架，可我们无法监控，也无法从中盈利。我现在经常会在那些"免费启动"的相关操作主体（"免费启动器"）上看到一些视频，其观看次数超过5000万，但是被个人（有时候是其他媒体公司）窃取。为此，我们耗费了大量资金去逐个追查情况。我是《数字千年版权法》（DMCA）的坚定支持者，不过这种状况必须尽快得到改善。坦白讲，我特别震惊的是，居然到现在都没有一个财力雄厚的版权持有方站出来起诉。（Strompolos in Dredge, 2015a）

2016年初，脸书针对这些担忧做出回应，推出了自家的视频版权管理器，即油管内容识别系统。一年后，脸书还准许原创视频创作者从该平台存在的盗版内容中获取收益（Constine, 2016）。但是，问题的关键在于细节，或者更确切地说，在于对"创作者"这一概念的定义。脸书对油管内容策略的模仿，带来了在内容平台与交流平台之间类似定位模糊或执行不到位的后果。平台的权利管理系统为传统媒体公司的知识产权提供了支持，但在保护创作者的非版权类内容方面却作为甚少（这类内容源自平台且更加依赖于平台的商业可供性）（Johnson, 2017）。换句话说，脸书正采用那种通常将优质内容与优质广告相捆绑的南加州模式。与此同时，其本土的创作者们依旧缺乏相应的支持与合作方，不过他们并非毫无自主性（利用脸书的商业及通信方面的可供性）。第二章将对此展开进一步分析。

亚马逊的发展历程效仿了谷歌/油管的模式，通过推出新服务及开展收购活动来提供多平台服务，进而与苹果音乐、网飞等数字门户网站在专业生成内容方面展开竞争，同时与油管、脸书等社交媒体平台在用户生成内容方面一较高下。这些服务同样属于增值服务，它们补充了亚马逊作为全球最大电子商务销售平台的核心价值主张，并成功地被整合进其母公司的平台之中。2006年，亚马逊推出视频平台"亚马逊魔盒"（Amazon Unbox），之后其被更名为"亚马逊即时视频"（Amazon Instant Video）（后来又简化为"亚马逊视频"）。该服务最初提供交易式视频点播（TVOD）服务，以此与苹果音乐展开竞争，后来又增加了类似网飞所提供的流媒体订阅式视频点播（SVOD）服务。在接下来的数年里，亚马逊实施了原创内容策略，以便更有效地与网飞、家庭影院频道等本土及传统媒体门户网站展开竞争。亚马逊的原创剧集（如《透明人生》）收获了极高的评价，还荣获了包括艾美奖在内的多个奖项。该平台的业务范围已拓展至艾伦（Woody Allen）等人创作的电影及纪实类节目等领域，其中还包括收购全球最为成功的纪实类

56

节目系列《巅峰拍档》(*Top Gear*)。凭借这些策略，亚马逊已成为实力最强、资金最雄厚的科技公司，甚至有可能对好莱坞的行业地位构成威胁。

与此同时，亚马逊也开始与秉持北加州模式的同行（甚至包括中国同行）展开竞争。2014年，亚马逊斥资10亿美元收购了图奇。彼时，图奇的用户数量已经超过1亿。尽管图奇已发展成为游戏玩家的热门聚集平台，但亚马逊可以说具备了最具可持续性的技术与商业可供性。配合多种盈利策略，该平台将广告、订阅、电子商务以及虚拟商品等业务进行整合，同时还集成了直播播放器与聊天室界面。2016年，亚马逊直接向油管发起挑战，推出了面向用户生成内容的视频直播服务，并且与油管旗下的多频道网络合作伙伴达成了相关协议。这些合作伙伴包括马基纳（Moquina）和斯泰尔豪尔（Stylehaul）等（Spangler, 2016a）。

作为一项增值服务，亚马逊正在整合其所有平台上的电子商务业务，鼓励受众、浏览者、粉丝以及各类社群点击并购买视频内容中所展示的产品。这种策略效仿了阿里巴巴（其旗下拥有类似油管的优酷平台）等中国平台所采取的成功的电子商务策略。通过在阿里巴巴旗下的天猫和淘宝平台上开设自己的店铺，优酷的运营方已经可以实现频道内容的盈利。这些情况表明，中国的社交媒体娱乐或许已探索出比西方竞争对手更具可持续性的发展模式。我们将在第六章深入探讨社交媒体娱乐的全球发展模式。

与谷歌/油管以及脸书/照片墙类似，推特也采取了较为积极的多平台收购策略，不过在平台整合或盈利变现方面并不是十分成功。早在实际平台推出之前，推特便于2012年收购了微影，并在2015年收购了潜望镜。但是，相较于谷歌/油管、脸书/照片墙，甚至是亚马逊/图奇而言，这两个平台对其母公司推特来说并非增值服务。相反，它们只是相互竞争的社交媒体与内容播放平台，提供了可供选择的技术可供性、短视频（微影）和直播（潜望镜），却并没有明晰的盈利战略规划。在同一收购时期，虽然推特增加了图片和视频的相关功能，但是并没有相应的商业可供性来助力增加收入或鼓励原创内容的创作。其结果是，推特的用户数量在达到3亿后便停滞了，而且未曾向投资者回馈利润。其市场股价从每股60美元的高位暴跌至不足10美元。因此，"推特宇宙"（Twitterverse）陷入了岌岌可危的境地，大量唱衰的言论（Meyer, 2015; Newton, 2016a）也在四处流传。

正如人们常说的那样，有关推特濒死的报道或许言之过早，抑或该平台有可能沦为下一波平台固化结构的牺牲品。2015年末，推特的联合创始人、创业奇才多尔西（Dorsey）重新回到了首席执行官这一职位上。多尔西尝试处理平台多年来停滞不前的窘况，为此整合使用了很多举措，期望能快速效仿油管的视频及广告策略。该平台推出了一款直播视频播放器，还与美国国家橄榄球联盟（NFL）等公司达成合作协议，使其得以在这个原本仅能发送140个字符的即时通信服务平台上直播比赛。

这些变化纷繁的（即便有些令人眼花缭乱）转折点，或许到头来会显得无济于事又或是为时已晚。2016年9月，有媒体报道称，这个服务平台即将被出售。一个月后，推特关闭了旗下的微影平台。根据对多位高管的采访内容，韦尔吉网站（Verge.com）的这篇报道生动地呈现了相关情况：

> 这家公司所产生的文化影响力，远远超出了它为推特所带来的战略价值。"微影"是位于纽约的一个小团队，与远隔大洋的母公司各自为战，既难以扩大用户规模，又找不到变现途径。虽然微影曾经在社交视频应用领域大幅领先于其他同类产品，但随着竞争对手不断增添新功能，它却没能跟上发展的步伐，这最终导致其头部创作者集体出走。这款应用创造的文化迷因和现象级内容，远超那些用户量两倍于它的平台。然而，随着推特近年面临的核心业务问题日益增多，几乎可以断定微影最终难逃被出售或关闭的命运。（Newton, 2016b）

推特的发展历程证明了北加州式快速发展、具有颠覆性且不断迭代的策略（平台聚合策略）的存在。但是，如果缺乏稳固的南加州式内容及盈利策略作为支撑，那么这仅仅是一条无法实现可持续发展的捷径。

就第一代平台而言，它们对第二代平台及视频内容采取整合行动中，推特实施得太晚了。对于其他平台而言，其整合效果又是高度不稳定的。虽然各平台之间存在很大差异，但油管的盈利模式正吸引着其他平台，甚至迫使它们在类似的视频内容与广告策略方面逐渐趋同。借助盈利模式，这些平台利用庞大的受众群体探寻出了稳定业务发展的方法。尽管油管得到了谷歌极为雄厚的资金支持（但结果好坏参半，而且几乎没有其会放弃先发优势的迹象），不过油管沉浸于不断迭代、勇于试验以及具有颠覆性的北加州精神之中，通过长达10年的灵活试验应对了这些竞争压力。

SME 2.0：油管（们）

59

与第一代竞争对手类似，油管持续快速转型，不断整合并开发新功能（包括多次尝试整合社交网络可供性的举措），不过多数都未能成功。同时油管推出多个平台，有效蜕变为多平台的生态体系：油管们［YouTube (s)］。这些策略具有多边性，旨在与网飞和亚马逊等PGC门户网站展开竞争，同时力图抵御来自脸书、推特、色拉布和图奇等的竞争压力。需要始终牢记的是，这种持续创新之所以能实现，得益于其母公司的雄厚资本支持，这也是部分竞争对手无法企及的优势。正如波斯蒂戈（Postigo, 2014）所调侃的，"油管（或者任何依赖用户生成内容库存的平台）犹如赌场里押注所有轮盘数字的赌徒，虽单笔收益微薄，但总回报仍远超这种看似疯狂的投入"。虽然油管的诸多举措看似被动且往往不成功，但它们助力油管在快速发展且竞争激烈的社交媒体娱乐平台中保住了核心地位。可以说，凭借平台盈利、内容创新、粉丝参与及资源聚合等，油管使创作者从劳动成果中受益。

在过去的10年间，油管经历了数次将社交网络可供性与内容播放器进行整合却以失败告终的尝试。平心而论，这算得上是油管的短板，也是它较为突出的缺陷所在。这些尝试最早始于其母公司谷歌在2004年推出的"奥库特"（Orkut）（该平台于2014年关闭）、"谷歌好友连接"（Google Friend Connect, 2008年推出，2013年停止运营）以及"嗡嗡"（Buzz, 2010年推出，2011年关闭）。"谷歌+"（Google Plus）于2011年上线，当时油管用户被强制要求注册该服务。只有这么做用户才能进行视频订阅、评论或点赞操作。在创作者和用户铺天盖地的批评声浪中，这种与油管强制整合的举措于2015年被叫停了。2016年秋季，油管整合了最新的社交网络成果，即嵌入油管频道的"社区"（Community）按钮。该服务旨在最终提供其他平台所具备的网络可供性，并遏制其用户和创作者在多平台间分散操作的情况（Perez, 2016b）。这些策略及其实施结果印证了北加州模式下的规则，即用户对平台可供性的采用、适应或者自主创造，或许与平台本身的有意设计一样，都对平台能否取得成功起着决定性作用。

在南加州模式层面，油管采取了多边多平台战略，与好莱坞以及数字媒体门户网站就传统娱乐内容展开竞争。在效仿PGC平台的一项重大举措中，油管红（YouTube Red）于2015年底被推出。这是一项无广告订阅服务，宣称用户可访问平台上95%的现有内容。油管红有助于解决油管面临的一系列问题，它旨在遏制"船舰"（Vessel）和"威米亚+"（Vimeo Plus）等订阅平台所采用的"新窗口"策略。"新窗口"策略模仿了传统的媒体许可做法，能有效地为订阅用户提供无广告的"抢先看"内容（通常会持续几天或几周）。这项服务还为创作者开辟了另一个收入渠道：在一定时间之后，创作者可以通过广告在原平台上再次发布内容。2015年中期，油管还聘请了前音乐电视网节目主管苏珊娜·丹尼尔斯（Suzanne Daniels）来负责开发、扶持并制作由其本土创作者创作的原创内容。我们再次看到了从北加州模式向南加州模式的转变。

此外，作为一个独立的订阅平台，油管红能够"绕过"《数字千年版权法》的安全港条款（该条款原本限制了油管模仿好莱坞模式却不对其内容担责的行为）。作为订阅界面背后的"围墙花园"，油管红能够更稳健地与网飞、亚马逊、葫芦网以及传统电视等展开竞争，进而孵化并开发自身的知识产权。为了实现这一目标，它借助顶级创作者的服务（包括内容构思、开发及制作等环节），并以收入和付费分成作为回报。对于那些有意追求更偏向传统内容及叙事类型的优质PGC创作者而言，这成了他们进入好莱坞的一个"后门"。但是，正如我们在实地采访中多次听到的，大多数创作者都不是那种痴迷于"编剧—导演—制片人"全能型创作模式的人。相反，他们是程序化参与主流媒体选择性内容传播工作的群体。相较于构建知识产权库，他们对参与全球性社群更感兴趣（尽管这一社群也是一个可以进行商品化运营的对象）。

创作者、用户以及媒体对油管红的反应各不相同，他们质疑油管红或许会被丢进平台发展历史的"回收站"。就如同其最初频道计划的记录一样，这些记录后来像色拉布的"瞬间"（Moment）功能那样从油管的平台上被删除了。最令人担忧的是，为了支撑可访问高达95%的现有平台内容这一说法，油管以一种极为传统的企业强势做法向其创作者彰显自身的影响力。油管红充其量只是代表了一种名义上的增值服务，它通过向创作者提供订阅收入及参与更具复杂性的故事创作机会，来鼓励创作者继续留在平台，从而避免用户流失。

油管还冒险与声田音乐平台（Spotify）、潘多拉音乐电台（Pandora）和苹果音乐等流媒体音乐平台展开竞争。油管音乐包含在油管红的订阅服务中，这是一种类似于有线电视套餐和亚马逊会员服务的捆绑式策略。该策略认可了音乐内容在油管上的重要地位，其音乐内容占平台总内容的40%。但在此过程中，油管可能已陷入类似纳普斯特（Napster）曾面临的困境，引发了音乐版权所有者和表演者的愤怒与报复。他们目前正"排队游说"监管机构，以期遏制油管对音乐行业造成的冲击（Forde, 2016）。

原创内容、订阅音乐和视频只是油管正在推行的一系列策略中的一部分。为了击败亚马逊的图奇，油管推出了一个独立的游戏平台。该平台可进行控制台、计算机或移动设备游戏的直播，并提供来自顶级游戏频道的录制视频、预告片和评论。为了与推特的"潜望镜"等新型直播平台展开直接竞争，油管在其平台上增设了一个直播按钮。虽然油管的网络平台仅在用户界面设计上有细微变化，但它的移动应用程序模仿了第二代社交媒体平台的用户设计及技术特性，包括微影、照片墙、色拉布和脸书的录制按钮与上传功能。

最后，"油管儿童版"（YouTube Kids）应用程序是一个精心打造的儿童友好型平台，旨在吸引低龄观众，同时为家长提供更好的监督功能。更为重要的是，该平台使油管能够响应各类有关儿童的政策法规，如旨在保护儿童隐私并抑制剥削的《儿童在线隐私保护法》（COPPA）。通过使用油管红，家长也可以关闭广告。然而，该平台仍在纵容饱受争议的"儿童开箱视频"的内容创新——这种形式模糊了油管本应拥有的儿童网络社交功能与赤裸裸的消费主义之间的界限，实则变相为玩具制造商进行儿童营销。这些问题在本书的最后一章有所阐述。

尽管如此，审视油管内容市场的成熟度仍是颇具启发意义的。这是10年（通常是无意的）赋能和丰富社交媒体创作者的成果。2006年，在谷歌收购油管之时，该网站每日约有6.5万个视频上传，视频浏览量达1亿次。自被谷歌收购以来，为了向专业化内容网站转型，油管实施了一系列策略，包括在面临呼吁删除受版权保护内容的情况下，于2007年开发了一套强大的内容识别系统。截至2016年，这一系统已向选择将内容变现的版权持有者支付超过20亿美元。它还制订了一个收入分成计划，使得创作者能够通过广告收入将自身创作的内容变现。"面向创作者的油管"福利计划在96个国家均适用。随着时间的推移，参与该计划的方式已经发生了改变。起初是仅通过平台邀请，之后转变为只要内容符合油管的标准（属于原创材料、不存在版权问题、对广告投放友好、符合服务条款以及社群准则），所有用户均可免费参与，再到后来在内容变现前，引入最低收视率水平这一要求。随着创作者积累流量，他们将根据分级订阅的级别（石墨级别：0~1000。蛋白石级别：1000+。青铜级别：1万+。白银级别：10万+。黄金级别：100万+。白金级别：1000万+），获得相应的奖励。油管通过其专门设立的创作者"空间"（Space，分布在洛杉矶、伦敦、东京、纽约、圣保罗、柏林、孟买、巴黎、多伦多以及迪拜等地）、全球众多快闪空间，以及诸如"100频道计划"、"下一轮"（Next Up）竞赛等项目，投入了巨额资金用于与内容创作者展开合作。在所有社交媒体娱乐平台中，油管最有能力通过前贴片广告、其他基于浏览器的广告和赞助内容等，提供可行的广告收入分成合作伙伴关系。

63

小　结

我们已经看到，这些大型数字平台凭借其先发优势，进一步强化了规模优势，而且它们具备"天生数字""网络原生""移动友好"的特性。这意味着它们在主导网络经济方面，比资本主义寡头垄断的常规形式更为高效。但是，网络经济学也表明，虽然存在锁定效应优势，但这些平台依然存在实现更好的连接与网络化的可能性，以及具备不受平台直接管控的横向、对等连接与共享的潜力。社交媒体娱乐平台所行使的资本主义权力，堪称福柯式修正主义权力理论的典型案例。这些平台一直在不断尝试应对信息经济特有的不确定性。它们试图在基于规模效应、免费访问、聚合他人知识产权以及撬动社交网络的环境中实现盈利。

正如我们将在下一章中看到的：对于创作者而言，从任何单一的社交媒体娱乐平台的规模和覆盖范围中所能获取的优势正变得越来越少，而平台竞争的加剧更是让他们的创作工作愈加艰难。从创作者的角度来讲，作为有偿的"影响者营销"活动的一部分（无论平台的回报情况如何，品牌方付费让创作者在所有平台上推广），内容创作者借助脸书和推特来集聚受众，并在多个平台上与受众展开互动，这已成为其业务及传播策略取得成功的必备条件。

虽然交流、互动和网络便利性促进了支撑平台功能的社交化互动行为的产生，但每个平台都具有不同的起点且服务于不同的用户需求。在涉及视频内容时，情况更是如此。例如，相较于油管的过往情况或未来发展走向，推特更像是一个核心的社交媒体平台，而脸书所涉及的内容主要是围绕家人和朋友的绝对"新鲜事"（"新闻"）。与此同时，与油管相比，脸书和推特都无须应对传统媒体版权行业针对其平台内容发起的挑战。对于寻求广告收入的广告商和创作者来说，他们所面临的困境在于：虽然脸书规模

64

庞大，但他们无法对其进行掌控。倘若用户想要通过脸书与家人、朋友取得联系，那么这些家人、朋友的相关动态就会以广告商和创作者无法控制的方式出现在用户的动态消息页面（"墙"）订阅源当中。脸书的"动态消息"（"源"，feed）选项卡，与油管上那些经过策划的摄像师或内容创作者的"频道"（"源"），具有很大差异。油管最初的定位就是"广播自己"，这至今仍是平台可供性的一个关键所在。因此，即便它保留了高度的互动性，个体创作者依旧能够创建并维护自己的频道。除了发表评论（评论还可以被屏蔽或过滤），其他人是无法对创作者的订阅源进行控制的。

当前，社交媒体娱乐平台格局的发展呈现出以拥有一系列竞争激烈、具备全球规模且资本雄厚的公司为主要特征的态势。这些公司采取的令人炫目的创新尝试、业务扭转，以及时而出现的兴衰变化，都印证了深度资本化、高市场估值及全球性规模或许并不能确保可持续发展。尽管并非处于自行创造的条件之下，但它们所具有的竞争力、规模及可供性，都已为创作者劳动创造自身的发展历史提供了结构性条件与物质性条件。

第二章 创作者劳动

在第一章里，我们阐述了社交媒体的网络经济状况、拥有平台的硅谷公司所秉持的创新文化，以及平台的技术与商业可供性如何为创作者构筑结构性根基。在此过程中，我们提出了一种政治经济学的修正主义阐释，着重强调好莱坞与硅谷这两大媒体及科技势力的产业文化碰撞所衍生的深刻冲突和创作张力。本章的修正主义论述聚焦于媒体、传播及文化研究，关注的核心议题是创意劳动。通过梳理关键的学术争论、剖析社交媒体娱乐机构与主流媒体之间的差异，以及倾听创作者的心声，我们论证了：创意劳动兼具赋权性与不稳定性。需要注意创意劳动的一个显著特征：其必然在算法文化的语境中运作，这也引发了该学科领域的另一个关键论题。现有的学术研究多致力于揭露被行业乐观主义话语所掩盖的劳动、不稳定性与平台操控。相较于主流媒体劳动，我们更倾向于探讨赋能的要素。

我们的关注点是创作者的独特性质与价值。我们将概述社交媒体娱乐的发展规模，并考查常有碍于清晰分析的术语难题。在搭建起本章的理论架构之后，我们将把创意劳动的条件拆解为各个组成部分。随后，我们将深入探究支撑及威胁创作者职业可持续发展的商业模式问题。

定义与描述创作者

社交媒体娱乐的迅速兴起催生了一系列新的行业用语，其名称的更替几乎像色拉布的帖子一样转瞬即逝，且在可靠数据方面相当不透明。油管过去每年都会公布与其共享收入的合作伙伴的相关统计数据，直至它变更政策，允许每一位用户成为合作伙伴后，便不再对外发布这类数据了。社交媒体娱乐领域的中介机构（如多频道网络及星探代理等）效仿好莱坞那饱受诟病的做法，不再主动对外提供客户数据。正如《广告周刊》（*Adweek*）所宣称的那样，该行业"隐秘且缺乏透明度"（Talavera, 2015）。

第三方数据网站"社交刀锋"（Social Blade）对创作者群体规模进行了有限的描

述。据估算，截至2018年中期，全球排名前5000的油管用户至少拥有100万订阅者；超过200位用户拥有1000万以上订阅者；有超过100位用户的视频浏览量累计达到10亿次。图2.1展示了那些最受欢迎且拥有超过100万订阅者的油管频道的快速扩张情况。就其他平台而言，排名前500的图奇流媒体主播至少拥有20万付费用户，排名前100的照片墙用户至少拥有2000万粉丝，排名前100的推特用户拥有2000万以上粉丝。这些数字或许会给人留下深刻印象，然而它们并未将本土在线用户、商业化用户与传统媒体从业者以及名人区分开来，更不用说那些与世界各地数百万社交媒体好友共享网络空间的非商业用户了。所以，创作者群体规模与商业价值的关联度，仅相当于一个国家的土地资源对国内生产总值（GDP）的转化率。

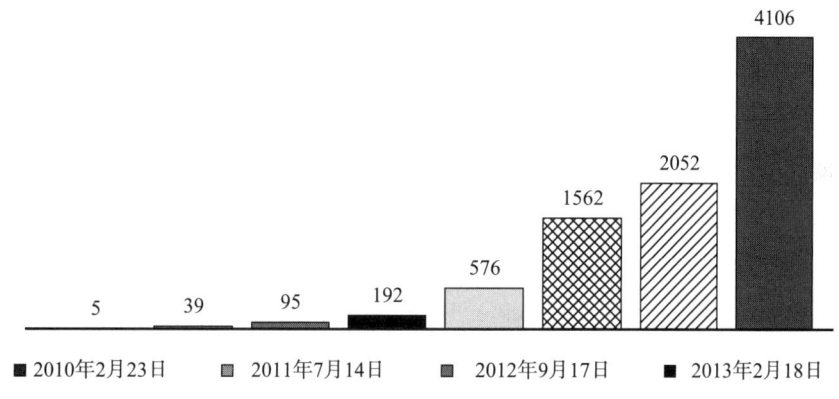

图2.1　拥有超过100万订阅者的油管频道

来源：《订阅量前100的油管频道》，Vidstatsx，http://vidstatsx.com/youtube-top-100-most-subscribed-channels；《油管频道订阅量前5000排名》，SocialBlade, http://socialblad.com/youtube/top/5000/mostsubscribed。

　　社交媒体娱乐传播机构及影响者代理机构所发布的研究报告，能够让我们产生更深入的见解。"管道"（Tubular）发布的《影响者经济状况报告》（Stern, 2017）认为，57%的消费者会依据影响者的推荐来购买产品。林奇亚（Linqia, 2017）的《2017年影响者内容的价值》则表明，86%的营销人员已将影响者营销纳入其广告活动。这些报告是专为不同客户群体量身定制的，包括平台、广告商及创作者等。在将影响者与创作者混为一谈的情况下，报告内容既有真实可靠性，也有值得商榷的成分。

　　社交媒体研究中所使用的术语以及社交媒体娱乐本身，都在艰难应对着"半新词混合体"的大量涌现（Duffy, 2015a）。社交媒体娱乐的术语，是在早期对数字空间里生产者、消费者以及用户之间模糊界限的认知基础之上构建的。阿尔文·托夫勒（Alvin Toffler）1980年提出"生产消费者"概念（有着一长串与之相关的术语演变脉络，详见Hartley et, al., 2013），后来这一概念被当作营销概念用于描述21世纪初Web 2.0技术兴起时的情况。此后，布伦斯（Bruns, 2008）创造了"产品用户"这一术语。对此，范·迪克指出："过度乐观地将受众重新概念化为'用户'或'产品用户'的问题在于，不少专家和学者都忽视了技术、商业模式以及治理结构在社交媒体平台建设过程中所发挥的作用。"（Moe, Poell & van Dijck, 2016）

对社交媒体娱乐创意劳动的研究过程中，学者们采用了多种术语。曼恩（Mann, 2014）提到"油管人才合作伙伴"；达菲（Duffy, 2015a）交替使用"创意工作者""博客作者"以及"内容创作者"这几个称谓；考德威尔（Caldwell, 2009）提到"另类媒体制作人"；而阿比丁（Abidin, 2016a）使用了"影响者"一词。不过，这些用法并不意味着学者们对相应称谓的含义有着积极且一致的看法。尤其值得注意的是，"影响者"已成为一个特定术语，标志着广告商在其所称的"影响者营销"这一商业实践中，与这些创作者进行接触时看重商业价值，后续我们将会对此进行更为详细的阐述。但在实地调研过程中，我们发现创作者们常常拒绝使用这一术语。他们认为这个词做作（具有侮辱性），而且过度淡化了他们作品本身所蕴含的文化与社群价值。

森福特（Senft, 2008）创造了"微名人"一词，阿比丁（Abidin, 2016b）同样使用了这一术语。马威克和博伊德指出，该术语"涉及将朋友或追随者视作粉丝群体；意味着受欢迎程度是一个目标；运用各类附属技术管理粉丝群体；塑造一个易于被他人关注、欣赏的自我形象"（Marwick & Boyd, 2014, p.140）。耶斯莱乌（Jerslev, 2016, p.5240）认为"微名人"这一术语与传统媒体名人存在差异，二者常被混淆。"在社交媒体名人化的过程中，展现私人且真实的、自我的吸引眼球的表演，是最具价值的内容呈现方式。"正如第四章所述，真实性话语体现了社交媒体娱乐内容与传统媒体内容相区别的核心特征。

行业内使用的术语也在不断增多。特定于平台的术语，如"油管博主"（YouTubers）、"推特博主"（Tweeters）、"照片墙达人"（Grammers, Instagram）、"聊天达人"（Chatters）或"色拉布博主"（Snappers，Snapchat）以及"微影博主"（Viners），掩盖了创作者的多平台创作情况。虽然我们的研究主要聚焦于那些起初（并持续）使用油管的创作者群体，但第一代创作者其实也在脸书和推特上融入了这种新兴的屏幕生态。虽然这些平台直至近期才开始为创作者提供合作机会，但在SME 1.0阶段，创作者们就已经摸索出利用平台商业可供性的其他替代办法。在那些宽带、移动网络接入速度较慢，且计算机、相机等技术设备价格过于高昂的国家，基于文本和图像的平台往往比视频平台更受青睐。随着技术与经济条件的逐步提升，创作者们逐渐转向创作基于视频的内容。伴随第二代平台的问世，第二批创作者开始使用更新的平台，如照片墙、微影和色拉布。他们通常会避开第一代规模较大的社交媒体娱乐平台，转而瞄准受众群体，并利用其他平台的独特优势。例如，色拉布上消息的瞬时性特点，以及照片墙品牌安全的营销优势及移动端传播图像的能力。近来，直播领域又出现了更多的称谓："直播主""秀场主播"（中国特色称谓），还有"网络广播员""数字广播员""移动广播员"或"社交广播员"等。

创作者的多平台实践往往意味着多模态创作，无论是制作基于文本的推文，还是制作照片墙和色拉布上的图像，抑或制作涵盖油管在内的所有这些平台上的多种格式视频，均是如此。这意味着博客作者（侧重文本与图像创作）、播客作者（侧重音频创作）和视频博客作者（侧重视频创作）在社交媒体娱乐领域存在有意义的区别。

毫无疑问，我们使用带连字符的"专业化—业余爱好者"这一表述可能会让人困惑。需要说明的是，我们并非意指创作者逐渐成长为下一代好莱坞天才，这一点我们在对众多创作者的采访中多次得到印证。互联网创作者协会是一个"致力于保护以在线创作内容为生者的利益"的组织（网址：internetcreatorsguild.com），时任执行董事切尔尼科夫（Chernikoff, 2016）就断言：事实证明，区分业余创作者和专业创作者正变得越来越有挑战性。

在其他地区，韩国提到的"VJs"，即"视频骑师"（video jockeys），其起源可以追溯到音乐电视网直播主持人的兴起。随后，随着直播行业的蓬勃发展，尤其是颇受欢迎的韩国平台AfreecaTV，又引入了新术语"BJs"，也就是"广播骑师"。这些术语颇为奇特，它们既指代平台的技术功能（如视频存档与广播功能），又蕴含"骑师"一词所暗示的相关属性。

在中国"平行宇宙"般（独特的）社交媒体娱乐产业中，"KOL"（关键意见领袖）一词占据主导地位。然而，随着影响者营销的兴起，"影响者"作为体现商业价值的行业标志性用语也被广泛使用。中国人有时会把创作者称作"网红"，可直译为"网络红人"，不过这个词多用于描述网络名人。一个更具贬义色彩的翻译是"美女"，这一译法意味着在相关平台上占主导地位的时尚女性、美妆视频制作者以及直播主播似乎缺乏真才实学。但实际上，其中肯定不乏才华横溢之人，毕竟有网红每年能创造近5000万美元的收入（Tsoi, 2016）。

在梳理回顾了这一系列丰富多样的术语之后，我们选用了"创作者"一词，并将其定义为那些通过生成和传播原创内容，进而实现商业化与专业化运作的本土社交媒体用户。他们主要在主流社交媒体平台及线下对自身的媒体品牌进行孵化、推广，最终实现品牌的盈利。这与行业内广泛使用的情况是一致的，它既体现了创作者作为发起者的地位，也意味着社交媒体娱乐在很大程度上是在没有主流媒体所呈现出的那种明确分工的情况下发展起来的。我们会尽量避免使用"影响者""微名人"这类容易带有贬义色彩的词语。在使用这些词语的时候，应当秉持审慎的态度。

不稳定劳动

一类数量激增的文献围绕"不稳定劳动"（precarious labor）这一概念发展起来。其中大部分聚焦于文创产业中创意劳动的特殊境况（如McRobbie, 2002; Terranova, 2004; Deuze, 2007; Scholz, 2008; Rossiter, 2007; Gill & Pratt, 2008; Ross, 2002, 2007, 2009）。这场讨论在很大程度上是以宽泛的意识形态批判模式展开的。针对"在当代经济中，创意劳动越发重要"这一观点持过度乐观态度的批评，主要集中在"人力资本"和"劳动"的概念上。这些观念对光鲜亮丽却充满波动性与不稳定性的工作形态，作出了盲目乐观的背书。

事实上，米勒（Miller, 2010）在对媒体和文化研究现状的全面综述中，将媒体、传播和文化研究的未来走向问题定为此种劳动研究的焦点。他把主流范式概括为："在效果和政治经济方面带有误导性的功能主义"以及"在活跃受众方面带有误导性的冲突视角"。他认为"在受众效果和政治经济学方面所开展的研究，忽视了斗争性、不协调性及冲突性，而倾向于构建媒体主导日常生活的整体叙事；针对活跃受众所开展的研究过度强调斗争、不和谐及冲突，忽视了基础分析，倾向于采用消费者主导日常生活的总体叙事"。米勒提出的第三种模式主张着重分析劳动地位，以此"整合并改进"占主导地位的范式。他提醒我们，"没有劳动，就没有文化，就没有媒体。劳动是人类活动的核心所在"（Miller, 2010, p.50）。

班克斯和赫斯蒙德霍对更多关于不稳定创意劳动的研究进行总结，重点关注那些处于主导地位、实力强大、在兼并及整合型创意产业公司中工作的中下层媒体人。这项研究的"一致结论"：

> 创意劳动以项目为基础，且工作节奏不规律，所签合同往往是短期的，从业者几乎没有工作保障；个体经营者或自由职业者占据主导地位；职业前景不明朗且常常受限；收入通常微薄且分配不均衡，所能享有的保险、医疗保障以及养老金福利十分有限；从事创意工作的人员往往比其他行业的员工更年轻，他们倾向于从事第二份或多份工作；妇女、其他种族以及其他少数族群在创意行业就业方面代表性不足，且处于相对弱势地位。总而言之，创意产业存在劳动力供过于求的情况，其中大部分从业者要么是免费工作，要么依靠仅能维持生计的微薄工资生活。(Banks & Hesmondhalgh, 2009, p.420)

在很大程度上，针对创意劳动的负面批评是对早期著述中过于乐观的描述所作的回应。这些早期著述旨在确定创意劳动价值的来源，以及创意产业在现代经济中的地位。例如，利德比特（Leadbeater, 1999）所著的《空气稀薄的生活》（*Living on Thin Air*）和豪金斯（Howkins, 2001）所著的《创意经济》（*Creative Economy*），都是对创意劳动的早期赞誉之作。正如佛罗里达（Florida, 2002）对所谓"创意阶层"（creative class）极具影响力的描述那样，该"创意阶层"被认为占据了美国劳动力的三分之一。豪金斯的观点："对这些人来说，运用他们的创意性想象力去与世界博弈，或许看起来比成为大型组织中的一颗小小螺丝钉或信息社会里的无名小卒更为安全，当然也更有趣味。"（Howkins, 2013, p.125）利德比特（Leadbeater, 1999, p.1）的表述相对更有分寸，但依然是将独立知识工作者的工作生活常规化："个体经营者，独立工作，在家办公…… 配备笔记本电脑、调制解调器及一些人脉资源。"从某种程度上来说，这属于流派问题：这些书籍都属于"商业"类别。读起来通俗易懂，充斥着大量被阿多诺（Adorno）所鄙夷的"肯定性"文化元素。（还有部分原因在于，佛罗里达是一个热衷于融合不同流派的人。他将商业演讲与纯粹的学术上的社会科学研究混杂在一起——这使得他招致了更多来自学术界的批评。） **72**

但需要强调的是，切不可忽视这样一个事实：即便是一些批评最为尖锐的学者，也认可创意劳动在现代经济中蕴含着找到"好工作"的潜力，以及它所承诺的（相对）自主劳动具有不可否认的吸引力（Banks & Hesmondhalgh, 2009, p.419; Banks, 2010; Hesmondhalgh & Baker, 2010）。这是一个反复出现的主题，一些研究者（如 Arvidsson，Malossi & Naro，2010）将其视为悖论。但遗憾的是，一些人常常将其贬低为虚假意识（认为满怀希望进入该领域的人可能会被"误导"；批判性社会科学必须"揭露"这一现象：Banks & Hesmondhalgh, 2009, pp.418-419）。我们将根据这些既有共识，秉持平衡批判且包含肯定的态度，对社交媒体娱乐的劳动情况进行描述。

数字化与社会劳动的条件

有关劳动不稳定性的讨论已延伸至新兴科技、数字及社交媒体领域。聂夫、维辛格和祖金（Neff, Wissinger & Zukin, 2005, p.309）在对时尚与新媒体工作者进行描述时，围绕"创意劳动"的兴起提出相关论断，而这一概念模糊了媒体工作、实践操作及个人身份之间的界限。创意劳动鼓励风险承担与灵活性，创业者"被风险收益的可能性所吸引"。上述几位作者认为，"热门行业中的冷门工作"所带来的机会往往只会产生有限的回报且存在歧视现象，这"对于社会正义以及向上的社会流动而言，都并非好的迹象"。吉尔（Gill, 2007）对阿姆斯特丹的50名网络工作者展开研究，探讨他们究竟是"技术波希米亚人，还是新的赛博塔里人"。吉尔的分析揭示了这些公司内部的劳动与管理分层如何加剧工作的不安全感，但她同时也承认，从业者确实被更高程度的创意、自主性及激励员工的非正式工作文化所吸引。

自早期研究以来，关于数字劳动的批评性论述已在媒体生产研究中形成谱系。正如 **73** 达菲的精要综述：

> 近期人们对媒体工作产生兴趣，这也是数字媒体理论家试图对出现在生产

与消费之间模糊空间里的新型生产模式加以概念化的结果。这些模式介于劳动与闲暇之间，同时介于专业与业余之间。在过去几年里，涌现了很多带有混合性质的新词，包括数字劳动（Fuchs, 2010; Scholz, 2013）、共创劳动（Banks & Deuze, 2009）、激情劳动（Postigo, 2009）、希望劳动（Kuehn & Corrigan, 2013）、风险劳工（Neff, 2012）以及游戏劳工（Kücklich, 2005），反映了学者们理解新型数字社会化生产所蕴含意义的努力。贯穿这些概念的一个核心问题是，新兴生产形式是否符合马克思主义传统的剥削和异化理论，内容创建与分发的数字化模式是否"赋能"了受众。（Duffy, 2015a, p.444）

当研究焦点从数字领域转向社交媒体，学者们逐渐发现了劳动形态的新特征。斯劳伊（Srauy, 2015）指出，企业平台（corporate-owned platforms）正在利用社交媒体用户的表达实践，却未曾考虑创作者在相同条件下发挥能动性的情况。曼恩（Mann, 2014, p.33）关注平台及社交媒体如何将用户转化为消费者，并使其"隐形劳动通过偏好数据打包出售给广告商"。曼恩倡导基于国家层面的干预、监管以及劳动者权益的保护措施，而这一理念后来在汉克和约翰·格林于2016年创立的互联网创作者协会（ICG）中得到了实践性延续。我们将在结论部分对互联网创作者协会展开讨论。此处需要注意的是，该组织的成立既是对上述关切的直接回应，也是该新兴产业中创作者劳动组织化的初步迹象。

除了强调劳动的不稳定性，批判理论和女性主义学者还对数字工作日益凸显的个性化、情感化及性别化属性表示忧虑，其中就包括对"情感劳动"（Hesmondhalgh & Baker, 2011）和"自我品牌化"（Banet-Weiser, 2012; Marwick, 2013; Marwick & Boyd, 2014）相关现象的探讨。达菲（Duffy, 2015a）对"抱负性劳动"的描述，呈现出女性美妆视频创作者所面临的承诺与回报失衡的矛盾，她们往往因"做自己喜欢的事"而收到过低的报酬。达菲认为，对创作精神及创作自主性的推崇实则构成了一种劳动意识形态。这种意识形态掩盖了"性别和阶层主体性建构的问题"（Duffy, 2015a, p.443）。我们在第五章对亚裔美国创作者代表性实践的讨论，正延续了这些性别和阶层议题。

近期，学者们在"阐明数字和社会劳动的独特性"项目中贡献了重要的新视角。其中，最受关注的是艺术家与名人，以及粉丝和追随者之间的空间互动及协调关系。贝姆（Baym, 2015）在对"关系劳动"的描述中，讨论了艺术家和粉丝之间借助社交媒体平台的交流功能以及网络可供性，所建立起来的社会与经济关系。

"关系劳动"这一概念与"情绪劳动""情感劳动""非物质劳动""风险劳动""创意劳动"近似。不过，通过强调维系人际与群体关系的长效沟通实践及相关技能，它提供了一些新的见解。而当下这些对于维持很多职业而言，都是至关重要的（Baym, 2015, p.20）。

与达菲一样，阿比丁聚焦于照片墙上女性时尚影响者和追随者所处的性别实践空间。如同贝姆那样，相较于传统媒体和文化中传统的名人—粉丝关系构建模式，阿比丁强调创作者和社群之间的动态互动关系。阿比丁援引早期关于准社会关系的研究成果，描述了社交媒体是如何培育出"感知互联性（一种影响者与追随者互动的交流模型），进而营造出亲密感的"（Abidin, 2015, p.1）。影响者能够将这种亲密关系运用到商业、互动、互惠以及提升自身公众形象等方面，从而实现其价值。在对"可见性劳动"（Abidin, 2016a）的描述中，阿比丁考察了影响者和追随者共同开展的创作实践。在这一过程中，影响者或许能够从中获取颇为丰厚的收益，但同时可能意味着追随者的劳动存在"隐性"特征以及面临"隐性剥削"的情况。

算法文化 75

在线文化与前互联网文化的另一个根本区别是，每个行为都会留下数字痕迹，以及由此衍生的算法文化。这场争论关注的重点并不在"不稳定性"，而是控制问题。批判算法研究已成为一个新兴领域。截至2017年7月，吉莱斯皮和西弗（Gillespie & Seaver, 2016）的批判算法研究"阅读清单"中，就包含了239项相关内容，而且这一数量仍在快速增长。正如艾尔默等人所指出的，大数据分析能够为我们呈现全球变暖和武装冲突影响的权威图景。但是，该领域看重的是算法作为"一种预测工具，进而作为社会和经济控制工具"的权力（Elmer, et al., 2015）。

但我们有必要根据社交媒体娱乐的劳动和生产条件，对"量化自我"和"量化受众"的观点加以限定。社交媒体创作者是算法文化的重要群体，我们需要更合理地阐明他们是如何受到算法文化监控机制的影响的。与处理"不稳定性"所采用的方法相一致，我们要在赞扬与批判怀疑这两种立场之间把握方向，针对数据分析在塑造社交媒体娱乐以及控制参与者方面所存在的局限性，提出内部化的批评意见。正如在第一章那样，我们的理论框架将借鉴福柯对"权力"和"支配"的区分。权力具有相关性、偶然性、不稳定性以及可逆性特征，且权力的行使会产生对它的抵抗。但是，在批判算法研究领域，存在这样一种倾向：将算法文化中平台等主体的权力简化为单向的、压倒性的"支配"逻辑。

为了揭示其自身所蕴含的矛盾，我们将基于这一理论框架，围绕批判性目标并使用上述相关术语，采取社会和产业批判的"内部"进路。我们将从创作者（自下而上）和平台（自上而下）这两个维度，针对数据分析的局限性以及（塑造社交媒体娱乐的）更为普遍的算法文化展开内部批判。对于将监控权力概念泛化的趋势，这是一种有限的，但也是有力的批判。因而，这一批判方式也将"抵制"看作超脱于这种权力之外而存在。

76 　　正如我们在第一章中所揭示的，IT巨头们不得不正视南加州式媒体的一些基本理念。事实上，自谷歌收购以来，油管这10年的发展历程可被书写成这样一段历史：作为一家专注于规模化、自动化、永久测试版、快速原型设计及迭代的信息技术/工程公司，谷歌一直在寻求与娱乐业那些不可扩展的基本要素，如多变型消费者品位、内容与人才发展达成妥协。在本章中，我们将展示创作者是如何协调二者之间关系的：一方面，谷歌广告联盟与部分多频道网络的商业分析套件的数据分析流生成定量反馈；另一方面，粉丝群体免费提供定性反馈。创作者每周至少会花费一半的工作时间，用于和跨平台社群展开直接互动，而且他们既不能单纯依靠数据分析来管理频道，也无法从节目广告中获取足够的收入。单一平台的分析工具（如油管合作伙伴可用的标准仪表盘）是远远不够的，且在缺乏真正洞察力的情况下，往往会导致信息过载。对于保持内容的真实性以及实现最大限度的推广而言，跨平台管理社群互动是至关重要的，不过这也极大地增加了创作者的工作量。例如，脸书对字数通常没有限制，这往往意味着创作者试图参照推特那种有字数限制的互动方式来控制工作量。

　　一系列不可规模化的实践对成功至关重要。一种"试错式"路径极为常见，创作者会耗费大量时间来"调整"各个要素，以确保所创作的内容能够在各国纷繁复杂的文化空间中占据一席之地。这意味着要保证创作者的作品符合语境，而这反过来又依赖于创作者所掌握的元数据、视频标签以及经过搜索引擎优化的文案，包括对不同文化细微差异的理解以及兼顾多国语境的参与模式。针对数十个国家的关键目标受众进行季节性、区域性以及全国性的综合考量，要求创作者花费大量时间去不断试错，摸索何时应当上传并推广自己的作品。

　　与此同时，社交媒体娱乐内容规模的急剧增长削弱了价值驱动力，油管上"谷歌广告联盟"收入分成的每千次点击费率已降至谷底，这迫使创作者转向更多不可规模化的
77 合作形式，以期恢复其价值（如开展品牌合作、商品销售，涉足电视和有线电视领域，现场演出及内容授权等）。

创作理念与可传播性劳动

　　截至目前，所探讨的批判性观点需要与关注能动性、创新和改革的创作理念和"可传播性"劳动研究形成辩证平衡。费舍尔和斯里尼瓦桑（Fish & Srinivasan, 2011）在针对社交媒体娱乐在线生产文化所开展的研究中，尝试"解释劳动力剥削带来的道德挑战与数字经济中社会创作所蕴含的承诺"。他们阐述了"在相关的视频创作公司[如谷歌的油管和新新网络（Next New Networks, NNN）]，我们目睹了对自由制作人和托管公司而言均有利可图的新兴商业模式的诞生"（Fish & Srinivasan, 2011, p.149）。

　　费舍尔和斯里尼瓦桑的观点与伯吉斯与格林（Burgess & Green, 2008）在SME 1.0

阶段初期的看法是相似的。在《油管社群中的主体性与争议》(*Agency and Controversy in the YouTube Community*)一文中，两位作者描述了油管是如何作为一个用户共同创造的文化系统……借由用户的多种活动，构建了一个创作型实践的网络(Burgess & Green, 2008, p.2)。在后续研究中，伯吉斯和格林确定了油管上"创作型视频博主"的独特之处，指出油管是"参与式文化及创意消费者出现的关键平台"(Burgess & Green, 2009, p.89)。

参与式文化这一概念是由詹金斯(Henry Jenkins)在1992年《文本盗猎者》(*Textual Poachers*)中系统提出的。该书分析了传统媒体粉丝与制作人之间积极的互动性参与情况，而这种参与方式是有助于共同创作内容和构建文化意义的。在《可传播媒体》(*Spreadable Media*)一书中，詹金斯与福特、格林展开合作，把参与式文化概念延伸到适用于社交媒体的文化及产业环境之中。"此前有关参与式文化的研究工作强调受众的接受行为及创作行为；本书拓展了这一逻辑，考察了网络社群在塑造媒体传播方式方面所发挥的作用"(Jenkins, Ford & Green, 2013, p.2)。与伯吉斯和格林的研究类似，詹金斯、福特和格林描述了油管视频用户的情况，他们"具备创作精神，不仅制作视频博客，而且借助展示服饰及举办活动等方式，吸引油管平台上的观众，而不仅仅是为观众提供内容"(Jenkins, Ford & Green, 2013, p.93)。这些作者从规模和受众群体特征的角度，阐述了社群参与和有实质意义的参与，揭示了油管视频用户是如何创造出更大价值的。他们还进一步描述了在社交媒体内容的开发、制作及传播过程中所采用的多样化策略，包括了解观众在何时何地有相关需求内容、多群体受众的关联性及内容发布频率。这些均是"稳定内容流"的组成部分(Jenkins, Ford & Green, 2013, pp.197-198)。这些研究有助于我们深入了解创作者劳动所涉及的基本战略、实践操作、管理模式以及工作条件等方面的情况，其中也包括创作者的创作理念。詹金斯、福特和格林全面且颇具批判性地探讨了内容与战略所具有的商业属性，将其与有关病毒式传播的技术话语作明确区分。"可传播性"，一个基于人类劳动而形成的术语，便是他们取代"病毒式"的新用语。

78

走近创作者劳动

如同媒体领域的作者一样，我们试图将社交媒体娱乐创作者的劳动与传统媒体中的劳动加以比较。所有劳动都具有不稳定性。但在我们看来，需要规避费舍尔和斯里尼瓦桑(Fish & Srinivasan, 2011, p.14)在探究网络（社会）数字劳动时所指出的"理想化的、互斥的二元对立情况"，所以有必要做出关键区分。与这两位研究者的做法相同，我们采访了很多创作者，尝试"提供一种关于数字劳动的观点，该观点并非基于臆测，而是来自数字经济平台及内容生产者的叙述"。

在为本书开展的150多次访谈中，将近三分之一的访谈对象是创作者。与本书的核心关注点一致的是，大部分创作者来自美国，但其中也涵盖了英国、德国、印度、中国和澳大利亚的创作者。这些创作者包含曾在一些主要平台工作的人员，在多个平台都有过工作经历的人员，专门从事主要创作模式（如视频、照片、文本）的人员，以及专注于各类形式和垂直领域内容创作的人员，如美妆影响者、科学极客、玩具开箱博主、素描喜剧演员或个人视频博主。我们的核心关注点是找到运营油管频道的不同创作者，尽管我们所采访的每一位创作者其实都在多个平台开展业务。但是，正如第一章所探讨的那样，随着第二代平台（如照片墙和推特）竞争格局的形成，富有创业精神的创作者应运而生。在微影平台关停的情况下，像扎克·金这样原本的微影创作者已经在油管和其他平台开设频道。正如第六章所述，在美国之外，创作者被脸书和推特的技术可供性与便于访问的优势所吸引，毕竟这些平台并不要求使用者必须拥有台式电脑的视频编辑软件。第四章重点关注各类在线形式中的头部创作者，即那些获得了极高声誉、取得成功并被假定具备可持续发展能力的创作者。在本章中，我们的关注范围涵盖了处于低、中、高不同层级的创作者。从那些努力开展可持续发展的事业的新入行创作者，到部分最为成功的创作者，再到那些有助于定义创作者劳动且代表新兴实践思想的领军人物，我们都会纳入考量范围。

由于在线内容规模极为庞大，我们所选取的样本绝不能代表整体情况。仅油管平台就拥有数十亿用户，积累了数百万订阅者以及数十亿次浏览量，而社交媒体娱乐只是其中的一小部分而已。尽管存在特权与成功案例，我们依然认为所有创作者都处于抱负驱动与持续不稳定的状态。正如我们在第一章中所看到的，像微影这样拥有3亿用户的平台，有可能在一夜之间就消失不见。同样，照片墙的创作者在社交媒体娱乐中处于核心地位。因为基于图像的内容为"影响者营销"提供了最佳可供性，而且相较于视频来说，照片上传更为便捷、成本更低。在第三章中，我们会描述社交媒体娱乐中媒体的短暂发展史。它们曾获得数百万的投资并被收购，却在不到10年的时间里销声匿迹。在第四章中，我们将呈现创作者的失败情形，如达菲（Duffy, 2017）在《（不是）为做你喜欢的事而得到报酬》[*(Not) Getting Paid to Do What You Love*]一书中所阐述的那样。但我们力求保持一种动态平衡，秉持扎根实践、深度参与的态度，去探讨创作者的可持续性、赋权性、主体性和机遇性。

曾是业余爱好者

这是一种反复出现的职业发展轨迹。与从事主流影视行业的专业人员有所区别，那些拥有可持续职业生涯的创作者，衡量成功的标准不仅在于盈利性，还包括不断增长的观众数量和订阅者数量、庞大的视频资源库、品牌合作机会（利用平台之外的更多机会）。大多数创作者起初都是业余爱好者及网络爱好者，几乎未曾有发展任何形式收入的念头，更不用说将其规划为一种职业了。对他们中的大多数人而言，早期的经历属于一种非商业性的、参与式的（Jenkins, 1992）。

根据不同的平台特性，许多创作者最初只是在脸书和推特上更新自己的状态，或者在照片墙上分享图片，又或者拍摄自己的爱好或活动并上传到油管（就像油管的第一个视频，如今每个人都将自己的首部作品视为技艺的早期青涩版本），仅仅是"为了好玩"或"看看会发生什么情况"。他们惊讶地察觉到观众数量的增加和参与度的提升，并受到初步成功的启发，开始稳步增加作品产量。所有故事都讲述了这样的历程：随着频道的发展，他们的工作量也随之增加，以及通过不断试错，他们的制作质量和专业化水平逐步提高，例如购置质量更好的摄像机、麦克风和影棚灯光，采用高级编辑程序，使用性能更强的计算机等，部分案例还涉及专业培训。他们秉持这样的职业理念：将通过各类社交媒体维护互动社区视为"工作"不可或缺的组成部分。

正如联合精英经纪公司（United Talent Agency）负责社交媒体娱乐创作者事务的知名人才经纪人韦恩斯坦（Weinstein, 2015）所说："在大多数情形下，第一批真正的油管明星并不是才华横溢的艺术家。他们是创作了模因（meme）或做了些蠢事并因此而走红的人，他们成了数字媒体领域的意外之喜。"中级美妆视频博主韦斯特布鲁克（Westbrook）称：

> 我最初是表演者，但我当时甚至都不知道如何连接相机。我也不懂视频编辑。起初，每当我坐下来编辑，都得花费12个小时。我既不清楚该从哪里剪辑，也不知道如何对素材进行挪动调整。虽说美妆教程的编辑工作现在仍然需要耗费挺长的时间，但我已经把时长缩减到了3个小时。（Westbrook, 2015）

并非所有创作者都完全从业余起步。对于王夫制片公司（Wong Fu Productions）的菲利普·王（Phillip Wang，又名"王振翔"）而言，出于文化方面的考量，从事传统正式的娱乐行业并不可行，因而油管成了一种选择。第一代亚洲移民往往不会将娱乐行业视为一条可行的职业发展道路，"因为从事这个行业不够安稳，而且我们的父母也不鼓励，他们希望我们能从事一些安稳的工作"（Wang, 2015）。有一部分人原本就是受过专业培训的媒体人才，他们在这些网络平台上不断磨炼技能，直到在线实践逐步转变为创收业务。从"没有门槛"到"较低门槛"的准入情况，在一定程度上抑制了主流媒体的多样性发展。（我们会在第五章对此展开更为详细的探讨。）对于布里娅和克丽丝·钱伯斯两人中的钱伯斯来说：

> 我们都对传统道路感到厌倦，我厌倦了去试镜，听别人说，"哎呀，你看

81

起来太有西班牙裔特征了"或"你的鼻子太大了"之类的话。不管是出于什么原因吧，我真的受够了必须依靠别人来为我创造机会或提升技能。油管起初就是我们追求娱乐目标的一种途径。（Kam & Chambers, 2015）

印度裔美国创作者库马尔（Kumar）曾在加州大学洛杉矶分校学习表演专业，后来摸索出如何在油管平台上制作自己的视频。他起初制作视频是为了打造自己的"表演作品集"。但在收获了病毒式传播的成功之后，他便开始通过频道获利，其频道主打"基于共鸣幽默的高质量素描喜剧"内容。根据我们的采访，尽管他是一名油管订阅者略超过5.2万的低级别创作者，但他用油管上赚取的收入来支付房租，同时找了其他兼职。他依旧对传统表演领域抱有兴趣，但又担心自己会被人称为"油管博主"，于是就不再去试镜了。他没有传统的媒体经纪人，而是在专注于创作者代理的社交媒体公司"大框架"（Big Frame）有一位经理。

与库马尔的情况相似，帕拉佐洛（Matt Palazzolo），在线情景喜剧《绽放》（*Bloomers*）的创作者，他曾在加州大学洛杉矶分校学习电影制作专业。在谋求传统媒体相关角色的过程中，他和演员朋友们一同创作了这部电视剧，该剧现已"积累了一定的观众群体"，并在多个平台实现了商业化运营（Kumar, 2015）。同样，知名的第二代创作者里维拉（Brent Rivera）出于对表演的热爱，十几岁就开始使用微影平台，后来又陆续用了照片墙和色拉布等平台。"我做这些并不是为了成为大名人。我热爱表演，七年级的时候就参加过商业广告和电视节目的试镜。我一直都很喜欢在镜头前表演，只是我不喜欢受制片人摆布。我希望能够制作属于自己的内容。"（Rivera, 2015）

不过，一般而言，很多创作者没有接受过专业技能方面的训练，也缺乏相关经验。来自东印度喜剧团的印度单口相声演员米塔尔（Mittal, 2016）和卡特里（Khatri, 2016）在表演领域都没有相关背景。前者曾是一名失业的广告主管，后者原本是一位计算机工程师，经营着自己颇为成功的企业，直到他们发现可以利用社交媒体娱乐平台来发展喜剧品牌，推广自身形象，并最终实现盈利。以卡特里为例，他的这一业余爱好早在Web 2.0时代之前就已经开始了，当时他在家人、朋友和粉丝之间发送了一系列满是笑话的电子邮件。

其他创作者通过另一种途径取得了成功。印第安纳州的"印地"尼尔（Neill）受聘担任《大战》（*The Great War*）节目的主持人。这是一部在第一次世界大战爆发100年后，以实时讲述的方式、在柏林制作完成的交互式油管系列节目。尼尔是在自己的油管频道"观看周日棒球"（Watch Sunday Baseball）上被发掘后才获得这份工作的，主要参与了该系列节目（一个主打"呈现150年职业棒球史上怪异和冷门故事"的频道）的交互式设计和制作工作（Neill, 2016）。（第六章将会对《大战》进行详细介绍。）

在我们的采访对象中，青春期创作者是一类典型的群体。这类十分年轻的人群对失败的恐惧相对较轻，且大多乐于冒险、敢于尝试，但这也导致很多人对成功缺乏足够的准备。对于SME 1.0阶段的创作者，大框架公司的经理阿什利（Ashley, 2015）指出："他们之中的任何人都从未在其他地方工作过，也从未上过大学。"阿什利的这番评论并非关乎特权问题，而是与年龄相关。因为，他们中的大多数人都是在居家生活和上学期间就开启了创作之路。早期获得成功往往意味着他们无须再继续工作或者上大学。美妆视频博主尼尔森（Nilsen, 2015）就是在伯克利大学宿舍的浴室里开启了她的油管创作生涯，她提出："要是我走传统的朝九晚五的工作路线，我可能会满心懊悔地坐在那里。毕竟那个时候，我已经挣到了比入门级工作更多的钞票。"尼尔森的描述与好莱坞普通求职者的情况形成了鲜明对比（因需要在要求极度苛刻的职位上历经多年的低薪和学徒工作，好莱坞这个行业早已名声不佳）。

83

大框架公司的阿什利继续说道："突如其来的成名可能会让年轻的创作者不堪重负……他们当中有不少人转向宗教信仰寻求慰藉，因为他们没办法解释自己身上发生了什么，也不清楚自己为何不能再公开露面了。"（Ashley, 2015）尽管阿什利并未具体指明，但他或许提到的是吴凯文（Kevin Wu），也就是大家熟知的"KevJumba"。他是早期较为成功的亚裔美国创作者，2013年他突然从油管平台消失，彼时他在该平台拥有300多万订阅者和2亿多的浏览量。自2017年初回归之后，他带来了宣传自己佛教信仰的视频、描述自己从车祸中康复的视频，以及一个名为"互联网力量"的原创讽刺说唱音乐视频，以此对社交媒体名人现象作出批判。米歇尔·潘（Michelle Phan）与吴凯文的经历相类似，我们还会在第四章介绍潘的职业发展情况。

培训与分工

很少有创作者接受过正规的视频制作培训。年长一些的创作者，倘若他们具备资质，往往具备信息技术或商业方面的背景。创作者的相关技能通常是在实践现场以及通过不断摸索习得的。不过，社交媒体的传播属性也催生了一系列更具社群性、支持性、指导性及协作性的实践模式，与好莱坞那饱受诟病的竞争环境形成鲜明对比（好莱坞的竞争环境要求经历多年的学徒阶段、忍受低薪待遇，以及在勉强被行业"圈子"接纳之前苦心经营人际关系网络）。这些实践表明，在创作者劳动中存在着独特的新型权利关系。

创作者们常常提到从"导师那里获得的支持"，而这些导师通常是更具经验的创作者。这种"传帮带"的心态也延伸到新近入行的创作者身上，他们之中有不少人最初就是第一代创作者粉丝社群里最为活跃的成员。身为低级别玩具开箱视频创作者的兰斯顿说道：

84 　　我确实觉得探讨油管的运作方式颇具价值，也很有必要解释一下它是如何去寻求建议并为他人提供建议的。可能就像夏伊·卡尔（Shay Carl）（知名油管博主及创客工作室的联合创始人）所说的那样：“我是从一扇非常宽阔的大门进入这个领域的……我要带领尽可能多的人……和我一起去追寻成功。”因为在这里，每个人都坚信自己和身边的其他人一样，拥有获得100万浏览量的机会。（Langston, 2016）

　　高成就创作者与初入门创作者之间的指导关系往往会促成屏幕上的合作。美妆视频博主韦斯特布鲁克（Westbrook, 2015）描述了这类合作方式如何受欢迎，但也并非毫无风险：“油管博主们很容易被彼此吸引。你去参加活动，遇到其他人，就会说，‘咱们一起合作吧’。要是大家喜好相同，那这么做确实挺合理。我曾经有一次很勉强的合作经历，那可太糟糕了。我的观众不喜欢，对方的观众也不喜欢。所以，现在我只和朋友合作。”

　　在这个行业短暂的发展历程中，各类组织都将创作者培训纳入其服务范畴。正如我们将在第三章看到的，像多频道网络这类经营社交媒体娱乐的公司，SME 1.0初期就提供了教程。这些低接触和程式化的资源，旨在帮助签约创作者发展品牌、运营频道、打造内容并构建社群，进而提高商业收益，当然这些公司自身也能从中获益。到了SME 2.0阶段，平台开始推出自身版本的相关服务，它们利用更雄厚的资金和更丰富的资源，力求激发创作者更高的平台忠诚度，同时削弱那些中介机构的服务价值。例如，油管通常会与正规的媒体培训学校展开合作，搭建全球性的“空间”网络，以及名为“创作者学院”（将在第三章详细讨论）、具备广泛覆盖面的在线培训机构。

　　创作者培训的某些方面（尤其是在资源更为丰富的油管空间里）与电影学院颇为相似。比如，使用符合行业标准的摄像机、绿幕技术，以及重视编剧、表演和剪辑等。但这种培训的独特之处在于，全方位地融入创作精神、平台及社群管理方面的内容，因而堪称“传播力101课程”。创作者学院所提供的视频课程都很有代表性，如标题为“建立你的油管社区”（2017），“协作如何助力你的油管频道发展”（2017）。

　　媒体制作既非这些创作者原本就掌握的，

85

图2.2　展示的是位于洛杉矶的油管空间。该油管空间具备提供各类资源以及开展相关培训的功能，主要用于助力平台与社区管理工作。此照片由大卫·克雷格拍摄。

也不是他们耗费巨资去学习的技能。和许多在学校或当地剧院学习技能的传统媒体人才有所不同，这些业余创作者通常是自学成才的，有时会借助其他创作者发布在油管上的教程来学习。格拉切法（Graceffa, 2015）曾被电影学院拒之门外。在入驻油管之前，他就开始制作短片和素描喜剧了。当时，他几乎不在意有没有观众。他"只是为自己制作这些随性、搞怪的视频"。布里娅·甘（Bria Kam）说，我们采访了布里娅和克丽丝这组中等级别的创作者。她们在创作内容里着重展现了自身的音乐喜好和行动主义理念：　　**86**

> 我其实从来没接触过镜头背后的工作，真的。我们俩对这个行业都一无所知，根本不知道该如何制作视频。我们甚至都不清楚那些"油管博主"究竟都是谁！我们当时有一台Flip相机，最开始的几段视频就是用这台相机拍摄的。视频画面有颗粒感，效果挺糟糕的，而且音频质量也很差劲。（Kam & Chambers, 2015）

正如我们在众多创作者身上所看到的，布里娅和克丽丝通过自学掌握了制作技能，直至最近仍亲力亲为地实施所有工作环节。这种非科班出身的背景反而可能成为优势——创作者们得以摆脱传统媒体教育体系的束缚，发展出那些在正规课程中不被教授（甚至可能被贬抑）的独特创作方法。正如大框架公司的阿什利所描述的：他们必须"亲力亲为、躬身实践"，包括与其他创作者展开合作，不断检验自己作品的价值，直到更加"全面"。又或者说，如果他们试图向主流媒体过渡，那么在导演能力方面可能依然是有所欠缺的。

创作与生产手段能够实现低预算制作，而且除了处于社交媒体顶层的创作者，几乎不存在明确的分工。创作者们身兼数职，替代了线上的编剧、制片人、导演及演员，同时取代了线下的剪辑师、外景地勘景员、作曲家、视觉效果总监和其他岗位从业者。吉吉·戈尔热（Gorgeous, 2015）评论道："我身处镜头前（负责美妆美发、展现魅力）。我着实热爱制作环节，也喜欢导演工作。"

虽然制作技能变得越发复杂，分工也趋于稳固，挑战在于不能模仿传统媒体的内容。（我们将在第四章中阐明，这正是推动社交媒体娱乐"真实性"的标志性因素之一。）斯莫什（Smosh）团队的经理布伦伯格称：

> 在油管平台上，大家所看到的斯莫什频道的"真实"视频（尤其是六七年前的那些作品），其实都是我们雇用专业演员表演的。我们不仅精心编写了剧本，而且经历了完整制片流程。但我们刻意避免让它呈现出电视节目或电影般的工业质感，而是追求一种"观众可望却未可及"的微妙距离感。当我看到有个人在油管上连续玩几个小时的视频游戏……（我）并不是在看一个技艺超　　**87**

凡、从不失手的职业玩家，（我）看到的是一个比我水平稍高一点的普通人。
这里面存在着这样一种关联。（Blumberg, 2015）

尽管如此，隐形的劳动在传统媒体和创意劳动中都是存在的。前者体现在电视网和制片厂创意高管的工作中。他们承担着与创意制片人相同的创意及制作责任，却被剥夺了项目制作署名权。后者反映在大多数创作者所制作的视频缺乏"演职员表"信息上，几乎不承认其他制作协助。

早期的创作者，尤其是那些从事剧本类内容的创作者，很快便投身并转向了更为传统的制作公司（尽管最终结果有好有坏）。黄谷子（Freddie Wong）创作了颇为成功的《电子游戏高中》系列（*Videogame High School* series）。该系列为他赢得了油管平台的补贴、基于项目的众筹资金以及狮门影业的投资，吸引了大量观众。随后，黄谷子推出"火箭跳跃"（Rocketjump.com）——"一家别具特色的混合制作公司"——不过他行事极为谨慎。黄谷子提醒道："好莱坞的制作成本高昂，你没办法在内容创作上投入那么多资金。在'火箭跳跃'，我们运营的是一家精简型公司，而且以与平台无关的视角看待世界。"（Wong, 2015）

与此类似，金·埃维（Kim Evey）与费利西亚·戴（Felicia Day）共同组建了一个成功的团队，创作了另一部面向游戏玩家的网络系列剧《公会》（*The Guild*），后来该剧被微软游戏机"Xbox"收购。埃维和戴创办了她们自己的制作公司"极客与杂谈"（Geek and Sundry）。但是，埃维很快就离开了这家公司，回归到自己制作与表演的本行。"我不想成为坐在办公桌后的管理人员。我想参与其中，积极投身于制作的各个环节"（Evey, 2015）。

随着社交媒体娱乐领域那些非传统或非格式导向的视频博主取得成功，他们雇用了制作团队并签约代理机构。在多次访谈中，创作者们不仅提到自己的助理、剪辑师、经理、公关人员和经纪人，甚至会把他们当作"合作伙伴"一同带到采访现场，其中也包含家庭成员。以美妆视频博主韦斯特布鲁克为例，她的丈夫就是合作制片人。知名的微影创作者里维拉，在上高中时就在家中经营生意，他父亲不仅筛选了我们邀请他采访的电话，还跟进了后续电话。但是，对于这些视频博主而言（见第四章），真实性话语以及直接面向社群的诉求都对他们的发展形成了一定限制。正如黄谷子（Wong, 2015）所指出的："对于油管明星、微影红人以及腾讯网红来说，价值在于彰显个性及采取以社群为导向的运营方式。随着平台数量的增加，越来越多的个性化创作者获得了成功。不过，要扩大那一类视频的规模却并非易事。"在寻求可持续发展的过程中，创作者或许被视为使初创企业不稳的典型因素，这也进一步表明需要第三章讨论的战略性媒体管理。创作者芬克尔（Finkle, 2015）告诫，"倘若他们现在正处于人气高涨的阶段，那就应当把钱积攒起来，购置不动产，寻找合适的团队来打理他们的职业生涯"。

在顶级层面，像汉克·格林和约翰·格林组建的"视频博客兄弟"这样的大企业，代表了斯莫什团队的经理布伦伯格所说的"油管上极具影响力的经济明星"（Blumberg，2015）。汉克·格林表示，制作的复杂程度取决于节目形式以及发行平台（第四章将会对格林兄弟进行介绍）：

> 我们大约有30名员工，主要负责制作《科学秀》（*Sci Show*）、《速成课》（*Crash Course*）及其他节目。视频博客兄弟这边目前仍然只有我和约翰两人。这些员工被分成几个团队，偶尔会相互协助，或者在有人提出好点子时，一起帮忙开启新的节目。我们还有一个专门的活动团队，负责"美国红人大会"（VidCon）以及新推出的活动"极客大会：故事"（NerdCon：Stories）。此外，我们还有自己的周边商品公司"DFTBA唱片公司"（Records）。这家公司平常有3名员工，但在节假日期间会有多达15个人参与工作。（Green，2015a）

协助拍摄工作会因内容和形式的不同而有所变化，并且这种差异还延伸到生产劳动的各个环节。据格拉切法（Graceffa，2015）介绍，他的创作团队"规模颇为庞大"，其中包含制作团队的5名成员，以及一名业务经理、一名律师、一名助理和一名剪辑师。脚本类内容需要更多协作，而"视频博客和社交媒体内容的创作则相对更为独立"。格拉切法的这番评论揭示了脚本制作的复杂性，脚本制作需要投入更多的前期资金，历经多个阶段的脚本开发过程，还要进行演员和导演等相关人才的整合安排、运用更多元的专业技能以及开展后期的制作工作。与之相比，对于像视频博客这类相对不那么复杂的内容创作而言，创作者可能需要一台摄像机、一套照明设备，再具备音频处理和视频剪辑技能就可以了。

工作条件

但是，绝大多数创作者都是以全职个体经营者的身份（或与亲密伴侣、其他家庭成员一同）运营他们的油管频道。大部分人每周会在自己的一个或多个频道上投入50~60个小时。每个视频的制作时长会依据场景设置情况，以及所涉及内容的简单或复杂程度而有所不同（在烹饪和美妆视频中尤其如此），不过创作者平均要花费3~7个小时来拍摄一个视频。视频剪辑往往更为耗时，每个视频通常需要5~8个小时。依据频道的不同特点，在进行拍摄、购买必需的相关产品和/或原材料以及打理业务之前，还得花费数小时去研究、试验新的创意想法。

这些条件可能既繁重又缺乏稳定性。正如达菲的研究所揭示的，那些充满抱负的创作者所付出的劳动往往令人沮丧。但是，我们在与各位创作者的交流中发现，即便工作条件不断变差，却没有一个人寻求退出的办法。所有人都强调自己的职业生涯中的创造性回报：

> 我一直在工作，不论是拍摄、剪辑、处理电子邮件还是运营社交媒体账号。这是一项很艰巨的任务，我自己的大部分时间都花在了这上面。有些时候，我感觉自己在工作，但又好像并没有真正在工作，这让我很难去统计自己到底投入了多少工作量。我实在是太喜欢这份工作了，甚至没有固定的日程安排。我只想在灵感涌现时随时能投入其中。（Maroun，2015）

对于其他一些创作者而言，从事创作者劳动是经过和其他职业发展路径仔细对比之后才做出的选择。盖比（Gabe）和加勒特（Garrett）是玩具开箱频道的核心人物，布莱恩（Brian）是他们的父亲。（为了确保隐私，在我们的采访以及该频道所有的对外宣传中，这家人的姓氏都被隐去了。）布莱恩讲述了自家存储在油管上的家庭视频是怎样变成"被动剩余收入"的。尽管这一过程并非毫无矛盾冲突（这也体现出对于未成年创作者工作条件的另一种隐忧），但他毕竟在家就能够追逐经营家族企业的梦想了。

> 很多人会说："你就是在利用孩子们赚钱。"他们并不理解。我每周要在离家40、50甚至60个小时的地方工作挣钱，难道那样就更好吗？还是说我们可以作为一家人，一起做些既能获得收入，又能让我们把所有这些时间都花在一起开开心心玩耍的事儿上呢？（Gabe & Garrett channel，2016）

这些工作条件与传统媒体（及其他行业）的工作条件形成了鲜明对比。对一部分人而言，有机会在家工作，能有更多时间陪伴家人，还可以维持收入，这简直就是梦想成真。经营"简单烹饪频道"的平德（Pinder，2015）很乐意放弃一份咨询方面的工作，因为这样他既能支撑起一个不断成长的家庭，又能更多地待在家里，有所追求，而且不需要成为明星。但对有些人来说，当他们融入一个庞大的在线社群时，会有一种文化冲击感，他们常常需要不停地工作，可大多数时候是独自一人。据从事美容、时尚和生活方式创作的安德森（Anderson，2015）说："我们的电话号码成了我们与现实生活中的人之间唯一的私人联系方式。"同样，美妆和生活方式创作者温迪·黄（Wendy Huang）表示，她的创作工作"变得特别孤独，你都不知道该向谁倾诉，也没有人真正理解你在做什么。你的其他所有朋友都有着正常的工作和生活"（Huang，2015）。对于一些希望休假的创作者来说，安排日常生活中的休息时间意味着需要提前储备好库存内容。对于简单烹饪频道的平德而言：

我在任何时候都有8~9件事需要处理。所以，如果我没办法工作或者去度假了，那我就可以趁机休息一阵子。当我们家即将迎来新生儿的时候，我就知道自己要休息一个月，不过好在我有一个待上传的视频库，里面大概存有40个视频呢。(Pinder, 2015)

作为关系劳动的社群参与 91

社交媒体娱乐业务是生产、社群开发与维护的混合体。这些实践多样且不断迭代，因创作者的不同而存在差异，同时受限于不同平台的传播属性及功能可供性（而且这些功能也在不断变化）。这些实践包括点赞、分享、发布并回复评论、访问其他创作者、与粉丝社群成员展开互动、在频道或平台上展示幕后内容等。对于创作者品牌的成功打造以及可持续发展而言，这些实践都是至关重要的。正如联合精英经纪公司（UTA）的经纪人韦恩斯坦所指出的：

> 最为关键的是，要了解社群建设与维护的本质属性。在过去，演员、编剧、导演和制片人只需专注于作品创作和提升知名度，反正总会有营销人员去负责数字内容的分发事宜。但是如今，数字明星不仅必须是极为出色的内容创作者，还得清楚如何构建并维护社群。(Weinstein, 2015)

在任何单一平台上，创作者都会耗费大量时间与社群成员互动，管理评论，并挖掘粉丝参与的新契机。身为母亲的凯莉（Kelly, 2015）在"查利的手工厨房"（Charli's Crafty Kitchen）中，负责监督孩子们的创作职业生涯。管理油管上的评论是一个复杂且颇为耗时的过程，需要每天在上百条评论中检索出恶意挑衅的帖子，维持专业的形象["你可不希望某个品牌看到你的频道时，出现不恰当的评论或者类似情况"（Kelly 2015）]，同时要让孩子们回复一些合适的问题。

这些实践体现出创作者对平台特征和功能可供性具有深刻的认知。大框架公司的经理阿什利（Ashley, 2015）认为："不需要花费太多精力就能教会他们如何与粉丝互动。他们属于'天才'。"不过，就像在多次采访中所发现的：这些实践也是历经多年的反复试错和不断试验，并借助创作者社群的集体教学法，才逐步发展起来的。

社群参与可能具备商业化属性，也可能不具备。在一定程度上，油管和脸书是仅有 92 的提供合作协议及节目广告的平台。油管红、图奇和威米亚等其他平台则提供收费订阅服务。但是，缺乏明显的商业特征并不意味着不存在商业方面的功能可供性。这些实践活动有可能兼具传播性与商业性，尤其是当它们作为影响者营销活动的一部分时（详见下一节）。

社群维护或许可被视为内容的一部分，也或许不算。在这些实践过程中，内容与推广之间的界限较为模糊，有时这种模糊性会比其他时候更为显著。例如，许多创作者都拥有第二个油管频道或直播频道。这些频道所展示的视频呈现了他们为创作并制作后续将在盈利平台上播出的内容而准备的幕后花絮。推文及评论常常会引导其社群成员关注油管频道上那些能够带来收益的内容。照片墙上的照片可能会勾起观众对即将推出的视频节目的期待。从这个角度来看，传统媒体的内容与推广之间存在着一定的关联性，特别是随着电影和电视领域社交媒体营销活动的兴起，这种关联性更加明显。

这样一个普遍存在的事实是，无论一个人在社交媒体娱乐领域取得了多高的成就，对粉丝反馈的回应在很大程度上都难以实现规模化扩展，而且这很容易就占据工作时长的50%左右。格拉切法（Graceffa, 2015）表示，他花在制作视频博客以及回复评论上的时间可能不相上下。"头一个小时我发布视频。然后，我（在油管平台上）回复100～200条评论。在此之后，我会去推特上回复评论。每天都有大量的工作要做"。

随着平台数量的增多及技术特征的变化，一系列社群管理实践也在随之发生改变。随着时间的推移，创作者们制定出了更为正式的内容制作及节目管理策略，其中包括定期上传内容的时间安排计划。在传统媒体领域，制片公司对于电影或电视剧的首映时间往往没有太多决定权，而时间安排恰恰属于创作者实践的范畴。在助理的协助下，美妆视频博主尼尔森（Nilsen）制作了一份详细的创作报告，包括设计、前期制作、正式制作、剪辑，以及上传等各环节的时间安排表。作为多个美容产品的品牌大使，她所创作的内容必须融入相应产品并与品牌的推广时间安排相协调，这给节目管理带来了一系列复杂的难题。

这些实践给他们的粉丝群体和广告合作伙伴带来了不小的预期，然而创作者想要实现全天候管理却并非易事。德国游戏玩家齐格斯蒙德描述了自己在管理社群期望方面所面临的挑战（这类期望有时会以出人意料的方式转变）：

> 在过去的几周里，我几乎没怎么打理油管平台上的事务了。因为我手头有许多不同的工作，实在抽不出时间去做。不过我所在社群的成员了解这一情况，毕竟我之前跟他们沟通过。我告诉他们："伙伴们，做视频对我来说只是一种爱好。要是两周没更新视频，可别取消订阅呀，也别因此而不满。这就是个频道而已。"我没办法改变现状，好在他们对此也挺满意的。实际上，要是我一下子上传了很多视频，大家还会说"慢点儿来，多想想你的家人，也让自己歇一歇呀"。（Siegismund, 2016）

齐格斯蒙德的评论深刻揭示了创作者与受众之间紧密互动关系的本质。相较于传统媒体中名人与粉丝的互动模式，这种情感劳动对创作者而言不仅要求更高，更构成了其身份认同与商业根基的核心支柱。

正如贝姆（Baym, 2015）所指出的，关系劳动模糊了社会与经济之间的界限，它超越了纯粹的自我宣传范畴，要求创作者"与受众建立起紧密的联系"。创作者与社群之间的关系更为密切且富有对话性。正如公关人员马什（Marsh, 2015）所描述的："艺人们并不把他们称作受众；恰恰相反，（他们）是社群成员，是粉丝，是观看者，更是朋友。"第四章将会阐明：社群管理过程中的互动与传播实践，突出地体现了社群性和真实性特征。这些实践还营造出一种虚拟的生产循环。在这个循环里，社群的兴趣爱好和信息反馈能够为创作者的内容设计与制作提供参考依据。

SME 2.0与多平台实践

2017年3月，色拉布的母公司"斯纳普"（Snap）上市，首日估值就达340亿美元。这一数字是成立时间为其两倍的推特市值的3倍。该估值的基础是平台的快速增长，尤其是全球年轻用户群体的扩张，其中部分增长动能来自社交媒体娱乐创作者对平台的应用方式。即便如此，正如"嗡嗡喂"所报道的：色拉布的知名网红每次参与品牌活动的收入可高达8万美元，但他们感觉自己被这个平台所忽视，转而投奔脸书旗下的照片墙。一位社交网红经纪人说："色拉布曾经是他们创作内容的主要平台，如今它倒像是个次要平台了。他们会先为其他平台制作内容，然后再转发到色拉布上。"（Kantrowitz, 2017）

与社交媒体娱乐第一阶段相区别的第二阶段的标志性特征之一是，传播性已经过载，内容制作与上传跨多个平台进行。创作者的多渠道、多平台实践造就了复杂且繁重的劳动条件，但也为规避平台不稳定风险提供了策略参考依据。这些实践包括：依据不同平台的功能可供性，进行多种格式内容的设计、制作以及传播流通。相同的视频内容并不会简单地跨平台直接发布，因为不同平台的内容时长限制有所不同，笔记本电脑端和移动应用程序端的内容呈现及接收方式也存在差异。创作者扎克·金的职业生涯是从制作油管视频起步的，之后转战微影平台，他在那里得以开创自己独特的"数字魔术"形式。金（King, 2015）表示："这就是我喜爱不同平台的原因所在。它们为你设定了不同的规则与限制条件。"和大多数创作者一样，金并不会完全依赖于某一个平台（即便该平台具备特定的功能可供性来助力他创作内容），特别是当平台持续出现不稳定状况的时候。金随后将色拉布作为内容发布的平台之一，但他认为该平台未能像微影那样，为他提供富有创造性的机会。随着微影平台的衰落，金又转至拥有1800万粉丝的照片墙，以及推特和脸书等平台。

身为"封面女郎"（Covergirl）品牌形象大使的尼尔森也描述了一系列体现出策略性设计的平台使用实践：

95

> 脸书只是用来发布视频的地方。照片墙和色拉布才是我眼中的重要平台。除非有像"封面女郎"这种不受新规限制的合作项目，否则品牌方一般不会涉足。我的第二个频道"网格怪兽"（The Grid Monster）上并没有品牌合作内容，在那里我主要谈论更多个性化的话题。"英格丽德"频道是服务于手工制作和生活方式分享的（我在这个频道没办法畅快地交流互动），不过它还是能引发一些讨论的（我会把相关内容发布在"网格怪兽"上，对我来说这算是一个额外的分享渠道）。我还有一个私人的汤博乐（Tumblr）账号，通过它我可以了解其他人都在发布什么内容，然后我会在视频中对这些内容加以讨论。我很乐意成为汤博乐平台的观察者（Nilsen, 2015）。

尼尔森这种具有策略性的多平台实践，在我们的采访中常常得到其他创作者的印证，而且很容易让人联想到詹金斯等人（Jenkins, Ford & Green, 2013）在《可传播媒体》（*Spreadable Media*）一书中所描述的发行实践。

对于部分创作者而言，他们所涉及的平台不仅包含社交媒体平台，还涵盖电影和电视领域的平台。在内容的设计、制作及传播等方面，这些平台也是存在差异的。对这些创作者来说，这既意味着多重挑战，又代表着机遇。顶级创作者瑞特·麦克劳林（Rhett McLaughlin）和林克·尼尔（Lincoln Neal）（组合名为"瑞特与林克"）在油管上拥有多个各具特色的频道。不过，他们也开展跨行业运营，作品既有早期在国际金融公司频道推出的作品，也有即将为网络和电视平台创作的剧本。

> 绝大多数内容都发布在"早安神话"（Good Mythical Morning，GMM）和"早安神话续篇"（Good Mythical More）这两个频道上。我们偶尔还会推出周末系列节目。目前我们正在制作一个动画系列，它是由我们制作《歌曲饼干》的现场系列节目改编而来的。"早安神话"就像一头需要不断投喂的猛兽；当我们重新策划"早安神话"时，我们的核心观众需要知晓相关情况并有所行动。2011年，当我们制作国际金融公司的剧本系列时，它只是一个用来和粉丝建立联系的附带项目。起初只是个尝试，没想到很快就受到大家的喜爱。我们无意停止"早安神话"的运营，但我们一直对开展其他项目很感兴趣。细分来看，我们大概一半的时间花在"早安神话"上，另一半则投入到其他项目中。

无论是以网络剧还是专题报道的形式，我们真的非常希望能涉足喜剧叙事类内容的创作。（McLaughlin & Neal, 2015）

96

在单一平台上，创作者通常会运营多个频道，拥有多个播放列表，并采用多种格式来呈现内容。视频博客兄弟在他们的频道上打造了多款内容，主要是讨论当代话题和事件。他们还拥有其他油管频道，如"速成课"（Crash Course），创作者们会在这些频道上探讨教育类话题。除了他们各自的个人频道，斯莫什上的组合赫克斯（Hecox）和帕迪拉（Padilla）还运营着9个频道，包括两个喜剧频道、一个卡通频道、一个游戏频道、一个法语频道、一个西班牙语频道和其他一些频道等。格拉切法也有他的主要视频博客频道，此外还有一个游戏频道。

与传统媒体中普遍遵循的"按类型分配角色"这一规范性惯例有所不同，上述这些渠道具有多重作用。它们能让创作者尝试不同的内容盈利模式。不仅如此，这些渠道还便于创作者探索其他的表达形式。正如我们所看到的，美妆视频博主尼尔森在油管平台上既有专注于化妆和生活方式教程的主频道，也有一个名称不同（名为"网格怪兽"）的独立频道。第二个频道时常处于自主停用的状态，且往往以政治话题为特色，如她对奥巴马所作的采访内容。音乐家兼视频博主马鲁恩（Maroun）运营着3个独立的频道，分别专注于音乐技巧、化妆教程和视频拍摄。她认为运营3个频道所涉及的工作量和管理一个频道相差无几，而额外开设的频道能够让她专注于维护网络形象的不同方面。

97

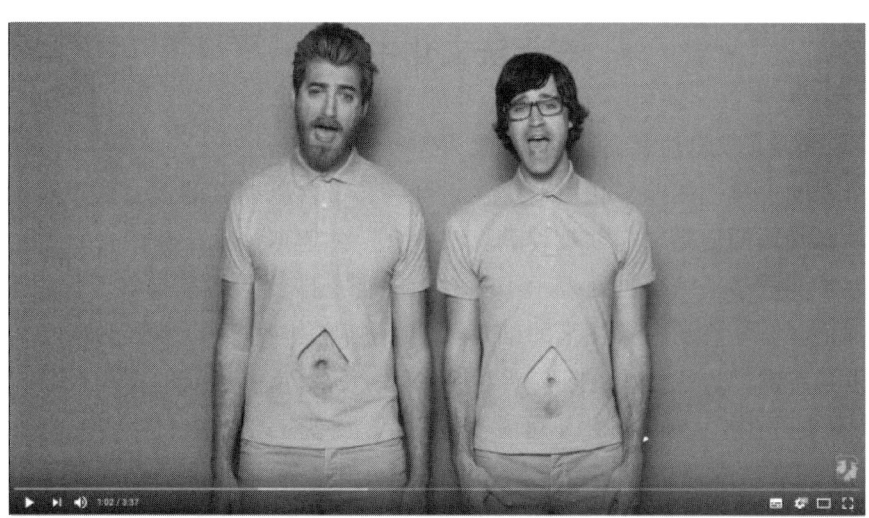

图 2.3　瑞特和林克——在社交媒体娱乐业和传统媒体行业均成功的油管创作者
视频链接：https://www.youtube.com/watch?v=TO8gAvl59Kw。

创作者社群内的竞争日益激烈，平台上那些更为突出、独具特色的垂直内容领域，给创作者群体带来了更大的压力和更多的不确定性。

倘若你是油管平台上的一个游戏玩家，那么你就要和该平台上其他所有的游戏玩家去竞争关注度。游戏越受欢迎，和你竞争的人也就越多。在油管的游戏圈子里，有众多玩家崭露头角，其中大部分是《我的世界》玩家（*Minecraft players*）。那些将其发展壮大的玩家如今颇具影响力。所以，现阶段想在《我的世界》相关领域开设一个油管频道确实很有难度，除非你有一些与众不同（或新颖独特）的内容可供展示（Kouvchinov, 2015）。

越来越多的创作者在照片墙和潜望镜等平台上收获了大量粉丝，因而竞争不仅仅来自油管上其他创作者（虽然这些平台或许不会为创作者提供广告收益，但已经吸引了那些寻求触达目标受众的品牌方的关注）。创作者与品牌方之间的竞争也愈加激烈，而且品牌方在社交媒体上的推广支出远远超过创作者。例如，一位接受采访的油管博主利用脸书与她的3.5万名粉丝建立联系，期望能将这些粉丝引流到她的油管频道。在查看分析数据后，她发现仅有2200名粉丝浏览了她发布的帖子，只有154人做出了积极回应。后来，她使用了脸书的"推广帖子"付费推广功能，花费了大约2000美元，使得她的帖子能够出现在81,000人（粉丝群以及"朋友的朋友"）的页面上。（需要注意的是，这并不能确保避开广告拦截软件。）但她认为，自己正在与品牌方展开竞争，毕竟这些品牌方在脸书上的单条帖子的推广费用（推广时长超过一周）通常会超过5万美元（Grimstone, 2015）。

在算法文化中工作

98　　我们在本章前文已注意到，由于社交媒体普遍存在算法文化，批评理论家质疑社交媒体中出现的进步性或差异化声音。毫无疑问，平台所拥有的权力是不对称的。一个早期的详细案例便是"宛如被谷歌算法解雇"的遭遇。这是英国自由记者兼电影制作人温特的故事，它罕见地揭示了当时在油管上排名第97位、在英国排名第7位的这位"记者"与谷歌财务往来的细节。即便他既是油管平台上极为成功的内容创作者，也是谷歌广告联盟（谷歌广告植入公司）所看重的优质的帮助投放广告的对象，但他还是违犯了一项"几乎不可能不违犯谷歌规则"的合同条款（Winter, 2011）。

算法文化通常意味着创作者需要承担更多的工作。因为创作者必须处理好谷歌广告联盟的数据分析流、众多多频道网络的商业分析套件所生成的定量反馈，以及粉丝群体免费提供的定性反馈这三者之间的关系。对许多创作者而言，数据推送所提供的拓展功能往往不足以证明额外工作的合理性。

鉴于高互动性社群管理的关键作用，创作者不能单靠数据分析来运营频道，也无法仅通过程序化广告获取理想收益。单一平台分析（如油管合作伙伴可用的标准仪表盘）

是不够的，而且在缺乏真正有深度的分析洞察力的情况下，往往会导致信息过载。跨平台管理社群互动对于保持内容的真实性以及实现推广效果最大化是至关重要的，而这又极大地增加了创作者的工作量。例如，脸书不限字数的特性常迫使创作者试图将互动引导至推特，以减轻工作量。

受算法反馈的推动，平台的网络功能可供性促进了创作者进行高度迭代的内容设计与开发。对部分创作者来说，如库马尔，算法文化的要求就如同一个虚拟的镀金牢笼。他无奈地感叹自己已沦为"数据"和"分析"的奴隶。这种情况会引发不满，而且与保持内容真实性的要求存在冲突（我们将在第四章对此展开分析）。"我不想为了迎合数据而调整创意，我希望能保持更自然的状态。"（Kumar, 2015）对一些其他创作者而言，如澳大利亚创作者格里姆斯通，算法实践或许更像诊断工具而非行为准则，这反而带来了困惑。

> 这纯粹就是信息过载。当你得到的分析结果显示你的内容留存率是35%，或者你的可点击链接率是65%……这是由什么因素造成的呢？我不再去深入分析了，只是想着"我得提高我的内容留存率"，但这对油管视频来说意味着什么呢？这是否意味着我要换个话题去谈论？是否意味着我得更改视频编辑方式呢？是把视频剪得更短，还是更长呢？到底该怎么做呢？说到底，这无非就是不断试错罢了。（Grimstone, 2015）

不同平台的交流功能可供性也给创作者带来了独特且不稳定的挑战。管理多个社交媒体账号之间的互动（这对于保持内容真实性以及实现推广效果最大化至关重要）极大地增加了他们的工作量。

> 脸书是最难回复消息的社交媒体平台。我大概有200条脸书消息没回复，因为每次我看到这些消息，就会感觉不知所措。但要是我总是不回复，大家就会很生气。与推特相比，脸书的问题在于：由于它不受字数限制，人们会写很长的关于自己生活的内容，这就让你觉得自己也得用长篇大论去回复。你没办法迅速用一句话回应粉丝的心声。你得坐下来，仔细通读一遍内容，认真思考后再回复。每天要面对的消息量会增加50倍到100倍，这就成了一项艰巨的任务。现在我让大家跟我交流时控制在140个字符以内，简短又快捷，这样我就能应付得过来了。（Huang, 2015）

如前文所述，尽管社交媒体娱乐业对创作者来说可能收益颇高，但它在全球范围内的分布使情况变得更为复杂。正如我们将在第六章所提到的：据估算，油管80%的流量来自美国以外的地区，创作者60%的浏览量来自境外。例如，澳大利亚的创作者就处于这种向外拓展的前沿。由于英语提供了相对便捷的国际传播渠道，大约90%源自澳大利亚的内容是在该国境外被消费的。这意味着拥有顶级流量（订阅者达100万）的创作者人均数量颇高，但也意味着澳大利亚创作者是在一种如同半球翻转的机制下工作的，他们需要将社群管理实践全方位地与北半球的季节特点、主要节日、本土语言及产品系列等诸多方面相结合。

社交媒体娱乐的商业模式

2016年10月，《60分钟》（*60 Minutes*）播出了一个名为"影响者"的专题片段，采访了包括卡戴珊（Kardashian）在内的社交媒体娱乐创作者。在被问及相关问题时，卡戴珊承认社交媒体是其获得名望与成功的最主要因素。采访者提出异议，暗示与其他那些会表演喜剧、唱歌或跳舞的影响者相比，她并没有突出的"专业技能"。即便如此，采访者提到，卡戴珊已然创建了一个"价值超过1亿美元的商业帝国"。卡戴珊回应道："我觉得这就涉及某种天赋了。"（Whitaker, 2016）

至此，我们在本章中已经考察了社交媒体娱乐生产实践的独特性。接下来，我们将把注意力转向那些能够构建可持续职业发展可能性的商业模式。

不过，由于其具有区别性的基本特征，有必要先概述一下传统媒体的知识产权所有权模式。知识产权所有权可能会在一系列复杂、存在争议且较难协调的利益相关者与参与者之间进行分配，既包括融资、制作及负责发行的合作伙伴，也包括潜在的文字版权、品牌权益或终身权益的持有者。此外，传统媒体制作所具有的合作属性，衍生出向编剧、制片人、导演及演员支付剩余报酬的复杂计算方式。通过工会支持的谈判协议，这些人员从中获取相应收益。

在过去的几十年间，好莱坞凭借其在纵向和横向一体化的媒体集团时代（致力于追求媒体内容与分销的所有权以及市场份额）获取最大价值的能力而闻名遐迩。好莱坞的联盟创造了娱乐领域的知识产权，并能基于这些知识产权衍生出各种形式的商业化跨媒体内容，包括多部电影、电视节目、书籍、音乐等。对部分公司而言，其价值还体现在媒体业务之外的营销与授权许可方面。例如，尽管迪士尼的电影和电视部门营收最高，但迪士尼超过75%的利润增长来源于其消费品、主题公园以及度假村业务板块。迪士尼电影（仅赚取了公司总利润的16%）扮演着知识产权孵化器的角色，而与之相关的毛绒玩具销售以及主题公园所带来的广告收益高达5亿美元。

这种南加州式的知识产权所有权模式（旨在通过版权营造稀缺性），依靠控制并封存稀缺且优质的内容来实现盈利，与北加州式基于传播效应的商业模式形成了鲜明对比。油管最初既不寻求融资、制作、授权许可，也不打算购买创作者的内容。正如第一章所述，油管沉浸于硅谷所推崇的可扩展性技术创新价值观，同时受《数字千年版权法》安全港保护机制的驱动，试图绕过混乱且复杂的知识产权所有权及控制模式。即便存在共同的广告运营模式，该平台还是通过引入完全自动化的程序化广告（它的另一个优势在于具备社交化分析功能，能够为广告商提供更多有针对性的目标受众），摒弃了广为人知的传统经销商模式。2016年，"法恩兄弟"（Fine Bros）试图为一种流行的视频格式申请注册商标并获取授权许可时，社交媒体娱乐创作者文化中可传播性模式的影响力便清晰地展现了出来。他们是规模最大的反应视频格式的制作公司，试图将"反应"（react）一词注册商标（已被广大创作者广泛使用），结果却遭到其他创作者的抵制，最激烈时每小时流失上万粉丝（Foxx, 2016）。社交媒体娱乐中有关内容的传播性的强规范性假设，实际上限制了南加州财富创造模式的核心要素的发展。

正如我们在第一章中所概括的，油管自2007年起所秉持的商业理念便是基于合作协议以及程序化广告，为以往的业余创作者提供商业化发展前景。人才经纪人韦恩斯坦精准地指出了这一点："第一代创作者真正向世界展示了油管的强大影响力，而第二代创作者则找到了利用油管打造持久品牌以及成就辉煌职业生涯的方法。"（Weinstein, 2015）

在谷歌控制下的算法所构建的"合作伙伴关系"以及收入共享型"胡萝卜加大棒"架构，既是在线视频内容商业化的先驱模式，也是造成不稳定的根源所在。在发展历程中，平台曾多次"调整"合作协议、算法本身，以及基于传统广告千人成本率（CPM）指标的谷歌广告联盟回报率。

对于平台而言，随着时间的推移，规模经济带动了广告收入的持续增长。但是，对于创作者来说，程序化广告却被证明是一个难以兑现的承诺。或者，如汉克·格林所说，是"一种不太理想的模式"（Green, 2015a）。创作者的曝光度通常与其盈利能力成反比。在邓恩（Dunn）那篇言辞犀利的文章《视频博客的致富或消亡：网络名人的悲哀经济学》中，她指出"许多知名的社交媒体明星看似光彩夺目，却不可能拥有一份'真正'的工作，实际上囊中羞涩、身无分文"。第一章已表明，随着油管在全球范围内不断扩张，越来越多的广告从传统媒体流向该平台，其收入持续攀升。在创作者劳动的支撑下，如今油管能够为谷歌的资产增值作出贡献，而非单纯依赖谷歌。但对于个体创作者而言，最初合作时承诺的千人成本可达25美元，不过后来依据内容性质的不同，这一数值已经降至约2美元甚至更低。即便油管上千人成本率已然触底，但社交媒体娱乐内容规模的急剧增长仍旧对其价值造成了破坏。除了那些顶级创作者，谷歌广告联盟所能提供的顶多也就是一些"基本收入"（Pinder, 2015）。

平台试图通过将高水准且符合品牌安全要求的创作者整合到谷歌偏好的广告项目中，以此来应对千人成本下滑的状况。虽然这项举措对部分创作者有利，但也在一定程度上模仿了有线电视广告的稀缺性模式。（随着有线电视网络在全面分销以及潜在订阅费用方面达到上限，它们被迫对节目内容进行调整，以期吸引更多观众并获取优质广告资源。）

　　与此同时，油管的合作协议也随着时间的推移发生了很多变化。尽管创作者受到保密协议的约束，但众所周知，一些优质创作者从平台获得了更高的收入分成。通过谷歌优选计划（Google Preferred），油管能够将"对品牌友好的优质创作者"与广告商进行捆绑，进而确保获得更高的千人成本的程序化广告费率。对于那些级别较低以及新入驻的油管博主来说，由于受到平台自身设置的诸多障碍影响，随着时间的推移，他们想要获得成功的难度变得越来越大。平台会持续对创作者变更功能、服务及要求。2017年，在广告能够正常运作且创作者能够从中获利之前，油管设定了10,000次观看量的门槛。

103　　这一政策变动被认为是为了"剔除不良行为者"，如那些上传其他创作者内容的未注册创作者，但它同时给新入驻者重新设置了进入壁垒（Popper, 2017）。

　　油管的技术创新能够通过其生态系统产生连锁反应，而且通常对部分创作者的影响更为显著。该平台的版权管理软件"内容识别"（Content ID）虽有效减少了内容侵权的乱象，使平台因而更受品牌商和广告商的青睐，但也给创作者带来了过度的负面影响。谷歌广告联盟收益的锐减使创作者受到双重打击：该算法会将标记内容的所有收益返还给版权方，且要求创作者自行申诉（整个流程往往缺乏正当程序保障）。例如，有一位渴望成功的音乐人翻唱了一首流行歌曲，原本期望借此引导受众关注自己的原创内容。但是，虽然这位创作者28天内的相关视频获得了815,000次观看量，但她通过谷歌广告联盟仅赚取了13美元。只有那个观看次数排名第8的视频（13,000次观看量）实现了万分之一的收益，即相当于每10,000次观看量仅赚取1美元，而她的前5支视频（均为版权材料的翻唱版本）收益为0（Grimstone, 2015）。

　　油管的内容识别系统并非唯一对内容进行算法判定进而引发创作者群体担忧的技术工具。2010年，该平台推出"受限模式"（restricted mode）功能，允许用户（尤其是家长和学校）过滤特定类型的内容。但在2017年初，部分创作者发现，在受限模式下，自己的视频被标记为"潜在不良内容"而遭到屏蔽。尽管油管迅速做出回应，宣称已解决了该问题，但这一情况不仅限制了受众范围，还影响了知名创作者的广告投放。

　　或许油管创作者所面临的最大不确定性就在于算法的频繁变动。这些变动有时会致使受众数量与收益断崖式下跌，而创作者对此几乎束手无策。事实证明，反复尝试对油管算法进行逆向破解是徒劳无功的，特别是自从披露该算法是由"深度神经网络"，或者更确切地说是由人工智能驱动以来（Covington, Adams & Sargin, 2016）。这项先进技

104术打造出一个"黑匣子"，平台的计算机在这个黑匣子里进行"分布式学习"，以此构建出复杂的推荐系统（甚至连平台自身的工程师都难以理解这个推荐系统）。

SME 2.0 商业模式

SME 2.0开启了一个更能彰显创作者创意精神的时期。用韦恩斯坦的话来讲，就是创作者"找到如何利用油管来打造持久品牌并成就强大职业生涯"的阶段（Weinstein, 2015）。尽管只有脸书和图奇提供了收入共享型合作伙伴关系（通常仅限于高水平创作者），但具备其他功能可供性的竞争平台，也为商业前景的新形式拓展作出了贡献。此外，广告商还探索出利用创作者与其社群之间紧密且具有交易性质关系的新型实践方式。创作者通过运用（但不限于）传统媒体的知识产权开发策略，采用多样化的商业模式来应对这种快速变化的局面。在讨论这类创作者的创作与创新理念时，韦恩斯坦说："数字创作者的心态并不是坐等机会来临，而是主动去创造机会。相较于我们在视频行业所见过的任何一代人，数字明星都更为积极主动地将自己的职业生涯掌控在自己手中。"（Weinstein, 2015）

SME 2.0商业模式开始是从单一平台获取收入，收入来源包括程序化广告、订阅服务、付费下载和虚拟商品等。此外，跨多个平台运营为影响者营销与赞助等更具盈利性的实践活动奠定了基础。更为知名的知识产权所有权及许可模式包括内容与格式整合包装、在国内及国际市场的社交媒体与传统媒体平台上的销售和分销业务，以及产品、品牌和服务的授权许可与营销推广（尤其是借助风险较低、回报较高的电子商务网站来开展）。无论是作家、导演、主持人还是真人秀演员，都能够在传统媒体领域赚取费用及版税。例如，"众筹"（Kickstarter）和"赞助人"（Patreon）等平台开展的众筹与订阅活动，以及现场演出（无论是巡回演出还是付费演出）所带来的收益都是颇为可观的。

"需求是创新之母"，油管所代表的北加州式运营模式的持续变革，早就促使创作者去探寻其他创收机会，先是从其他平台（油管旗下的平台）入手。我们在第一章中曾提到，油管推出了具备其他特性的姊妹平台[区别于广告视频点播商业模式]，其中就包括被格林视为"有利于创作者"的油管红订阅平台（Green, 2015a）。其他平台[如"威米亚"和昙花一现的"船舰"（Vessel）]也面向优质内容创作者提供了订阅计划。亚马逊的"视频直供"（Video Direct）平台已向所有创作者开放其合作计划。该计划包含多种收入模式，如广告、订阅、租赁；或者像油管那样，按照55/45的广告商分成比例进行内容购买。

各平台陆续引入了其他商业功能，这为创作者创造了更多收入机会。图奇，亚马逊于2014年斥资10亿美元收购的直播与游戏平台，与包括亚马逊旗下"暴雪娱乐"在内的视频游戏产业有着紧密合作，并且专注于在线游戏内容领域。这一领域涵盖"录制的游戏视频、游戏评论，以及任何能够吸引游戏社群的内容"（Brouwer, 2015b）。因此，游戏产业通过赞助和广告等形式为图奇创作者提供了资金。2015年，图奇的资金总额将近16亿美元。此外，图奇借助其"图奇打赏罐"（Twitch Tip Jar）功能为创作者提供了创收途径。通过从"订阅"到捐款等方式，粉丝可以向自己喜爱的游戏玩家赠送虚拟商品。图奇打赏罐所带来的收入远远超过创作者在油管直播或脸书直播上所获得的收入（Le, 2016）。直播业务的发展或许预示着一个新阶段即SME 3.0的来临。我们将在结语部分对此进行深入讨论。

影响者营销

我们对"影响者"一词的看法，与詹金斯、福特和格林对"病毒式"用语的看法如出一辙。这是一个营销术语，意味着一种单向的影响关系，针对的是相对被动的受众群体。鉴于其具有广泛的通用性，我们会谨慎地使用这一术语。

正如我们所看到的，照片墙在影响者营销以及更大范围的"影响者经济"发展过程中占据着突出位置。照片墙并不像油管的合作伙伴计划那样，与创作者分享广告收入。相反，其"合作伙伴计划"提供的是一个将广告商与有影响力的营销公司以及科技公司相连接的B2B平台。不过，通过提供一种隐性或协同式的合作形式，该平台为影响者营销营造出保障品牌安全的功能可供性。在平台的持续发展进程中，照片墙陆续推出一些功能。这些功能既能为创作者提供便利，又能规避潜在的监管问题。2017年中期，该平台推出了"付费合作"功能，以此提高创作者对其赞助内容的透明度。据该平台介绍，这一功能是由创作者发起并服务于创作者的。照片墙创意项目总监波奇（Porch）表示："我们期望打造一款能够服务于创作者、品牌及社群的产品。"就如同在油管频道上添加社群按钮一样，照片墙的行为似乎能更好地贴合创作者的需求，毕竟创作者已成为平台取得成功的关键利益相关者。

影响者营销不仅代表着广告实践方面的重大转变，而且一直是一项稳定的收入来源（即便对于中等水平的创作者而言也是如此），但它也可能成为致使创作者陷入困境的不利因素。（第四章将会探讨后一种可能性。）在这种生态环境下，电视网络的广告销售部门、创意机构及媒体购买机构（以往精心策划着第32个插播点，并购买播放时段）逐渐式微。在关键的千人成本指标方面，创作者能够直接与广告商沟通，进而扩大影响者营销业务的交易规模。与传统媒体最为相似的商业模式当数植入式广告、名人代言、社交媒体营销和口碑营销。

创作者会与某个品牌建立起"创意合作关系"。一些创作者收取固定费用，另一些创作者按照千人成本来计费。近期的数据显示，广告商在影响者营销交易中，愿意为千人成本支付75～100美元的费用（程序化广告所需千人成本为1～2美元）。与植入式广告类似，一些创作者在视频内容中并不会提及品牌产品，但会在视频描述框内附上产品网站的链接。创作者的粉丝每点击一次这些链接，创作者就能获得更多收入（这类粉丝被称为"点击者"）。倘若其社群成员购买了相关品牌、产品或服务，创作者还能获得更多收益（这一指标被称为"转化率"）。

在影响者营销领域，并非所有创作者及其创作内容都处于同等地位。那些更受品牌青睐的创作者（如从事DIY美容和生活方式分享的视频博主），往往从这些新型广告工具中获益最多。凭借复杂的主体能动性，他们充分利用了这些机会。尽管可以将这种合作关系描述为服务于品牌（且与自身品牌形象相符），但尼尔森作为封面女郎的"魅力代言人"，依然有着自己的坚持。事实上，正如她在我们的采访中所提到的："我时常拒绝一些品牌合作邀请。要么是我对产品本身不感兴趣，要么是产品与我正在做的内容不一致，又或者是我之前与它们合作过，但效果并不理想。"（Nilsen, 2015）在我们对威斯布鲁克[又名"魅力生活大师"（Glam Life Guru）]的采访中，她也透露：

> 各种邀约纷至沓来，但我并不会轻易答应。如果是那种刻板生硬的合作形式，我就直接拒绝了。如果他们清楚希望我着重展现的内容，或者对合作故事有独到的想法，只要与我的风格相符，那倒是可以考虑。但实际上，我每接受1个合作邀请，就得拒绝99个。合作必须契合才行，一旦我失去了观众的信任，那我就失去了一切。（Westbrook, 2015）

影响者营销机会并不是只提供给那些受品牌青睐或高水平的创作者群体。对于广告商来说，参与度与规模（平台影响力、频道热度、订阅者数量以及浏览量等方面的规模）同等重要。在某些案例中，小众创作者对于广告商的价值甚至能达到顶级流量创作者的六七倍。影响者营销公司"你好社会"（Hello Society）的首席执行官布伦南（Brennan, 2017）表示："一旦创作者的粉丝量达到一定门槛，参与度往往就会下降。这几乎是有悖常理的。"这属于传统娱乐产业中经典的A名单/B名单名人现象（Caves, 2000），但在社交媒体娱乐领域并非如此。

身为中等水平的创作者组合，布里娅和克丽丝（Kam & Chambers, 2015）坦言："我们深知通过品牌整合，我们能为观众带来一些有价值的东西，但我们也明白必须维持生计。而仅靠油管广告销售这点收入是远远不够的。"创作者在真实性方面的声誉，是其能否开展社群管理以及是否具有商业运营能力的核心所在；品牌合作与融入需要保持透明度。考虑到其中存在的风险，社交媒体娱乐领域的思想领袖汉克·格林和约翰·格林选择避开影响者营销业务。第四章将着重研究社交媒体娱乐中存在的这种基本矛盾。

还有一些影响者违背了其与社群隐含的约定，并为此承担了相应后果。人才经纪人阿什利（Ashley, 2015）明确指出，影响者营销可能"是一个陷阱……创作者会感觉自己受到了剥削，粉丝则会觉得遭到了背叛"。由于合作过程中存在不透明问题，或者存在品牌交易与自身定位不符等情况，部分创作者甚至失去了整个业务。阿什利讲述了这样一位女性油管博主的经历：她打造了一个社群，社群成员热衷于讨论如何把握新获得的工作自由（如在海边工作，同时努力维持生计）。但是，当她在照片墙上发布了一张新奔驰车的照片后，她辛苦建立的社群便逐渐瓦解了。阿什利无奈地苦笑道："19岁的时候，能拥有100万美元固然是好事，但如果这成了你最后一张能够兑现的支票，那可不妙了。"

话虽如此，在摆脱平台干扰及广告中间商的束缚之时，创意机构便能脱颖而出。在布里娅和克丽丝对一笔影响者营销交易的描述中，她们提到了为"纽美"（NuMe）品牌制作的一个名为"早上和我们一起准备好"的短剧：

> 我们制作这个短剧的过程很愉快，而且大家也都很喜欢。因为这个产品确实挺好用的，然后（我们）在结尾处巧妙地点出了产品亮点，还略带调侃地展示了这个产品。他们（品牌方）给予我们创作自由，这是非常明智的做法。长久以来，很多公司都希望对合作内容有过多的掌控权，试图将其当作传统广告来对待。这充分彰显了在油管上开展品牌整合业务的本质意义与优势所在。（Kam & Chambers, 2015）

众筹

由汉克·格林和约翰·格林创立的"赞助人"平台，在2017年为创作者提供的订阅收入总计超过1.5亿美元（Constine，2017b）。类似的众筹平台[如"众筹网"和"追梦网"（Indiegogo）]，能够让创作者为一些特定项目争取赞助。这些项目的负责人可能比传统节目负责人更具雄心，如制作网络连续剧和电影。其他此类平台的数量每年都在持续增加，其中较知名的包括流媒体音频平台[如苹果音乐、声田（Spotify）、声云（Soundcloud）]，以及街区线（District Line）等营销平台。通过对社交媒体娱乐领域的研究者、自称"粉丝学者"的莱文（Levine，2015）的采访，我们了解到"提问经济学"这一概念。在涉及大众或粉丝资金的情况下，创作者依赖于"那些喜欢你的人，他们会基于你的请求，支付自己所能负担得起的费用。有时候这种方式很奏效"。

109 **好莱坞呼叫？**

正如我们所看到的，黄谷子的《火箭跳跃》（*Rocket Jump*）是社交媒体娱乐早期在脚本网络剧创作方面取得成功的典型案例，这为他提供了从战略层面转向好莱坞发展的契机。但是，事实证明，大多数早期创作者将社交媒体娱乐视作进入好莱坞的"后门"，但他们早期的这类尝试大多并不成功。创作者赫尔比格（Helbig）的那个短暂存在的脱口秀节目——*E！*没播出几期便被取消了。《洛杉矶时报》（*LA Times*）的哈梅迪（Hamedy, 2015）认为这是一种"实验"，并质疑"油管名人的影响力是否等同于收视率"。这一评论凸显出传统媒体存在认知上的局限；实际上，创作者出现在传统媒体上，双方进行的是一种相互利用的商业行为。据《福布斯》报道，E！娱乐频道仍在艰难地维持收视率和收入，而赫尔比格的社交媒体娱乐业务在2016年的估值已超过500万美元。与此同时，她继续在油管红和狮门影业等传统电影制片厂的故事片和电视连续剧中获得角色。同样，视频博主奥克利也参与了《极速前进》（*The Amazing Race*）等真人秀节目，在舞台或红毯上主持颁奖典礼，还在德杰尼勒斯（DeGeneres）的数字网络上推出了自己的网络脱口秀节目（Spangler, 2016b）。不过，不到一年时间，这个节目也被取消了（Burch, 2017）。

对于中等水平甚至顶级的创作者来说，好莱坞往往既无法满足他们的创作野心，也难以成为可行的收入来源。对于那些凭借其他收入渠道而获得6位数（甚至7位数）收入的内容创作者而言，传统的电影和电视行业报酬或许缺乏竞争力。还有些内容创作者不太愿意放弃对自己作品近乎绝对的控制权。同时，参与传统媒体的写作或表演（长时间的项目筹备或者仅仅是在片场等待灯光调试等），可能会占用创作者大量的宝贵时间。若利用这些时间，他们本可以更好地创作自己的专属内容，并增进与粉丝之间的互动。当时还在念高中的微影平台明星里维拉就曾提到，自己拒绝了很多来自好莱坞的邀约，原因如下：

> 去年，我和一家电视网络就一个即将上映的电视节目沟通了很长时间。他们希望我扮演那种很有戏剧性的、超级书呆子形象的角色。这类角色我们经常能看到，和我在微影和油管视频中展现的形象有很大差异。当时也有一些电台方面的机会，所以我们也探讨过相关事宜。我只是在等待合适的机会。我确实挺喜欢广播，也能想象自己做广播节目的样子。但我更想自己创作内容，然后再去推销它，而不想在别人的指挥下工作。(Rivera, 2015)

对于远离传统媒体行业的创作者来说，"进军好莱坞"既不现实，也非必要，甚至并不可取。在西雅图的公寓里，知名游戏玩家布林（Bling）就充分利用了他那庞大且能盈利的在线游戏社区开展相关业务。盖比和加勒特是玩具开箱频道的童星，该频道由他们的父母布赖恩（Brian）和洛丽（Lori）在加利福尼亚州圣布鲁诺郊区的家中负责制作与发行。尽管布赖恩表示，"一部根据盖比和加勒特的系列节目《人行道警察》改编的动画电影可能正在筹备当中"，但据这对父母称，他们一家人对涉足电视或电影行业并没有太大兴趣（Gabe & Garrett channel, 2016）。

111

图2.4　新文学时代? 照片由大卫·克雷格拍摄

文学时代?

　　或许创作者在传统媒体领域最为成功的商业实践，当数创作者的书籍销售取得斐然的成绩。自2014年以来，创作者们斩获了很多利润丰厚的出版合约。例如，从事美容和生活方式领域创作的米歇尔·潘将视频教程转化为实用指南类书籍。个性鲜明的年轻创作者，如弗兰塔（Franta）和格拉切法，也凭借自传跻身畅销作家系列。还有一些创作者成功说服粉丝群体购买他们的原创小说，包括那些看似最不可能让粉丝掏钱买书的创作者。例如，美妆博主萨格（Sugg）、埃勒（Elle）和福勒（Fowler）（Votta, 2015）。

SME 3.0 的先驱：油管的广告分析

在我们的结语部分，将会提出关于社交媒体娱乐史上继 SME 2.0 之后下一阶段的有关问题。油管的"广告灾难"或许在这个"新监管时代"扮演了核心角色。在此，我们着重关注它对创作者所产生的深刻且持续的影响。

尽管 SME 2.0 商业模式层出不穷，但油管依然为大多数创作者提供了核心价值（尤 **112** 其是在宽带和移动网络接入价格合理、可获取，且视频传输速度可行的市场环境中）。随着微影等平台的式微，油管成为主场，诸如扎克·金等知名创作者迅速转向长视频格式的创作。虽然其他社交媒体娱乐平台也整合了视频播放器，但凭借全球规模化的影响力、商业上的可承受性，以及持续稳固的创作者中心地位，油管成了创作者最为重要的职业发展平台。但是，正如我们所看到的，或许油管自身对创作者可持续发展构成的威胁，比一系列被称为"广告灾难"的危机严重。

2017 年，调查记者披露了一个令人震惊的现象：跨国品牌针对本土企业的广告竟然通过程序化投放系统，出现在宣扬恐怖组织的视频、讨论"犹太世界秩序"的反犹视频，以及瑞典新纳粹团体内容旁（Mayes, 2017）。沃尔玛（Walmart）等 250 多家大型广告主立即撤资抗议，谷歌/油管迅速回应，承诺要立即整治这种严重违反社区基本准则的程序化广告失灵事件。油管随即推出"广告友好型内容"筛选机制，要求创作者自主标注内容是否涉及广告的黑名单类别。如果未加标注，这些视频将被禁用，并由平台雇用的匿名审核人员进行人工审核（即陷入"炼狱"状态）。即便最终通过审核，多数创作者表示：相较于未启用过滤系统时期，他们的收益可能会锐减 90%。

油管这套内容过滤机制暴露出北加州科技圈引以为傲的"低干预自动化"机器学习系统存在重大缺陷。油管博主中的领军人物凯恩解释：

> 如今的问题在于这台机器的运行缺乏逻辑性。它将一些看起来毫无逻辑问题的视频判定为违规并停用，而且平台与创作者之间几乎没有任何沟通。我们不清楚他们希望我们怎么做，如果他们希望我们解决问题，就不能指望我们仅 **113** 凭猜测来弄清楚这些事情。(Kain, 2017)

例如，以全球最成功的游戏 IP《刺客信条》（*Assassin's Creed*）为例，其游戏实况本应是优质收入来源，但仅因标题含"刺客"一词，就遭立即下架。

谷歌/油管在广告分析方面的举措——对领先品牌极为迎合，对社区标准的回应也看似善意——作为一个受"安全港"法律保护下开放访问内容的社交媒体平台，油管可能违背了核心价值主张。当平台被迫在创作者和广告商之间做出两难抉择时，一些观察家预测"广告末日"仍将持续（Snell, 2017）。尽管这对一些更关注"品牌安全"、更适合儿童的垂直领域的创作者几乎没有影响。

除了商业方面的冲击，油管的过度反应似乎与其长期以来对某些边缘化/非主流创作者和社群的支持背道而驰。我们将在第五章讨论，这些自动过滤器极大地损害了那些制作文化进步类内容的创作者的投资回报。对于支持这些创作者的社群成员来说，他们在传统媒体中的曝光度通常较低，而这些情况似乎使得平台（赋予他们发声渠道和机会的平台）潜在的社会歧视现象长期存在。

小结：创造价值的创作者

在《电视是新电视》（*TV Is the New TV*）一书中，沃尔夫（Wolff, 2015）提出：互联网的规模已摧毁媒体内容的价值。媒体稀缺性已被缺乏人文关怀的算法文化所取代，这种文化受那些剥削用户的平台主宰与操控，将用户在技术层面的存在转化为超级消费文化中的目标实践对象。而本章则认为，建立并维持可持续的职业生涯（关注基本收益）是社交媒体娱乐内容生产中极具人文特性的一个层面，且它与创造意义及价值的努力紧密相连、不可分割。除了生存层面及货币价值，第四章和第五章还会对由此衍生的社群价值与文化价值展开探讨。

我们构建的理论框架力图在批判创意劳动与算法文化的同时，纳入更具主体性的创业精神与可传播媒体分析维度。我们采用的实地调研方法立足于对规模较大且多元化的创作者群体进行访谈，揭示赋权主体（相较于传统的媒介劳动而言）所具备的发展潜力。无论如何，我们无意弱化社交媒体娱乐劳动条件存在的不稳定性。但我们认为，那些更为成功的创作者有可能塑出一种独特的主体性高度。正如我们将在第三章中指出的，较之于管理社交媒体娱乐的中介机构，这种主体性或许更为持久。

第三章 社交媒体娱乐的中介机构

2006—2007年，在开启创作者合作伙伴关系并推行程序化广告后不久，催生出一大批所谓的"多频道网络"（multichannel networks，MCNs），油管以此管理其平台上急剧增长的内容生态。这些与油管相关联的公司通过签约创作者来赚取广告收入的一定分成，其目的在于最大限度地提升内容创作者及其粉丝社群的价值。其中，规模最大且最为知名的公司当数"创客工作室"（Maker Studios）。该公司于2009年由一支颇具知名度的油管博主团队创立，成员包括扎平（Zappin）、丽莎·多诺万（Lisa Donovan）、卡茨（Katz）、加赖贝（Gharaibeh）、巴特勒（Butler）以及本·多诺万（Ben Donovan）。劳勒（Lawler, 2013）曾这样描述创客工作室："它是油管上一个对创作者颇为友好的多频道网络，能够助力各位制作人创作出更优质的视频，促进他们相互合作，并增加他们视频的订阅人数与浏览量。此外，它还致力于协助创作者更好地实现视频内容的商业化变现。"

创客工作室很快被用来与1919年由电影界著名大师格里菲斯（Griffith）、卓别林（Chaplin）、璧克馥（Pickford）及范朋克（Fairbanks）共同创立的好莱坞电影工作室"联美影业"（United Artists, UA）相提并论。联美影业曾出品多部奥斯卡获奖影片，推出像007系列等经典IP，并逐渐发展为一家涵盖唱片公司与电视部门的媒体集团。但是，自电影《天堂之门》（*Heaven's Gate*）（Bach, 1985）这部当时堪称"史上制作成本最为高昂却遭遇票房惨败"的影片出现后，联美影业经历了一系列的并购，而这些并购使其自身受到诸多伤害。如今，联美影业仅仅是一个品牌名称而已。联美影业的兴衰历经了将近一个世纪的漫长时光，而创客工作室在短短几年内便经历了与之类似的发展轨迹。

早期，创客工作室从风险投资公司以及法国电视四台（Canal+）和时代华纳（Time Warner）等传统媒体公司那里，获得了超过7000万美元的投资。2011年，油管通过其原创频道倡议计划，向创客工作室支付了数百万美元，用以启动并/或管理数千个原创频道。到2014年，创客工作室已运营超55,000个频道，并与菲利克斯（详见第四章）

116 等顶级创作者及《史诗说唱对决》(*Epic Rap Battles*)等节目制作方达成艺人合作协议。据报道，这些频道每月的视频浏览量总计超过55亿次，吸引的订阅用户数量超过3.8亿。同年，迪士尼公司击败众多竞争对手，以高达10亿美元的价格收购了创客工作室，《连线》(*Wired*)杂志将这笔交易称作"电视的未来"(Tate, 2014)。

3年之后，创客工作室的所有合伙人和大部分高管纷纷套现离场。创客工作室经历了多轮裁员，旗下网络缩减至仅含1000名创作者和频道，且整个机构被并入迪士尼的数字部门(Spangler, 2017)。在经历了一系列负面事件之后，迪士尼/创客工作室与旗下社交媒体娱乐超级明星菲利克斯解除了合作关系，这一举措使其面临失去5000多万订阅户的风险(Roettgers, 2017)。创客工作室的失宠，标志着这家公司从"辉煌走向衰落"(Patel, 2017)。创客工作室的命运也折射出所有多频道网络所共同面临的挑战。联合艺人经纪公司(UTA)的数字媒体业务负责人韦恩斯坦(Weinstein)，作为有意从多频道网络获取业务的人士之一，就曾说道："多频道网络在数字内容生态系统中发挥了重要作用……不过，随着数字环境的快速且持续变化，多频道网络必须不断进行自我革新，以此满足社区的实际需求。"(Jarvey, 2017b)

不稳定的媒体管理

我们在本章的论述是，社交媒体娱乐的管理或许与创作者劳动一样具有不稳定性，甚至其不稳定程度更高。这些中介机构是在北加州式与南加州式交融的空间中开展运营的，我们已在第一章探讨过这一点。多频道网络所处的位置决定了它们需要在北加州式和南加州式这两个层面上进行创新探索。在北加州式层面上，多频道网络试图借助多平台数据整合以及在规模、数量管理方面采取开创性尝试，来提供优于油管基础分析的增值服务；在南加州式层面上，它们致力于管理从"入门级别"到"中等级别"这类截然不同的人才群体，并拥有突出的受众拓展记录，对自身的成功根源也有着清晰的认知。多频道网络面临着克里斯坦森(Christensen, 2000)所提及的"创作者困境"，即一线创作者所面临的风险问题。

虽然这些中介机构具有加速创新的发展轨迹，但它们受到来自上下两个层面的双重**117** "挤压"。从"上层"来看，越来越多秉持北加州式运营模式的平台及科技公司，正通过推出各自的创作者管理策略，竭力夺回此前让渡给多频道网络的价值与收益。在其"下层"，那些在多频道网络指导下取得成功的创作者，往往会被主流的人才机构挖走，进而穿梭于多个平台之间，并且/或者为自身协商更为优厚的合作条件。

为了维持自身的生存，这些公司及相关专业人士需要比油管等数字平台（当然也包括老牌媒体）更快地开展创新活动。这类创新涵盖了北加州式与南加州式管理服务的细分领域，将低干预自动化技术与好莱坞、麦迪逊大道所采用的高干预管理策略相融合。

即便如此，正如贾什（Jash）的联合创始人迈耶所强调的："实际情况比数字与传统的简单二分法更为复杂，二者之间正在发生一些融合现象。"（Meyer, 2015）

我们在本章呈现的社交媒体娱乐中介机构的发展历程，与这种新屏幕生态的加速演变态势是一致的。正如第一章所述，这些公司早在SME 1.0阶段（油管时代之前）就已出现，而后致力于适应SME 2.0时代的多平台格局，并在SME 2.0时代的多平台环境中艰难地谋求可持续发展。正如我们在第二章围绕平台、内容、社区及商业化等方面，对创作者劳动多样化所做的描述，这些公司也在持续对其服务体系进行创新。但是，每项服务都必须应对有别于传统媒体的各类挑战。我们对中介机构的分析，进一步深化了前几章所涉及的主题：北加州式与南加州式公司之间、不同管理模式及生产文化之间的紧张关系，该产业从SME 1.0 阶段到SME 2.0阶段，乃至在后续阶段的快速演进过程，以及创作者劳动专业化日益复杂的特性。不过，在深入探讨历史内容之前，我们有必要明确我们所提及的"中介机构"（intermediaries）的具体内涵，并将我们的讨论置于当代战略媒体管理的大背景之下。

定义中介机构

我们将社交媒体娱乐领域的"中介机构"定义为：在社交媒体娱乐创作者与平台之间开展业务活动的公司及专业人士。从更宽泛的角度来讲，其业务范围还涉及社交媒体娱乐业与其他行业之间的运营协作，包括传统媒体和广告行业。作为一系列业务活动的回报，这些中介机构期望从整个行业的创作者、平台、广告商及传统媒体那里获取更大的商业价值。中介机构包括多频道网络，这类机构起源于油管认证的实体。它们通过"从内容制作到商业化变现，在各个环节都提供协助，以此抽取一定比例的广告收入"，来聚合、附属并/或管理油管频道（VAST Media, 2014）。知名的多频道网络包括全屏幕（Fullscreen）、引擎电影（Machinima）、精彩电视台（AwesomenessTV）、时尚频道（Stylehaul）、亲友社区（KinCommunity）、舞蹈在线（DanceOn，美国）、宽带电视（BroadbandTV，加拿大）、优友（UUUM，日本）、爱瑞（AIR）与优拉（Yoola，俄罗斯），以及频道翻转（Channel Flip）、微光未来（Gleam Futures）、对角视野（Diagonal View）和勇敢野牛（Brave Bison，英国）。其他类型的公司还包括影响者营销机构[如头部（Headstream）、病毒之臂（ViralArm）]、销售代理和公关机构[如大框架（Big Frame）、附加（Addition）]、数据公司[如社交刀锋（Social Blade）、管形实验室（Tubular Labs）]、现场巡演机构[如魔法大会（MagCon）、数字之旅（DigiTour）]、众筹网站[如赞助人（Patreon）、众筹网（Kickstarter）]、创作者商品及产品线相关公司[如"别忘了保持出色"（DFTBA）]等。这份名单还涵盖了传统媒体制作公司的数字与社交部门，其中包括制片厂、电视网络，以及像联合精英经纪公司中由韦恩斯坦负责经营的部门。

勾勒社交媒体娱乐中介机构的规模与业务范围，其难度丝毫不亚于描述创作者经济的广度。与"社交刀锋"列出250家油管网络相比，油管的创作者服务目录仅列出230家公司。这些公司仅仅是"油管认证"的，意味着它们通过了平台审核。但是，这些列表的多样性远超过社交刀锋的网络列表，涵盖受众拓展、内容策略、直播、商业化变现、音乐、制作、艺人管理以及视频开发等类别（https://servicesdirectory.withyoutube.com）。脸书有自己的"审核营销合作伙伴"目录（https://facebookmarketingpartners.com/），其旗下的照片墙（https://instagrampartners.com/）和推特（https://partners.twitter.com/en.html）也是如此。不过，这些平台的名单均未计入平台运营的公司，也未区分原生公司与传统媒体管理机构（如制作公司、艺人经纪公司和广告公司）的社交媒体部门。

"社交媒体娱乐的中介机构"这一概念不仅适用于公司，还适用于那些独立开展业务，或者受雇于社交媒体娱乐公司及传统媒体公司的新一代社交媒体娱乐专业人士，他们被雇用的依据是他们在新屏幕生态环境中的创收能力。以下是一份简要的职位列表，从中可以洞察他们独特的地位与专业技能。例如，影响者合作伙伴关系专员（时尚频道）、内容架构师（谷歌）、受众与平台运营专员（亲友社区），以及项目经理（管形实验室）。我们特别提及的是自称为"粉丝学者"的莱文。她受雇于社交媒体娱乐公司，负责针对创作者及粉丝社群开展趋势研究工作。她告诉我们，这个称谓源自朗菲尔德[Longfield，她经营着一家名为"粉丝人类学"（Fanthropology）的公司]："我接受了这个职位。如今大约有十几个人自称为'粉丝人类学'研究者。"（Levine, 2015）

制定社交媒体娱乐的管理

早期围绕电视制作、新兴媒体行业及制作研究的学术探索，为我们剖析社交媒体娱乐的中介机构提供了背景框架。电视学者纽康（Newcomb）及其合著者（Newcomb & Hirsch, 1983; Newcomb & Alley, 1983）借鉴特纳（Turner）所发展的边缘人类学理论，阐释了电视制作人是如何充当文化中介角色的。梅耶尔（Mayer）、班克斯（Banks）和考德威尔（Caldwell）2010年的研究展示了电视制作高管在创意劳动与品牌管理的交汇点上是如何运作的。哈文斯和洛茨2011年的研究则将这些见解引入主流教科书话语体系，考察了媒体管理者在媒体组织中是如何拥有"受限的能动性"的。

针对星探代理的研究呈现出喜人的增长态势。一个重要的基准是经纪公司历史学家肯珀（Kemper）所著的《隐藏的人才：好莱坞特工的崛起》（*Hidden Talent: The Emergence of Hollywood Agents*, 2009）。肯珀追溯了20世纪20年代经纪公司的诞生，以及它们在好莱坞所获得的巨大权力和影响力的历程。一个世纪以来，在传统媒体经历集团化及纵向、横向整合之后，好莱坞经纪公司已发展成具有复杂分工和多元化业务的大型企业，其业务涵盖体育、新闻、营销、广告、艺术、政治、数字和社交媒体等文化生产的众多分支领域。罗塞尔和比尔比描述了当代经纪人与管理者是如何演变成从事各种形式文化经纪活动的"中间人（女性）"的（Roussel & Bielby, 2015）。罗塞尔进一步深入分析了"结构变化是如何重塑代理业务并重新界定人才代理模式的"（Roussel, **120** 2016, p.75）。

罗塞尔（Roussel, 2015）描述了经纪人和管理者，以及在媒体行业高度网络化结构中运作的制片高管所开展的重要"关系工作"（relational work）：

> 艺人、星探代理和制作专业人员之间的三角关系是文化产品制作及艺术生涯发展的核心所在。但代理商不仅是一个连接中心，他们通过为客户介绍工作机会，将生产方与人才紧密联系起来，在好莱坞大环境下，他们从项目前期筹备到后期包装实践，通过精心策划、协调整个电影和电视项目，往往倾向于充当事实上的制片人角色。(Roussel, 2015, p.104)

罗塞尔的"关系工作"概念与贝姆的"关系劳动"概念具有相似性，我们在第二章对此进行过讨论。这两个概念均考虑到媒体产业中关键且具有合作性的动态因素，而这些因素掩盖了传统的"作者论"概念。对于罗塞尔而言，好莱坞是一个由作家、制片人、导演、演员，以及网络与工作室制作高管建立的创意联盟（尽管相互依存）所推动的产业，而这些联盟正是由人才中介机构所促成的。从同样的意义上来说，随着创作者走向专业化并从事更为复杂的劳动，他们可以将关系工作外包给社交媒体娱乐的中介机构。这些公司、公关人员和管理人员的职能与传统同行相当，这便是传统媒体和社交媒体娱乐中介机构在管理方面存在更多重叠之处的原因。他们协助创作者获取资金，开发品牌与内容，并促成创作者与传统媒体、工作室、图书出版商、广告商和品牌方的交易。在贝姆看来，社交媒体已经打破了中介机构的传统模式。媒体本身具有中介性质——通过媒体，艺人能够与粉丝和观众直接互动，培育对其成功至关重要的关系。在这种情况下，贝姆的观点与创作者的社区实践相契合，即创作者通过多种策略（现场表演），在多个平台上与粉丝互动，开展难以规模化且耗时的工作。正如第四章进一步讨论的，这种劳动和实践若被外包，可能会显得不真实，并削弱创作者与社区之间的重要 **121** 关系。

虽然这些媒体公司和专业人士在好莱坞历史的大部分时间里都表现得极为突出，但他们几乎未引起媒体研究领域的关注。在某种程度上，这是由获取研究资料的途径有限以及他们神秘的工作方式所导致的。肯珀将这些媒体专业人士称为"隐藏的人才"（Kemper, 2009），而罗塞尔（Roussel, 2015）将他们的工作描述为"隐形劳动"。但是，媒体研究者对中介机构的忽视，在一定程度上也是他们对媒体管理实践本身缺乏兴趣的体现。这也反映了早期媒体管理学术研究相对沉闷的状态，阿尔巴朗（Albarran, 2008, p.185）将其称作"本质上描述性的"。

近期的批判性媒介学术研究为理解媒体管理发展提供了新的框架，这表明媒体与创意劳动、管理和所有权之间的界限日益模糊。在具有领域定义性质的文献中，如《管理媒体工作》（Managing Media Work, 2011），杜兹（Deuze）和斯图尔德（Steward）分别在宏观、中观和微观层面上描绘了媒体管理的图景。他们对研究领域的划分旨在：

> 为媒体管理研究与教学提出新的重点方向，考察创意产业中可能出现的新网络。这些网络不一定与特定的公司、产品或场所相联系。它们定义了崭新且不断发展的技能、实践和信念，能够为当代创意产业的困境提供解决路径。
> (Deuze & Steward, 2011, p.10)

约翰逊（Johnson）、康帕（Kompare）和桑托（Santo）在《让媒体发挥作用》（Making Media Work）一书中提出，"管理不应仅仅被定义为一个负责监督劳动力的工作类别，还应被视为一种劳动力形式，以及一种从劳动中创造意义和价值的方式（在媒体产业中呈现多种形式）"。该文集同期收录的哈文斯的研究则将管理工作与中介行为相关联，揭示媒体中介机构如何"成为产业实践与表征实践之间交易的核心枢纽"（Havens, 2014, p.39）。

在管理学科，阿尔巴朗（Albarran, 2010）和露西·康（Küng, 2008）认为，标准商业管理中的规范性假设（normative assumptions）无法解释媒体管理中协作、创造力和创新的必要性。在露西·康所著的《媒体中的战略管理》（Strategic Management in the Media, 2017）第二版中，"技术在媒体中的主导性优势"（Küng, 2017, p.xv）促使她对自己的理论基础进行了重大修订。借鉴适应性管理学派的研究成果，康现在将战略管理视为"一个进化过程，随着企业对不断变化的环境做出一系列战略调整，变化逐渐发生"（Küng, 2017, p.66）。以过程为导向的战略为管理层应对技术变革提供了思路，增进了他们对管理中创造力和创新的本质与活力的理解，他们认同冒险型领导方式，以及更灵活的组织结构和战略形式。

当然，这些文献均未涉及社交媒体娱乐中介机构管理的具体问题。这种机构管理层的工作分工极为模糊，而且是在平台不断转型的条件下开展的。社交媒体娱乐中介机构（管理公司和专业人士）隶属于平台，但与平台之间的竞争又日益激烈。这些机构与创作者合作，但其管理能力以及从创作者那里获取价值的能力都是有限的。

一些关于多频道网络的兴起和影响的批判性学术研究已经涌现。丹尼丝·曼（Denise Mann）对"不受监管的数字蛮荒西部"的研究直接聚焦于劳动和监管问题：

作为媒体行业的学者，我们需要留意这些新媒体实践中所表现出的剥削行为。我们应当质疑那些用户生成内容的创作者，他们经过油管及其多频道网络合作伙伴的培训，专注于通过任何必要的手段获取明星效应，以增加他们的用户数量，从而提高他们在谷歌广告联盟的美元收入。(Mann, 2014, p.33)

冯德劳（Vonderau, 2016）认为，多频道网络强化了用户与油管基础架构之间的不对称关系。他的研究（我们已在第一章讨论）揭示了油管最初的商业动机。他强调多频道网络与油管之间的紧密联系：它提供了稀缺性，以此抵消油管的规模效应，并作为"人工装置或油管自身内容过滤系统的扩展"，来识别最具收入潜力的创作者。

根据文化研究领域的布迪厄（Bourdieu, 1984）和威廉斯（Williams, 1981）的衡量标准，洛巴托（Lobato, 2016）进一步将油管认证的多频道网络定义为文化中介。他强调行业的正规化进程：这些公司提供了一个"围绕油管创作者的新的专业管理层"（Lobato, 2016, p.349），一个由谷歌"积极构建和定义"的层级体系（Lobato, 2016, p.353）。洛巴托指出："多频道网络提醒我们，媒体的历史不仅仅是创意生产者的历史，而且是中介机构的历史。"（Lobato, 2016, p.358）

描述社交媒体娱乐中介机构，必须从传统媒体中介机构已经为互联网的早期商业化作出贡献这一事实开始。因此，一旦平台引入商业功能，用户转变为创作者，这些公司便能够进入社交媒体娱乐领域，以确保商业和文化价值的实现。应当强调的是，这些公司当中的许多家（如果不是大多数的话）至今仍然活跃。在这一时期之后，多频道网络的快速、补贴式扩张被证明是不可持续的，这促成了以多元化和收购战略为特征的"后多频道网络"（后MCN）时期的形成。

前MCN时代

早于社交媒体娱乐平台出现，且往往成为社交媒体娱乐中介机构的公司包括后来演变为影响者机构的宣传及社交媒体营销公司、已在在线内容和社交媒体平台上生成数据的第三方数据公司、早已成立于好莱坞的人才管理公司，以及早期的网络与数字工作室和视频制作公司。其中部分公司在传统媒体和广告行业开展业务，已经助力早期数字和网络技术的商业化进程。一旦油管推出广告计划，这些公司便准备与社交媒体娱乐公司展开合作，创作者也参与到职业发展与可持续发展战略当中。多频道网络等其他社交媒体娱乐中介机构，起初与这些公司形成了战略合作伙伴关系，SME 2.0时期的第二代平台亦是如此。但是，随着这些公司价值的增长，竞争也迅速变得激烈起来。

影响者营销机构

正如我们在第二章所了解到的，影响者营销已被证实是创作者相较于程序化广告更具可持续性的收入来源。不过，"影响者营销"的概念与营销本身的历史一样悠久。纵观其发展历程，广告公司一直聘请名人担任代言人和发言人，并为他们在广播和电视节目中代言品牌（或进行产品专题植入）支付高额费用。

在数字时代，每一次技术进步，都会催生相应的营销公司浪潮（从在线和数字领域到社交与移动领域）。这些公司依据平台的功能可供性调整旧有策略，并培育出新的营销策略。随着平台为创作者提供将粉丝社群货币化的途径，广告商迅速与这些微名人（及其广泛的吸引力）达成合作协议。或者更确切地说，行业更倾向于与影响者达成合作。所谓的"影响者营销机构"应运而生，由21世纪的《广告狂人》为X世代、Y世代和Z世代量身定制全新的广告工具。

如同广告行业本身一样具有多样性，这些公司是原生公司与新兴公司的混合体。部分公司隶属于WPP、奥姆尼康（Omnicon）和阳狮（Publicis）（Bruell, 2016）等全球大型整合营销集团的新成立部门。该领域还涌现出新一代原生公司，常被称为"社交媒体艺人经纪公司"和"社交媒体营销公司"的综合体。其中包括IMA（与"国际货币事务协会"的缩写相同）、IMF（与"国际货币基金组织"的缩写相同）、莫达创意（Moda Creative）、病毒国度（Viral Nation）和人才部门（Talent Resources）等听起来有些奇特或不太吉利的名字。尽管仍然依赖创作者触达消费者，但一些品牌已经减少了与广告代理公司的合作，并"像使用广告代理公司一样使用影响者"（Pathak, 2017）。

行业和平台报告往往缺乏数据支持或准确性。以常被引用的Mediakix网站为例，该机构通过解读谷歌趋势数据推断：到2020年，相关市场规模将为50亿至100亿美元。这一预测显然存在严重偏差（Mediakix, 2015）。即便如此，北加州式公司和南加州式公司都已留意到这一趋势。原生影响者机构声望点数（FameBit）被谷歌收购，你好社会也被《纽约时报》（New York Times）收购。在2011年，这两家公司都还不存在。

虽然当代影响者营销延续了传统广告业将广告商和品牌方与潜在代言人、倡导者牵线搭桥的运作模式，但也存在一些重要区别。正如粉丝们欢呼（Fanscape）资深广告主管魏因特劳布（Weintraub）向我们所阐述的，这是一种新型广告形态，既充满特有的挑战，也面临着策略的匮乏：

> "影响者营销"是一个术语。我们用这个词来描述在社交媒体上拥有大量粉丝的影响者，他们从事各种形式的品牌拓展或激活效应活动。（策略是）探寻谁有合适的产品，谁有受众群体，谁能够真实且自然地谈论活动，并以一种含蓄（而非外显）的方式谈论活动。我们的目标是，找到10～20个顶尖的影

响者，并向其支付数千美元，让他们将我们期望传达的信息融入他们的内容
（尽管这种做法并非大规模推广，而且有些人并不清楚自己在做什么）。他们无
法凭借一个品牌实现"真实性"。(Weintraub, 2015)

与程序化广告不同，影响者营销是不可规模化的，并且属于劳动密集型业务。不仅
如此，社交媒体娱乐的创作者不像传统名人（无论是演员还是公众人物），他们并不是
虚拟的代言人。他们的影响力和主体性，不仅体现在他们与全球化社群的关系上，还体
现在以极为不规则的方式对其品牌交易产生影响上。受访者告诉我们，创作者会因为认
为品牌与其内容不相符而放弃6位数的合作邀约。继续使用一个与自身品牌相冲突的品
牌，将会损害创作者与社群成员之间的信任。创作者们坚称，维系与粉丝的关系是他们
唯一能够长期实现商业价值的方式。（我们将在下一章阐述无法通过真实性测试的问题。）

人才管理公司

尽管社交媒体营销机构有时会自称为"人才中介"，但这些公司主要关注的是社交
媒体娱乐创作者与麦迪逊大道（广告业）之间的关系。此类公司与传统的人才管理公司
几乎没有相似之处。传统人才管理公司花费了数十年时间，为好莱坞的娱乐人才提供代
理服务。正如我们所了解到的，像罗塞尔这样的学者已经展示了这些公司是如何实现多
元化经营的，以及这些公司在整个文化经济领域如何促成各种可能的交易的。

尽管在识别创作者价值方面相对滞后，这些人才管理公司仍对广告公司构成了直接
威胁：对于好莱坞的这些"精英"而言，创作者往往缺乏传统媒体技能，如撰写、执导
以及在有剧本的内容中担任主演。而对这些公司来说，这些技能可能具有跨界潜力。联
合精英经纪公司是个例外。该公司自称"更以客户为中心"，早在2003年就由初级经纪
人韦恩斯坦创立了数字部门，这甚至早于 SME 1.0 时代。2007年至2009年，韦恩斯坦
运营了"60帧"（60 Frames）。这是一个实验性数字工作室，致力于在这个新兴行业制
作品牌内容和原创IP。在联合精英经纪公司的支持下，韦恩斯坦又转回从事艺人代理业
务，签下了一些最早且最具影响力的社交媒体娱乐创作者，如道森（Dawson）和米歇
尔·潘。联合精英经纪公司的数字部门还促成传统媒体客户投资社交媒体娱乐公司，包
括投资好莱坞制片人罗宾斯（Robbins）创立的精彩电视台。

少数社交媒体娱乐的人才管理公司是由老牌中介公司创办的（而其余的好莱坞人才
管理公司并未涉足SME 1.0阶段），如"集体"（Collective）公司。另外，像"大框架"
这样的公司是由社交媒体娱乐领域的专业人士创立的，他们缺乏传统媒体交易方面的经
验，但更懂得如何管理创作者，并将创作者的社群价值转化为传统媒体价值。与我们所
调研的所有中介机构一样，无论是参与传统媒体代理，聚合多频道网络，还是获取广告
机会（如影响者机构），这些公司转向整合新的战略、视角和机会。随着油管频道的推

出，这些公司迅速实现了业务多元化，涵盖制作和节目运营领域。

"集体"公司成立于2005年。在开始代理新兴数字人才之前，它是一家为传统电影、电视和音乐人才提供服务的中介机构。该公司由一位前音乐和电影经纪人发起创立，是首家认识到早期油管频道[如烦人的橘子（Annoying Orange）]和早期油管明星[如弗雷德·菲格霍恩（Fred Figglehorn）]商业价值的公司。弗雷德的职业发展轨迹揭示了社交媒体娱乐创始人的独特性与管理者的不稳定性。与大多数以自身生活为创作素材的创作者不同，弗雷德是克鲁克申克（Cruikshank）所创作的一个角色的名字。为了达到喜剧效果，他模仿了一个声音洪亮的小孩。该机构帮助弗雷德转型为传统媒体人物，参与自己的电影和电视项目。据弗雷德的经纪人维斯（Weiss, 2015）称："我们坚信弗雷德是一个真实且极具潜力的喜剧品牌，如果我们能打造出合适的剧本，将成就一部优秀的电影。同样重要的是，我们对观众充满信心……以及技术和社交媒体聚合观众的强大力量——而弗雷德做到了这一点。"随后，克鲁克申克不再迎合观众的喜好，他对弗雷德这个角色也失去了兴趣。这给年轻观众以及他的管理团队都带来了道德层面的问题。油管上的弗雷德频道获得了特许经营权，其他儿童创作者纷纷模仿弗雷德的喜剧风格，而克鲁克申克却试图在自己的频道上重振创作者生涯，同时出演了品牌网络连续剧。

虽然"集体"公司拥有传统的媒体专业知识，但它经历了从一种商业模式到另一种商业模式的快速转变。2011年，随着油管发起最早的频道计划，该机构成立了一个名为"集体数字工作室"（Collective Digital Studios，CDS）的部门。这是一个多频道网络，既管理人才，也为创作者提供制作设施。在SME 2.0时代，油管关闭原创频道计划之后，集体数字工作室恢复了其作为人才管理公司的主要职能，为跨平台运营的数字内容创作者提供服务。正如大多数多频道网络负责人所意识到的，仅与一个平台捆绑合作是不可持续的。集体数字工作室经纪人霍多罗维奇（Hodorowicz）将他的服务称为"白手套"式服务（非常高干预的服务），并补充道：

> 我们自称为一个多平台网络。无论如何，我们都不同于油管。我们将与内容创作者和艺人共同成长。创作者如今比以往任何时候都更具影响力，他们应当专注于自身的技术。他们应该专注并留意自身的业务发展态势。他们无须总是忙于谈判。（Hodorowicz, 2015）

2015年7月，德国媒体公司普罗西本（ProSieben）投资8500万美元收购了该公司的控股权。普罗西本与另外两家欧洲媒体集团法国电视一台（TF1）和梅迪亚塞特（一家意大利的媒体集团"MediaSet"）合作，将集体数字工作室与多个多频道网络进行合并，并将合并后的公司命名为"71号工作室"（Studio 71），该公司专注于与传统媒体、订阅型视频点播和社交媒体娱乐平台的合作。

　　尽管创始人彭纳（Penna）和雷蒙德（Raymond）均为前电视高管（而非人才经纪人），但"大框架"最初也是一家人才管理公司，负责管理德弗兰科（DeFranco）等早期数字创作者的职业生涯。油管的频道计划促使大框架公司（如集体数字工作室）转型成为一家多频道网络机构，其以一套"垂直频道"为特色。垂直频道是一组围绕单一主题的频道（与电视类型相类似但又有所不同），重点关注特定的细分市场，同时拥有颇具潜在凝聚力的在线社区。数字媒体围绕内容、形式和叙事引入了不同于传统媒体的美学惯例、概念和术语。学者们探讨了网络模因（Shifman, 2013）和动图（Miltner & Highfield, 2017）的独特之处。在第四章中，视频博客被视为一种格式，而非一种垂直频道或类型。

　　大框架公司早期的垂直市场聚焦于女性创作者（奇特型）、时尚生活方式（优雅型）和城市（前沿型）等领域。但是，2011年，大框架公司被一家更大的多频道网络"精彩电视台"收购，该公司负责这些频道的节目管理。此后，"大框架"重新成为一家人才管理公司，包括管理与其他多频道网络签约的创作者。2015年，精彩电视台被梦工厂动画（Dream Works Animation SKG）收购，而梦工厂动画随后又被康卡斯特NBC环球收购。在精彩电视台成为子公司后不久，其联合创始人彭纳、雷蒙德以及其他高级经理便离开了公司，这也促使包括管理公司和宣传公司在内的第二代星探代理公司随之崛起。其中包括"加法"有限责任公司（Addition LLC），其代理了油管博主伊扎里（Ezarik）和格拉切法；"选择管理"（Select Management），其代理了油管博主吉吉·戈尔热和伊娃·古托夫斯基（Eva Gutowski)(《我的伊娃生活》, *My Life as Eva*）。

数据和技术公司

　　社交媒体平台的迅猛发展催生了"管形实验室"、"视频统计X"（VidStats X）以及"社交刀锋"这类第三方数据和技术公司的崛起。起初，这些公司针对广告商研发出各自专有的技术及数据分析服务，后来又将这些服务拓展至多频道网络和创作者群体。"社交刀锋"公司于2006年上线，最初在Digg.com等网站上收集数据，到2010年业务规模扩大后，它便将重点转向了油管平台。其中部分公司，像"本特像素"（Bent Pixels）和"泽弗媒体"（Zefr Media），还为社交媒体娱乐平台上的社交、数字及传统媒体公司提供内容版权管理服务。泽弗媒体的客户涵盖环球影业（Universal Pictures）、派拉蒙（Paramount）、华纳兄弟（Warner Bros.）、狮门影业（Lions Gate Films）、米高梅（MGM）、韦恩斯坦公司（The Weinstein Co.）、NBC环球集团旗下的布拉沃（Bravo）频道、百老汇视频出品的《周六夜现场》（*Saturday Night Live*）、索尼音乐（Sony Music）以及华纳音乐集团（Warner Music Group）。截至2014年，该公司管理的在线视频数量超过3.75亿个，每月追踪统计的视频浏览量超过310亿次（Spangler, 2014b）。正如社交刀锋的桑巴斯（Sambat, 2015）向我们解释的："我们是为多频道网络及负责管理工作流程的平台提供软件支持的幕后力量——从人才招聘与管理，到助力多频道网络和平台开展品牌与人才匹配的品牌推广活动等各个方面，无所不包。"

随着创作者在不断演进的生态系统中变得日益重要，这些公司开始越发关注创作者群体；事实上，"社交优势"（Social Edge）公司在2017年更名为"创作者智商"（Creator IQ）。与所有中介机构一样，这些公司在提供服务方面也面临着严峻的挑战。为创作者和品牌方所提供的服务（如他们从多平台进行的数据整合服务）固然重要，但未必会受到各个平台的欢迎，因为这些平台将其他平台视为竞争对手。尤为值得注意的是，这些公司依赖于对平台数据及其应用程序编程接口（APIs）的访问权限。尽管创作者必须订阅这些服务，并向它们提供访问其平台、频道及密码的权限（此类服务依靠这些信息来帮助创作者汇总数据），不过有些平台相对更为开放（如油管和推特）。虽然（脸书旗下的）照片墙也比较开放，但脸书和色拉布等其他平台基本不对外提供太多信息。即便如此，在SME 2.0的多平台时代，随着新应用程序的不断涌现，这些数据和技术公司在整个生态系统中变得愈加重要。例如，管形实验室生成了诸如《影响者经济状况》及《在线视频》之类的行业报告（这些报告被广泛地免费传播）。

130　　多频道网络（MCN）的原型？

NNN（Next New Networks，新新网络）是多频道网络领域的著名先驱，于2007年由资深传统媒体和数字媒体高管共同创立，其中包括斯坎内尔（Scannell）——尼克电视台（Nickelodeon）的高层，以及后来负责英国广播公司全球制作的音乐电视网高管。NNN自称为"一家新型媒体公司"，旨在为美国在线（AOL）、聚友网和油管等Web 2.0平台制作多平台网络视频内容（Podell, 2016）。2011年，NNN被油管收购，成为一个名为"下一个实验室和受众发展小组"（The Next Lab and Audience Development Group）的部门。许多NNN的高管跳槽到油管担任高级职位，比如NNN合伙人谢伊（Shey），他如今负责油管的剧本节目部门。同样，前NNN高管兰斯·波德尔（Lance Podell）担任油管空间的全球负责人，该部门负责监督在世界各地的创作者制作中心。自被收购以来，这个部门助力发起原创频道计划，并为众多附属的多频道网络提供补贴。作为一家多频道网络的原型，NNN的发展历程体现了行业的不稳定性：油管不仅收购了NNN，随后还关闭其业务，借鉴其聚合创作者和频道的商业模式，然后解散或整合了其管理层。NNN是油管收购的第一家，也是最后一家专门从事创作者管理服务的新媒体公司。此后，该平台选择与新一批社交媒体娱乐中介机构建立附属合作关系。这些机构就是多频道网络。

那些MCN

在2007年油管推出合作计划和频道倡议之后，许多公司开始创建自己的频道并签约创作者，旨在帮助他们发展并实现盈利。油管还直接为其中不少公司提供便利与补贴，并将此作为管理数量激增的在线"合作伙伴"的一种方式。这些公司后来被称作多信道网络，亦即多频道网络。需要注意的是，准确统计多频道网络的数量存在一定困难，由于部分公司名称消失、经历合并或者名称频繁变更，这一统计工作变得更具挑战性。[在"游戏广场"（Playsquare）网站发布油管多频道网络名单3年后（Higgins, **131** 2014），其中很大一部分公司不复存在。]

规模较大的多频道网络不分国籍地签约创作者，在全球范围内开展业务，毕竟它们所面向的社区是全球性的。最初在这一领域占据主导地位的著名美国公司包括：创客工作室、全屏幕、引擎电影、精彩电视台、时尚频道、亲友社区、舞蹈在线、米图（Mitu）、规模实验室（ScaleLab）等数十家公司。在美国之外，出现了规模更大的多频道网络（尽管很多多频道网络增设了美国分支机构，或者通过收购整合了美国公司），比如宽带电视、优友，以及爱瑞和优拉。正如第六章进一步探讨的，英语类公司占据显著位置，其中包括总部位于英国的公司，如频道翻转、微光未来、对角视野以及勇敢野牛[由早期的"瑞斯特"（Rightster）和"基础79"（Base 79）两家公司合并而成]。

受国家文化、市场以及监管条件的限制，还有一些多频道网络主要面向国内或区域性受众。在德国，有许多为德语和东欧创作者及社区量身定制的多频道网络，比如"媒体工艺"（MediaKraft）和"71号工作室"（Studio 71）。71号工作室还收购并整合了总部位于美国的集体数字工作室。其他欧洲公司包括动物迷你电视（Zoo-min TV, 阿姆斯特丹）和百吉饼工作室（Studio Bagel，法国）。在美国和欧洲之外的地区，多频道网络也已出现。比如，思想媒体（Thoughtful Media, 东南亚）、迪万集团（Diwan，中东）和终极有限公司（UltimaLimited，尼日利亚），而且多频道网络出现的频率越来越高。尽管"在印度，让（非印度本土的）油管多频道网络适应多语言和多民族环境存在困难"（Vardhan, 2015），但也已经有一系列多频道网络进入这一领域，包括文化机器（Culture Machine）、趣奇（Qyuki）、平数字（Ping Digital）、第一数字（One Digital）和疯狂媒体（Whackedout Media）。

多频道网络最初扮演着信道聚集器的角色，旨在稳定失控式增长并应对"全球化"动态，同时通过网络规模和价值为广告商服务。正如联合精英经纪公司的经纪人韦恩斯坦所指出的，多频道网络的核心价值主张对于创作者和多频道网络而言是相互构成的：

> 多频道网络在创作者的职业生涯中发挥着独特且重要的作用，尤其体现在渠道优化与增长方面，以及借助多频道网络的规模促成大规模的品牌交易上。 **132**

某些品牌和媒体策划人需要获取多频道网络每年所能提供的数十亿视频观看量，以此获得更大的赞助机会。（Weinstein, 2015）

尽管在规模、内容、文化以及类别方面存在显著差异，但所有多频道网络都会签约创作者并聚合频道。横向聚合平台主要受到规模驱动。据"社交刀锋"报道，截至2017年6月，总部位于温哥华的"宽带电视"拥有超过23万名会员，每月浏览量超过230亿次，是规模最大的多频道网络（Social Blade, 2017）。中型多频道网络包括拥有6万多名创作者的"全屏幕"。总部位于俄罗斯的多频道网络优拉是由前VSP集团和多家早期多频道网络合并而成，其中包括总部位于俄罗斯的问答集团（QuizGroup）。虽然社交刀锋公司显示目前会员略高于4万人，但优拉官网宣称拥有超过7.2万名创作者及70亿次的视频浏览量。与之相对，垂直聚合平台侧重于利基市场、特定人才类型以及由文化、语言和社区所界定的兴趣垂直领域。比如，"美味制造"聚焦美食领域，时尚频道和亲友社区侧重生活方式领域，舞蹈在线专注舞蹈文化领域。总部位于洛杉矶的米图以来自多个国家的拉丁裔创作者为特色，他们创作的跨文化内容亮点颇多，涵盖乔洛人（Cholos，一个具有多种含义的术语，包括拉丁裔帮派成员）、拉丁裔妈妈（Latina Moms）和祖母（Abuelas）等主题。总部位于迪拜和开罗的迪万集团旗下汇聚了来自伊拉克的阿拉达比（Aladabi）等中东与非洲地区的创作者。截至2017年，该集团在油管上拥有超过130万用户，在照片墙上拥有31.9万粉丝。

在签约环节，创作者与多频道网络签约的标准各不相同。这取决于一系列因素，而这些因素旨在确保创作者与多频道网络所提供的服务能在更大程度上保持品牌一致性。随着这些公司的业务转型，这些因素也处于不断变化之中，其中涵盖多个平台上创作者粉丝社区的规模与范围、创作者的内容及风格、年龄、性别、地点等传统的人口统计数据，以及包含地点和语言在内的文化因素等方面的数据质量。大多数规模较大的多频道网络都是跨国运营的。但是，这些标准在实际应用中可能并不统一，当创作者逐渐成熟并创作其他形式的内容时，这种情况更为明显。例如，在以生活方式为导向的时尚频道中，最具影响力的创作者是格拉切法。他更为人熟知的是其包含剧本创作、音乐模仿、游戏以及个性博客等内容的作品，而非传统的美妆或时尚类视频博客。再比如，菲利克斯虽是一名游戏玩家，但因其低俗、有时甚至令人反感的幽默风格而闻名。这促使迪士尼将他从其旗下的创客工作室解雇，因为该工作室已经转型为一个"家庭友好型"部门。

多频道网络还关注创作者的订阅者数量、视频观看量的近期增长率，以及创作者与社区人口统计特征之间的一致性。例如，创作者与受众在年龄方面存在较大差异，即年长的创作者面对年轻受众。这种错位情况会给代理商在实现内容货币化，尤其是进行品牌整合时带来挑战。此外，那些被视为"品牌安全"或"大众级"（G级）的创作者，相较于具有颠覆性、政治性或前卫风格的创作者，更有可能受到多频道网络的青睐。这些实践印证了冯德劳（Vonderau, 2016, p.367）关于重新人为引入稀缺性的分析，即引入的目的在于重新掌控定价，并助力构建一个能够分散风险的文化资源库。

但是，创作者在加入多频道网络时所拥有的自主决定权与这些公司不相上下。即便是那些几乎未接受过专业培训、资历尚浅的第一代油管博主，在进入多频道网络的发展轨道后，也至少取得了一定程度的成功，而且他们与自己的"粉丝群体"之间的关系似乎也十分清晰。因此，这些年轻且被赋予一定权利的创作者，有能力在多频道网络中自由选择去留。当多频道网络签订排他性合同时，随着创作者在权利和自主决定权方面的增长，多频道网络往往会失去维持这种合作关系的能力。所以，无论是因为管理不善、来自其他多频道网络的竞争，还是创作者自身的奇思妙想，人才流失现象在这一领域都十分常见。

多频道网络对于创作者的价值一直是备受争议的话题，尤其是那些心怀不满的创作者，他们公开表达了对"具有剥削性"的多频道网络的担忧。其中名声最差的当数约翰逊（Johnson），他是早期较具影响力的创作者。他于2009年推出的油管系列节目《等于三》（*Equals Three*），以他本人对油管上热门视频的评论为特色，他的频道成为油管上首个拥有500万订阅者的频道，后来订阅者数量更是突破了1000万。但是，在2011年与创客工作室签约后，约翰逊陷入了合同纠纷，他还在自己的油管频道上公开讨论了这一问题。2012年，约翰逊离开创客工作室，成立了自己的制作公司"等于三工作室"（Equals Three Studios），并于2014年辞去了《等于三》系列节目主持人的职务。截至 **134** 2018年6月，约翰逊的频道订阅者数量略高于300万，而且他已经转战脸书。据报道，他在脸书上制作直播视频，年收入超过20万美元（Seetharaman & Perlberg, 2016）。

多频道网络渎职及存在利益冲突的另一个案例涉及"我那该死的频道"（My Damn Channel）公司和赫尔比格，她也是社交媒体娱乐领域较具影响力的创作者。"我那该死的频道"既是一家制作自有内容的公司，也是一家签约创作者的多频道网络，因此它拥有自己的内容和社区。与约翰逊的情况类似，"合同纠纷"导致赫尔比格离开了这家公司。虽然她被迫离开自己的频道"每日恩典"（Daily Grace），但这一事件还是引发了社区和创作者群体的愤怒。按照厄尔德格（Eördögh, 2014）的说法，"从民粹主义的角度来看，'我那该死的频道'现在俨然成了一个邪恶的反派形象"。和约翰逊一样，赫尔比格在她的新频道上也取得了成功，其油管频道订阅者数量超过300万，并且她还拥有以自己名字命名的 *E!* 脱口秀节目，她作为故事片主角出现在这个脱口秀节目中，她所开发的播客登上了苹果音乐排行榜榜首，她还出版了《纽约时报》畅销书，个人净资产达到500万美元。在自己社区关系网络的支持下，约翰逊和赫尔比格打造出比在创客工作室（或"我那该死的频道"）更具可持续性的职业生涯。

随着创作者变得更加独立且更具价值，创作者的劳动形式也变得越发复杂、多元，多频道网络能够在内容、社区、商业化以及平台等方面为创作者提供管理协助服务。为了证明其在创作者收入分成中所占份额的合理性，多频道网络开始提供多种可扩展的管理服务。这些公司帮助创作者培育了新的分工模式，但这种策略并不像传统媒体那样容易效仿。因为，传统媒体的分工涉及线上、线下以及工艺类别等不同方面的差异。"舞蹈在线"首席执行官泰勒（Taylor）表示：

> 规模最大的那些公司确实有分工，我认为这就是它们能够发展壮大的原因，如赫尔比格、哈特（Hart）这些油管上的明星。他们身边围绕着庞大的团队，在某些情况下，甚至还有制作公司。但我觉得，说实话，其中一部分阻碍因素其实是怯场心理。因为这里面的很多人都是从卧室或地下室开始创作的，雇用管理人员意味着必须在众人面前展示并管理他们，这可能会有点不可控。（Taylor, 2015）

在提供这些服务的过程中，多频道网络遇到了另一个问题，即创作者与粉丝群体之间真实互动的重要性问题（第四章将对此进一步分析）。帮助开发和管理"斯莫什"（喜剧频道）的布伦伯格（Blumberg）告诉我们，随着频道、内容以及社区的不断发展，保持他们独特的"风格"会面临诸多挑战：

> 我和一个在伯克利获得德国文学博士学位的人坐在一间办公室里创作斯莫什的内容。我们意识到，存在一种特定的语言风格、节奏，一种独特的表达方式和韵律，它不仅可以用来描述斯莫什成员的行为，还能够体现人们在网络上通过视觉、口头或书面语言进行交流的特点，而且这种风格总是处于变化之中。你必须时刻留意正在发生的情况，以及它传播到其他地方的速度有多快。此外，还有一些斯莫什所特有的情况，你必须学会如何谈论皮卡丘或者表情包。这就像是在学习另一种语言。（Blumberg, 2015）

随着业务多元化发展，多频道网络开始与第一代网红经纪公司形成竞争——尤其是在广告植入的策划与管理服务领域。不过行业并未陷入恶性竞争，例如精彩电视台就通过收购大框架公司，使其重新回归创作者经纪公司的定位。进入SME 2.0的跨平台时代后，创客工作室、全屏幕等更直接与第三方数据公司展开较量。这些机构纷纷推出自主研发的软件系统，宣称能提供更精准的数据分析与版税报告服务——正所谓"打不过就加入"。

特别是对于大规模的横向聚合平台，多频道网络的服务专注于规模，创造了冯德劳（Vonderau, 2016）所提到的人为稀缺性。在为较低层级的创作者提供自动化、低干预式服务（如在线视频教程和数据分析）的同时，这些公司也为高等级的创作者提供了更多高水平的直接互动服务。随着优质创作者吸引到更多的订户、点赞和粉丝，获得了更高的收入，且需要更复杂的创作者劳动，这些公司便会为他们提供这种更高级别的管理协助。这种服务模式融合北加州式公司的不干预策略，以及好莱坞在南加州式公司提供的"高干预度"内容开发与艺人关系服务。对于初级创作者，多频道网络提供了在线教程，指导他们如何更高效地创作内容、提高收视率，并通过程序化广告确保更高的千人成本率。这些公司中的大多数提供其声称的专有软件，其签约创作者能够使用这些软件在所有平台上获取更高级的分析报告。这些公司仅为顶级创作者提供"白手套"式服务，即非规模化的专属服务。其中包括影响者品牌合作和星探代理服务，以及内容开发协助和生产资源接入，如提供工作室场地、服装道具、剪辑设备，以及选角、视觉特效等服务。

除频道整合和创作者管理外，部分多频道网络（如创客工作室、引擎电影和精彩电视台）还为创作者提供了工作室和设备，还提供技术培训、优质设备使用指导、制作资源获取指导，以及专业剪辑指导。这些服务延续了传统媒体制片厂和外景场地模式，所提供的运作模式可追溯到制片厂主要自筹资金制作内容，且大多数拍摄在摄影棚完成的时代。不过，主流多频道网络提供的服务与之存在显著的差异。多频道网络既不主张内容版权，也不向创作者收取使用设备的费用，因为其目的是通过创作者制作的内容来赚取更高的收入分成。此外，这些制作空间不仅提供生产价值，还具备教学功能，能够帮助创作者学习更复杂的内容创作方法。在多频道网络的协助下，这些空间还促进了创作者之间的合作，从而有助于创作者引入新的创作灵感和/或聚合社区。与竞争更为激烈的传统媒体世界不同，这进一步体现了北加州式、理想化的社交媒体价值观。但是，正如第二章中提到的玩具开箱师兰斯顿（Langston, 2016）所说的，地理上的接近并不是这个领域合作的障碍，因为合作也可以在虚拟环境中展开。

多频道网络冒险进入生产服务领域也会引发更多的利益冲突。许多创作者向我们反馈（我们将在第四章对此作进一步深入分析），制作更复杂内容存在风险，可能会使创作者和社区之间距离更远，从而抑制结合，甚至引发矛盾和嫌隙。模仿传统的工作室模式，拥有制作设备的多频道网络通常可以转变为数字工作室，创建自有品牌内容并推出自己的频道，但往往对创作者劳动的独特性缺乏足够了解。因而，创作者可能会发现自己在品牌交易和生产协助方面与管理层形成竞争关系。由于创作者习惯了拥有和制作自己的内容，他们或许很少会愿意参与只能使用有偿服务或需要放弃创造性控制的项目。正如我们将看到的，在后MCN时代，油管空间开始在世界各地新兴的一系列网站上为创作者们提供类似的制作资源，而且附带的条件要少得多。

随着创作者劳动形态的多样化，多频道网络也通过设立附属部门来确保分得创作者商业活动中的每一杯羹。没有比精彩电视台更好的例子了，它最接近于"纵向与横向一体化"的社交媒体娱乐公司（尽管很少通过传统媒体的基础设施实现整合）。它直接跨越了北加州式与南加州式业务模式的分界：正如其首席技术官罗宾逊（Robinson, 2015）为我们所定义的，精彩电视台是一家"科技驱动的媒体公司"。这个多平台网络服务着近9万名针对13～17岁青少年群体进行创作的创作者和频道。正如我们所了解的，其旗下全案经纪公司、大框架公司，为创作者对接文化传媒全行业资源。其电视制作部门不仅开发、宣传并制作由自己的创作者主演的系列剧（登录尼克儿童频道等网络平台），还为油管频道开发和制作为游轮品牌定制的青春剧《皇室迷恋》（Royal Crush）等。罗宾逊解释道："青少年才是家庭度假决策的核心。这些剧集展现了一次船上的徒步旅行，它展示了游轮的所有功能，但伪装成一个爱情故事。"其他部门还面向国际平台和电视进行内容分销（即便在当地油管可用的情况下），以及为"油管红"和"威米亚"等订阅平台提供首播或独家内容。此外，精彩电视台还涉足电影制作、图书出版和音乐厂牌业务。

138　　其他中介机构为现场巡演提供服务，包括范斯摇滚巡回演唱会（Vans Warped Tour）、友好音乐节（Amity Fest）和数字之旅等。2014年，全屏幕公司推出"巡回之旅"（InTour），作为"我们的全屏幕人才与粉丝互动、尝试新事物和创作的平台"（Shapiro, 2014）。同样，精彩电视台也拥有自己的现场巡演业务，包括第五和声巡演。这些巡回演出也在世界各地开展，比如与该平台联合制作但由外部管理公司运营的自营油管粉丝节，在孟买、里约、曼谷、胡志明市、香港、东京、首尔和雅加达等城市举办。多频道网络还可以帮助创作者开发一系列商品，进而开设商店，如全屏幕商店、创客商店或精彩电视台在洛杉矶的零售店。但正如我们在第二章中看到的，创作者越来越倾向于通过专门针对创作者及其社区的辅助商品网站来达成自己的交易，如创作者商店、街区线及"别忘了保持出色"等。一些多频道网络不仅仅代表一家媒体公司。一个更恰当的描述可能是，一个生活方式品牌，就像音乐电视网不仅仅代表一个音乐频道。泰勒描述了"舞蹈在线"如何代表一个吸引拥有不同价值观和兴趣的人的社区，其影响力远远超出编舞家、舞者以及他们的粉丝群体。"舞蹈在线"的社区成员从事某些形式的艺术和音乐活动，追求健康的生活和饮食方式，以及关注时尚与风格领域。通过干预社区，这些多频道网络不仅能够吸引更广泛的受众，还能够吸引更大型、更多元化的广告商群体。在谈到她对广告商的推介时，泰勒（Taylor, 2015）指出："这是一个有（舞蹈）名人的类别，哦，顺便说一句，你有没有想过这个类别有多积极向上，它有多安全可靠？它充满渴望成功的氛围、拥有鼓舞人心的力量以及活跃的身体。"这一切可能听起来有些夸张，也许这正预示着多频道网络在后MCN时代的短暂地位。

后MCN时代

早期的社交媒体娱乐中介机构及多频道网络自身，都经历了相似的发展轨迹。这些公司扩张迅猛，业务转向频繁，且为其利益相关者提供多元化的管理服务。但到2017年，它们遭遇了更为激烈的竞争及更高程度的不确定性。竞争不仅来自其他社交媒体娱乐中介机构，还源于它们曾经的平台"合作伙伴"，再加上传统媒体管理公司新设立的数字部门。因此，这些公司及其专业人员被迫去探寻可持续发展的替代策略，结果喜忧参半。

在多频道网络业务的转型中，它们尽可能地为创作者和合作伙伴创造更多机会（尤其是在这些公司急切地寻找新的内容形式、资金来源以及收益渠道之时）。"引擎电影"就是一个典型案例。"引擎电影"原本是20世纪90年代创建的一种视频格式名称，通常在未获得视频游戏公司合法授权的情况下，该格式会把视频游戏中的素材（如角色、动作）与配音脚本相结合，从而构成叙事内容。2000年左右，一家名为"machinima.com"的网站成立。它聚集了这类视频，并将其发布在油管平台上。10年后，这家公司发展成为隶属于油管且获得其补贴的规模较大的多频道网络（旗下创作者超过5万名），其特色内容也拓展至游戏实况等原形态内容之外的领域。同样迅速的是，引擎电影甚至遭到其旗下众多头部创作者的指责，称其管理不善且合同不公，不少创作者很快便离开了这家公司。全球知名创作者菲利克斯此前提起诉讼，要求解除他与引擎电影的合同。他说："这家公司的管理方式糟糕透顶。在加入他们网络的那段时间里，我已是全球最知名的油管博主，可他们甚至都不知道我是他们旗下的创作者！他们从来都没联系过我，除了在我想离开的时候——然后他们的首席执行官给我发了一封电子邮件。"（Tassi，2014）这家公司还曾向好莱坞方向转型，试图将旗下创作者和内容迁移至影视领域，或者与该领域展开竞争。这一转型举措包括聘请经验丰富的制片高管，如来自华纳兄弟、迪士尼及音乐电视网的桑切斯。正如桑切斯向我们讲述的，这是一次灾难性的转型，"在你发展得如此迅速之时，有时候你会忘记当初是什么让你取得了如今的成就。让引擎电影走到今天这一步的……是其内在的创新冒险精神、创作者的个性……以及游戏制作的相关业务"（Sanchez，2015）。在后MCN时代，引擎电影一直在为实现可持续发展而苦苦挣扎，经历了管理层的多次更迭、多轮裁员、创作者的流失、排名下滑、重塑品牌尝试失败，以及来自风险投资家和传统媒体的最低限度投资。到2017年，与创客工作室一样，该公司作为华纳兄弟数字网络旗下的一家制作公司继续运营。相比之下，华纳兄弟以不到1亿美元的价格收购了引擎电影。这一价格几乎仅为迪士尼收购创客工作室所花费金额的十分之一（Weiss，2016a）。

后MCN时代的显著特征是，行业向传统的IP创作模式回归。"从本质上讲，它们已经成为数字优先的内容制作公司"。（Csathy，2016）但是，这些努力使得这些新兴公司不得不与传统行业参与者及专业人士展开竞争，不过成效甚微。2017年底，如"嗡嗡喂""麻趣资讯网"和"副媒体"（Vice Media）等此前从未涉足创作者业务的数字原生内容公司，全部未能实现营收目标，经历了一轮又一轮的裁员，并且/或者成了被低价收购的对象（Sherman, 2013）。事实证明，知识产权模式与创作者模式一样，都具有不稳定性。

正如我们在第一章中所了解到的，油管经常会"调整"其平台、合作伙伴以及频道的相关策略。其中包括关闭最初的频道计划（也就是暂时为创作者和社交媒体娱乐中介机构，尤其是多频道网络提供补贴的计划）。油管将这些计划从网站上移除，就好像它们从未存在过一般（Gutelle, 2013）。还有什么能比处理像"色拉布"帖子这类成本高昂的管理策略，更能体现这种迭代的北加州式技术文化的短暂性的呢？与此同时，SME 2.0时代出现了众多竞争平台，包括"微影""照片墙""色拉布"以及"潜望镜"。正如"集体数字工作室"的案例研究所揭示的，这些平台环境促使多频道网络转变为多平台网络（MPNs）。

作为多平台网络，这些公司力图制定管理策略，在多个平台上寻求替代性的收益来源，并为创作者提供优于油管的平台整合策略以及分析服务。对于部分公司而言，这一策略仅仅是其"以人才为核心"的管理模式的一种体现。无论客户转移到哪个平台，它们都会追随而去。对于其他公司来说，这种策略有助于摆脱对油管的过度依赖。正如泰勒所指出的：

> 我认为，如果你创办一家公司，并且狭隘地认定"我们只需要聚合一堆频道，这就是我们在油管平台上的商业模式"，那你将会处于非常脆弱的境地。油管对你的影响力实在太大了。当人们说"多频道网络行不通"的时候，他们就是这么想的。但实际上，对于这些公司中的任何一家而言，我觉得你要么必须实现多平台运营，要么就得与大型媒体集团合作，这样才能在这个行业中生存下来，甚至实现蓬勃发展。每一家强大的媒体公司都是由各种不同类型的公司整合而成的。（Taylor, 2015）

油管不仅取消了最初的频道计划，而且不再对外提供多频道网络的名单列表。在其创作者服务目录中，235家公司里仅有22家被列为多频道网络。这份目录缺失了不少知名的多频道网络，如创客工作室、引擎电影及精彩电视台。一位油管高管证实，很多多频道网络最初主动选择退出该目录。不过，像全屏幕和宽带电视等公司，近期已通过认证并被添加到目录当中。最具启示性的当数油管的帮助页面，该页面为创作者提供了关于多频道网络的概述，介绍了多频道网络的关键方面以及这些公司的最佳实践案例，但其中也有这样的提示内容：

对于任何油管创作者来说，加入多频道网络都是一项重要的抉择。在你决定加入之前，请务必清楚了解多频道网络将会提供哪些服务以及/或者能够达成何种成果，以此来换取你所支付的费用。虽然有些创作者可能会选择与多频道网络开展合作，但你要知道，即便不加入多频道网络，你同样可以在油管平台上取得成功。要确保自己清楚如何以油管创作者的身份获取帮助，并且学会运用油管提供的各项支持选项——无论你是否加入了多频道网络，这些选项对你而言都是有用的。每一位油管创作者都有资格参与油管创作者计划，该计划会提供研讨会、聚会、频道咨询、油管空间的制作资源访问等服务——所有这些都是免费的，而且是基于你频道的特定需求而定制的。（油管帮助中心，2017）

这一附带说明被视作一种商业策略，它所代表的不仅是简单的"告知"。这其实是油管管理战略的微妙暗示，它表明多频道网络的时代已然过去。谷歌/油管曾经邀请、扶持、认证并授权了多频道网络，如今却通过与内部机构"动物园"（Zoo）携手，直接与头部品牌合作，开展自有品牌内容的研发工作，在全球范围内推出油管工作室及在线创作者学院。此外，它们逐步侵入多频道网络的基本商业模式。第一章已经概述了油管是如何围绕社交媒体娱乐创作者的专业化发展，构建软性基础设施与硬性基础设施的。在SME 2.0时代，随着平台竞争的持续加剧，油管被迫转向南加州模式，为创作者制定激励措施，提供支持及服务，就如同网飞、亚马逊等订阅型视频点播平台从好莱坞吸引专业内容一样，油管与创作者之间依旧是相互依存的关系。

油管为此投入了大量资源。油管空间已在全球创作者活动的主要热点地区建立起来，其形式多样，既可以是由油管独立拥有并运营的场所（如位于洛杉矶、纽约、巴黎、东京以及伦敦等地），也可以是与现有培训机构合作成立的合资企业（如多伦多、柏林、圣保罗、孟买等地的），还可以是与当地合作伙伴签订合同的临时场所（如悉尼和布里斯班等地）。新的油管空间还在不断涌现，甚至包括迪拜这样令人意想不到的地方。油管空间的体验被概括为"学习、交流、创作"，它提供了一系列服务，涵盖从基础培训到与其他创作者交流互动，再到使用专业制作设备来创作更具专业性内容等多个方面。通过对多个油管空间以及弹出式培训活动的采访与观察，我们发现基础培训内容呈现出标准化的特点：追随自身兴趣爱好进行创作、定期上传作品、学会运用基本的油管数据分析工具、打造个人品牌、高效运用缩略图和元数据，在最佳实践层面落实社区参与和互动策略。

创作者学院和油管空间显示了一种创作者从业余走向专业化发展路径的"麦当劳化"。它们旨在为创作者和受众营造更为流畅、无缝的体验。虽然在较低层级上培训内容有着严格的标准，但随着创作者人气的提升，培训也会进行细致分层，变得更加个性化定制——甚至有可能趋于专业化。换句话说，油管将基础的人气积累交给市场，而

142

把高干预度的定制化开发工作留给那些已经踏上成功道路的创作者。模仿多频道网络的可扩展实践模式，这些工作室为创作者提供了明确的层级式机会。层级越高，所能享受到的服务就越多。正所谓"胜者为王"，油管平台上出现了一系列带有边框的超大"播放"按钮，用于标识不同层级的创作者。这些按钮包括石墨、蛋白石、青铜、白银、黄金以及钻石创作者奖。其中，钻石创作者奖代表创作者拥有1000万订阅者。

143　　　传统媒体机构也导致业内进一步的竞争，包括创意艺术家经纪公司（Creative Artists）、威廉·莫里斯奋进娱乐公司（William Morris Endeavor）及联合精英经纪公司等，还有其他一些精品经纪事务所。作为专业机构，它们在技术层面能够与社交媒体娱乐管理公司展开合作，前提是创作者愿意向这两类公司分别支付一定费用来获取不同的服务。更具战略意义的是，鉴于这些备受尊崇的好莱坞公司在传统媒体和文化经纪的各类业务上拥有更为独特且多元的专业知识，它们会精心挑选头部社交媒体娱乐客户。韦恩斯坦在我们的采访中表示，创作者的人才管理与传统人才管理截然不同："我们的工作职责是挖掘并把握各种机会，进而帮助艺人实现其职业目标。对于数字明星而言，这意味着不仅要关注数字领域的机会，还要着眼于电影、电视、出版、现场活动、授权、商品销售等多个领域的机会。"（Weinstein, 2015）

　　　经过多年的人脉关系经营，这些传统代理机构凭借自身在传统媒体领域的影响力，促成创作者相关交易。但是，这些交易对于传统媒体的价值，或许会超过其对创作者本身的价值。例如，联合精英经纪公司助力说服了"锐兹比尔"（Razorbill）出版社[企鹅兰登书屋（Penguin and Random House）旗下的出版社]推出一系列由创作者撰写的书籍，这些书籍已经登上或者接近畅销书排行榜榜首。它们的成功也引发了《洛杉矶时报》（*Los Angeles Times*）的疑问："油管明星能够拯救出版业吗？"（Kellogg, 2015）不过，对于头部创作者来说，图书销售以及预付款收入可能仅占其总收入的一小部分。相反，图书销售公司通常会进行图书巡回宣传活动（这为创作者提供了一个与自身社区进行直接互动、更为亲密接触的机会）。只是在巡回宣传过程中，所有费用都需要创作者自行承担。为了宣传推广自己的畅销书《如何成为一个霸气老板》（*How to Be a Bawse*, 2017），创作者莉莉·辛格（Lily Singh，又名"女超人"）在美国、加拿大、英国、澳大利亚、新西兰、新加坡、印度、菲律宾以及特立尼达和多巴哥进行了超过34次的巡回宣传活动。

　　　正如我们之前在讲述弗雷德·菲格霍恩的故事时所证明的：南加州式人才管理服务致力于将客户从"小联盟"（起步阶段）推向"大联盟"（更高层级），但这一战略充满复杂性，而且仅适用于一小部分创作者。传统媒体对于那些从未学习过表演、编剧或者导演等好莱坞核心技能的创作者来说，价值并不大。无论是因为报酬不够丰厚、缺乏创

144　作控制权，还是因为时间精力有限，只有一小部分内容创作者能够认识到在好莱坞工作

的价值所在。对于那些更为成功的内容创作者而言，传统的电影和电视报酬可能缺乏竞争力，他们当中有些人已经从多个收入来源中获得了6位数甚至7位数的收入。其他一些内容创作者则不太愿意放弃对自己作品近乎绝对的控制权。正如我们在第二章中看到的，在传统媒体中从事写作或者表演工作所耗费的时间，可能会让创作者无暇顾及创作自己的专属内容以及维持社区的参与度、活跃度。

很多多频道网络的未来发展道路正被逐渐买断。恰如之前在创客工作室、集体数字工作室以及"大框架"等案例中所指出的：在社交媒体娱乐行业发展浪潮中，收购被视为多频道网络寻求安全的选择。传统媒体针对多频道网络向多平台网络转型过程中的收购或投资金额已超过14亿美元。2013年10月，梦工厂动画开启了传统媒体对多频道网络的"圈地运动"，斥资3300万美元收购并合并了精彩电视台和"大框架"；一年后，赫斯特（Hearst）集团斥资8100万美元收购了该公司（即合并后的新公司）25%的股份，使其估值达3.25亿美元。继梦工厂动画之后，其他传统媒体公司也纷纷开展对多频道网络的收购、合作或投资活动。其中最引人注目的当数迪士尼以高达5亿美元的价格收购了创客工作室（相较于业绩目标，还有4.5亿美元的额外报价）。此外，2014年，全屏幕被切宁集团（Chernin Group）和美国电话电报公司（AT & T）的合作伙伴奥特媒体（Otter Media）以2亿至3亿美元的价格收购。欧洲卢森堡广播电视集团（RTL）斥资1.5亿美元收购了专注于美容领域的时尚频道，并投资了总部位于加拿大的宽带电视，这使得卢森堡广播电视集团能够借此推出自身的数字业务中心。

表3.1反映了涉及社交媒体娱乐中介机构的持续收购与投资情况。不太明晰的是，这些公司的价值是否因收购而有所提升。更为普遍的情况是，它们往往融入了新所有者的已有部门。在寻求迪士尼庇护过程中，尽管创客工作室的联合创始人获得了颇为可观的收入（此后进出的诸多高管亦是如此），但该工作室的运营表现不尽如人意。克雷兹（Kreiz）在2012年出任创客工作室的首席执行官，还被《好莱坞报道》（The Hollywood Reporter）誉为"硅滩第二大权势人物"（《好莱坞报道》，2014）。4年之后，在促成了与迪士尼的交易后，克雷兹选择辞职。6个月后，作为更大管理团队的一员，克雷兹试图收购《时代》（Time）杂志，并当选为美泰股份有限公司（Mattel, Inc.）的董事会成员。克雷兹的职业发展轨迹体现了这一领域所存在的矛盾之处。虽然中介公司自身的经营状况或许并不稳定，但是对于高级管理层而言，媒体业务却能够为他们提供极具可持续性的职业生涯，即便他们名片上所印公司的更迭频率，与这些公司自身命运的变化频率一样高。

表3.1(a)　MCN收购情况

MCN	收购方	价格	日期
NNN	谷歌	未披露	2011年3月
频道翻转	闪耀恩德莫尔公司（Shine Endemol）（新闻集团）	未披露	2012年1月
艾洛依娱乐公司（Alloy Entertainment）	华纳兄弟电视台	未披露	2012年6月
宽带电视	RTL集团（51%股）	3600万美元	2013年6月
精彩电视台	梦工厂动画	3300万美元	2013年12月
时尚频道	贝塔斯曼（Bertelsmann）/RTL集团	1.07亿美元	2014年2月
创客	迪士尼	5亿美元（如果达到里程碑，最高可达9.5亿美元）	2014年3月
全屏幕	奥特媒体	2～3亿美元	2014年9月
文化机器	阿莱夫（Aleph）集团（新加坡）	未披露	2015年
71工作室（集体数字工作室）	ProSiebenSat.1	8300万美元	2015年7月
Zoomin.TV	MTG（瑞典）	未披露	2015年7月
公司/游戏玩家联盟	图奇	未披露	2016年8月
引擎电影	华纳兄弟	"略低于"1亿美元	2016年12月

表3.1(b)　MCN投资情况

MCN	主要投资方	股份	日期
Kin社区	康力斯（Corus）娱乐	未披露	2014年9月
美味制造	斯克里普斯（Scripps）网络互动	2500万美元	2014年2月
迪菲媒体（Defy）	泽尼克[（Zelnick）31%]，ABS资本（31%），狮门影业（31%）	未披露	2012年6月
哨声体育（Whistle Sports）	天空（Sky）电视台、NBC体育	>2800万美元	2014年10月—2016年3月
媒体工艺（MediaKraft，德国）	DuMont Schauberg	>1600万美元	2014年9月

小　　结

不稳定性可能出现。在这个新兴的屏幕生态系统追求可持续发展的过程中，这些中介机构所采用的高度创新的管理策略便是例证。正如早期中介机构所经历的那样，在其服务拓展至SME 1.0时代之前，这些服务的价值就已经通过一些传统媒体及早期互联网和数字商业化活动确立起来了。对于那些原生的社交媒体娱乐公司而言，价值往往需要从零开始创造，通常就是从创作者自家的客厅起步。例如，彭纳就是在自家客厅里创立了大框架公司。早期形成的差异化有助于构建价值，不过这种价值通常是有限的，而且面临诸多风险，尤其是在新的竞争对手加入之时。一种策略是不断迭代、拓展服务范围，而这往往会使这些公司与曾经的盟友陷入直接竞争的局面。另一种策略则是进行合并或整合，特别是在新平台和旧平台面临更多机遇与风险的情况下。油管就是这样，给予了机会，却又随时可能将其收回。

社交媒体娱乐中介机构处于硅谷和好莱坞之间的边缘地位，起初这带来了一定好处。以技术为导向的风险投资公司（VC），出于投资组合战略的考量（为多轮投资贡献力量），也加入到这种不稳定的局面之中。正如订阅型视频点播平台、家庭视频（Home Video）、有线电视以及广播电视在初创阶段所做的那样，好莱坞也采取了分散风险的做法。一些网络公司和制作公司通过适度投资的方式，参与到风险投资当中。但是，随着这些公司从创造价值者逐步转变为潜在的竞争对手，好莱坞就如同一个抵制竞争的行业"瘾君子"一般，开始疯狂地进行收购。

多频道网络及其他中介机构的兴衰，标志着它们为识别并衡量这个由创作者驱动的产业价值所做出的努力。正如我们将在第四章中论述的，这种价值较少聚焦于内容或分发方面，更多地集中在创作者对于真实性和社区的话语诉求上。把握这一价值的商业任务十分艰巨。自2011年起，《福布斯》杂志公布了年终的顶级影响者（也就是创作者）名单。随着这份名单在数量和多样性方面的变化，《福布斯》试图确定商业价值的方法也在不断改变，从最初对油管程序化广告的初步评估扩展到对所有平台及商业模式中产生的收入的评价。

随着时间的推移，《福布斯》依赖于一系列不断发展的数据公司（这些公司声 **147**
称已经攻克了衡量"影响力"的算法难题）。2011年，《福布斯》依靠一家名为皮克优（PeekYou）的公司制定了"社交媒体受众"指标（Shaughnessy, 2011）。《福布斯》如今的最新榜单划分为十几个垂直领域（如时尚、宠物、育儿等），并且全年都会发布，不过依然反映出衡量方法存在不够精确的问题。最新榜单体现了它与多家数据公司的合作关系，其中包括影响者分析公司特拉克（Traackr）、社交洞察平台卡普蒂夫8（Captiv 8），榜单上还列出了代言和产品线等相关信息，榜单同时参考了平台高管、人才经理以及其他社交媒体娱乐专业人士的意见（O'Connor, 2017）。尽管存在诸多问题，但《时尚》杂志（*Vogue*）和领英（LinkedIn）公司所发布的类似榜单也都明确阐述了各自的策略。数字营销公司康特沃（Contrevo）总结了这一挑战："显然，如今粉丝的质量比数量更有价值。"（Cravo, 2016）

　　如果不能充分参与到社交媒体娱乐那难以把握却又独具特色的价值创造当中（这种价值建立在创作者及其利用社区获取商业价值的能力的基础上），那么很多公司的发展都是不完善的。接下来，我们需要转而探讨相关基础内容，借此来捕捉这种独特价值。在下一章中，我们将探究创作者所宣称的相较于传统媒体更为真实的关系（这取决于他们与社区的关系），以及"商业品牌的介入虽能促进这种关系，但永远不会主导这种关系"这一论断。

第四章　真实性、社群和品牌文化

社交媒体娱乐思想领袖汉克·格林（H.Green, 2014）——本书多次提及的——指 **148**
出，对于在线视频创作者而言，仅有3种类型的内容是观众"真正、非常喜爱"的。他
把这3种内容类型与网络系列剧、滑稽喜剧、真人秀、游戏以及脱口秀区分开来。这些
节目类型在网络上都能找到，但它们每一种在广播电视领域都有明确的先例，所以并不
属于社交媒体娱乐内容创新的核心范畴：

> 我想强调的是，在这种极具局限性的经济模式下，人们已创作出了品类繁
> 多且质量上乘的内容。油管助力人们打造出了至少3种低成本、高质量且深受
> 观众喜爱的内容大类。电子游戏《游戏实况》、风格教程以及面对镜头的独
> 白（业内称之为"视频博客"）均符合这些要求，而且月浏览量数十亿次。
> 　其他内容几乎难以取得成功。叙事性内容主要是以备受青睐却亏损的试播
> 电视节目形式存在。即便电视从业者认为某些内容成本低廉（游戏节目、脱口
> 秀和真人秀），但以在线视频的预算也很难将其制作出来。
> 　我曾是《丽兹·班奈特日记》（*Lizzie Bennet Diaries*）的执行制片人，该节
> 目曾荣获艾美奖。不过，更让我引以为傲的是，它是在线视频领域为数不多能
> 够实现盈利的叙事性项目之一，这主要得益于其低成本制作。
> 　或许素描喜剧是唯一能够成功从电视领域转变为油管／微影内容的类型，
> 对其影响更大的因素是创作者的技能，而非预算。（Green, 2014）

这3种原生于社交媒体娱乐的内容类型展现了媒体面向受众的基本表达形式，它们
构成了一种有力论述，使社交媒体娱乐的吸引力得以合理化。本章构建了一个分析框 **149**
架，用于理解这些表达形式。它们与传统电影和电视截然不同，并建基于以受众为中心
的内在互动性，以及对商业化空间中的真实性和社群的诉求。从文化价值层面来看，社
交媒体娱乐内容可能（通常确实）会被贬低为孤芳自赏的视频博客、美容教程以及幼稚

的滑稽喜剧，且对其流行程度的担忧也重蹈着文化史的覆辙，即每个流行文化的新时代都会被当作引发道德恐慌的证据。但社交媒体娱乐实际上受制于相当严格的规则。这些规则最为看重的是真实性和社群，而且这些主导性的"游戏规则"迅速发展，塑造并规范着创作者以及社交媒体娱乐创作者所处的商业环境。

格林的分析凸显了达尔文式的经济选择压力，正是这种压力塑造了社交媒体娱乐的内容领域。正如第二章中所见，社交媒体娱乐内容规模的大幅增长削弱了其价值（Green, 2014）——支撑谷歌广告联盟在油管上的收益分成的千人成本率已经降至谷底，这迫使创作者进一步投身于无法随着受众增加而提高收益的盈利模式来挽回损失（如品牌合作、商品销售、电视及有线电视业务、现场演出以及内容授权等）。不过，关乎真实性与社群的、相互对立却又极具说服力的论述，也使得社交媒体娱乐领域的积极诉求变得合理正当。正如即将展示的，创作者与粉丝使得这些实践和传统专业化媒体严格区分开来，而且和传统媒体产业的制作、内容以及营销策略形成了鲜明对比。

但是，首先需要解决一个定义方面的问题。如前文所述，互联网和数字内容催生了新的屏幕美学形式，以及描述它们的新术语，如"垂直频道""表情包"和"动图"。但是，格林将"视频博客"界定为一种类型的做法可能在某种程度上是误导性的，因为游戏设置、DIY以及其他社交媒体娱乐内容都以创作者直面摄像头讲话为特色。本书则倾向于把视频博客视为社交媒体娱乐的一种核心范式，而非一种类型，这种范式加深了创作者与其社群之间的亲密关系。传统媒体中与之最接近的对照可能是广播记者面对镜头与观众交流，或者与演播室内的其他同行交流。但是，二者在表达和策略方面存在很大差异，记者承担的是传递新闻的职责。相比之下，正如油管创作者学院教程所描述的，视频博客是关于"以真实的方式在摄像机前与观众交谈"，而且"这通常是吸引观众与创建社群之间的区别……视频博客能让你的粉丝接触到真实的你"（https://creatoracademy.youtube.com/page/lesson/vlogging）。因此，本章在对3种原生社交媒体娱乐类型的主要创作者进行详细描述时，将"视频博客兄弟"看作"人民娱乐"的典范。他们的内容借助视频博客的范式培养出更积极活跃的人民，并公开呼吁人民参与，包括鼓励他们的社群——"书呆子战士"（Nerdfighter）——考虑成为社会变革的主体。

批判性研究中的真实性与品牌文化

对网络文化的批判性研究聚焦于那些将真实性和社群视作至关重要，且充满争议的价值领域的主张。马威克所著的《状态更新：社交媒体时代的名人、广告宣传和品牌化》（*Status Update: Celebrity, Publicity, and Branding in the Social Media Age*）一书为相关论述作出了重要贡献，她严厉批判了社交媒体产业文化中宣称的真实性和创业精神，认为这不过是由"现代新自由主义市场资本主义"制造的"虚幻神话"（Marwick,

2013, p.16 ）:

> 本书聚焦于社交媒体如何以及为何塑造主体。换言之，人们在使用脸书、推特和油管等热门社交平台时，被鼓励创造和推广的是哪种类型的自我？战略性的在线自我呈现对个人社会地位提升以及线上线下形象塑造都起着重大作用……为确保新自由主义市场政策正常运作，人们必须采取与新自由主义相符的行动方式、思维模式以及话语表达。新自由主义，或者说渗透到日常社会关系中的市场逻辑，需要自愿的主体，而且当它变成人们的共识并以微互动的方式传播时，会比自上而下的强制灌输更为有效。本书认为，Web 2.0 塑造了理想的新自由主义自我，并给予采纳这种主体性的人以奖励。（Marwick, 2013, pp.5-6 ）

马威克在2006年至2010年间对"社交媒体世界的核心地带"——湾区科技公司的 **151** 员工展开了研究。尽管这些科技生产者与社交媒体娱乐创作者极为不同，但按照马威克的说法，他们"将广告和营销实践全方位融入看待朋友及自身的方式"，无疑与创作者的劳动实践相吻合。她指出，"'真实性'以及'做自己'已成为鼓励工具性情感劳动的营销策略"。马威克毫无保留地从经济和技术基础出发，彻底解构了在此之上的文化和身份的上层建筑。在她看来，主体性技术、技术可供性和商业实践之间存在着直接且同源的一致性，它们均与新自由主义资本主义"紧密相连"。

达菲（Duffy, 2015b, p.61）同样质疑真实性的"社会构建"，因业余主义、创造性自主与协作3个"相互关联的神话"根植于此，而这些神话塑造着女性时尚博主的理想化劳动实践，并"掩盖了博客空间等级化、市场驱动、可量化以及自我推销的现实"。在《联通性文化》（*The Culture of Connectivity*）一书中，范·迪克（van Dijck, 2013, p.16）的描述更为细致且立场鲜明。为改变网络社会效应争论中的主导性隐喻，她从理论层面深入探究了转变的含义，从"早期乌托邦愿景的共产主义术语，即将互联网视作一个本身能够提升社会活性的空间"转变为"从（个体）关联转向（信息）联通的过程……除了生成内容，同侪生产还产出了用户通常并非有意提供的、极具价值的副产品：行为分析数据。在（个体）关联的表象之下，他们创造了一种宝贵资源：（信息）联通"。

社交媒体人类学家阿比丁（Abidin, 2015）采取了一种更为循序渐进的研究方法，区分了影响者"挪用和组织亲密关系时所运用的不同方式（商业的、互动的、互惠的、揭示性的）"，并构建出一个模型，这个模型被称为"可感知的相互关联体，影响者与粉丝在其中的互动会给人一种亲密的印象"。工具性情感劳动应当被置于一个更为宽泛的认知框架中考量，而非局限于马威克所提出的那种直接的，甚至是因果性的对应关系。

众多批判性争论中隐含的一个基本预设是，商业化动因及压力总是与真实性及社群 **152**

的要求产生冲突，要么彻底压制这些要求，要么迫使其作出妥协。波斯蒂戈（Postigo, 2016, p.14）对游戏类型的研究，为理解这些紧张关系提供了一个更为细致的、以创作者为中心的阐述视角。他精准勾勒真实性、独立性以及小型企业运营智慧在这些商业环境中的微妙平衡：用户/粉丝和游戏评论员既"身处同一个规范化环境之中，其中，共享和社群必须被优先考虑"，同时亦"身处于资本积累至关重要并因此常产生价值冲突的世界中"。

在探讨当代广泛存在的在线商业以及非营利文化的问题时，詹金斯、福特和格林明确指出，参与式文化不能化约为"换汤不换药的消费行为"：

> 但是，如果将参与式文化视作草根群体历经百年抗争、力求在文化生产及流通方式上获取更大控制权的重要一步——如果将参与视为公众的实践，而非单纯的市场与受众行为—— 那么，扩大参与机会就是所有研究工作积极争取的目标。（Jenkins, Ford & Green, 2013, p.193）

尤为重要的是，贝内特-韦瑟（Banet-Weiser, 2012）将阿多诺（Theodor Adorno）所提出的本真性"行话"纳入当代文化和媒体研究的议程。追溯从卢梭（Rousseau）到马克思（Marx）再到梭罗（Thoreau）的思想传统后，她率先承认对真实性进行定义是极为"棘手"的事情。贝内特-韦瑟并未尝试给出明确界定，而是将自身置于克莱恩（Naomi Klein）的反消费主义与詹金斯、舍基（Clay Shirky）和本克勒（Yochai Benkler）所代表的消费者即主体的立场之间，进行权衡思考：

> 在个体如何组织日常活动以及塑造自我形象方面，真实性的概念是如何、又是通过何种方式保持其核心地位的。此外，在一种通过商业品牌逻辑和策略被日益理解与体验的文化中，以及在一个以讽刺、戏仿和肤浅的后现代风格为特征的文化氛围里，真实性的概念似乎显得更为重要，而非无足轻重。（Banet-Weiser, 2012, p.10）

贝内特-韦瑟深入研究了品牌文化的供给方（即生产方），逐渐（尽管稍显迟疑）察觉到品牌方正在探寻真正更为有效地触达千禧一代及其他年轻群体的互动方式，而且这种探寻有时候甚至能创造真正的社会及文化剩余价值。她同时也从需求方（即消费方）入手展开研究，访谈了多芬（Dove）"真美行动"（Real Beauty）的服务对象，并与在线用户生成的后女权主义内容的支持者展开对话。

贝内特-韦瑟研究的重要性在于，她摒弃了将商业等同于不真实、将非商业等同于真实的二元逻辑，认为这种观点"过于简单化"了（Banet-Weiser, 2012, p.11），正如她同样拒绝公民文化已经蜕变或解体为消费主义文化的"堕落"叙事（Banet-Weiser, 2012, p.133）。品牌文化首先是文化，它是基础性的，并非如反消费主义者所认为的，仅仅作为单一、支配性资本主义霸权副产品的衍生物。因此，它本质上是生产性的，却又充满矛盾，并展现了"个体抵抗与商业霸权并存的可能性"（Banet-Weiser, 2012, p.12）。贝内特－韦瑟认为反消费主义左派的批评是"对真实性的怀旧"，她意识到"消费文化中的个体抵抗是在消费文化框架内被定义并践行的；否则就是相信存在一个脱离消费主义的空间，能以某种方式摆脱利润动机和政治经济学的约束"（Banet-Weiser, 2012, pp.12-13）。

矛盾性是贝内特－韦瑟研究中的关键概念，她试图将品牌文化理解成比商业化或营销更为深刻且截然不同的事物：它是"深层的且根本性的文化现象"（Banet-Weiser, 2012, p.14），承载着所有媒介文化都具备的权力关系博弈与个体生产实践的特殊性。"在关于消费和品牌的学术讨论中，这种解释在很大程度上是缺失的，它无须囿于二元论框架，而对品牌化的文化意涵进行分析"（Banet-Weiser, 2012, p.13）。对于贝内特－韦瑟而言，当代品牌文化的显著特征体现为真实自我与商品自我之间的界限日益模糊，而且"这种模糊性正变得愈加可预期和容忍"（Banet-Weiser, 2012, p.13）。当代品牌文化的另一特征则是在个体与商品文化之间构建起了一种"真实的"关系（Banet-Weiser, 2012, p.14）。

154

创作者、社群与品牌文化

当我们关于真实性、品牌以及商品文化的广泛讨论转向社交媒体娱乐的具体情况时，不仅这些一般性争论的适用性，社交媒体娱乐3个不可简化的特点也引人注意。第一个特点在于，能够活化本土社交媒体娱乐内容的真实性主张，是通过与传统虚构性屏幕形式所预设的"非真实性"进行对比而确立的。第二个特点体现为，社交媒体娱乐独特的表达方式构建于真实性话语与社群之间的关联点上。第三个特点表现为，存在一种话语逻辑，试图让品牌关系从属于真实性和社群的主流话语。

在线内容的"绝对真实"性质与传统娱乐形式的非真实性之间，持续形成鲜明对照，其中蕴含着青年人反抗精神的痕迹，显现在一个年轻人对油管博主态度的汇编视频中："油管就像一个藏在摄像机后的书呆子……他真的特别真实……更有个性，不像演员们，几乎就是一具受脚本操控的躯壳。"（Pittman, 2015）再看迪菲媒体（Defy Media）开发副总裁威利（Willey, 2016）在与本书其中一位作者私下交流时所说的："传统观众会走进剧院。而我们的观众则更愿意在后台与演员互动。"或者正如一位创作者对质量标准的精确表述："我们不想比电视差哪怕一点点，同时我们希望比业余爱好者做得好一点点。"（Cohen, 2012）

这些论述与传统媒体产业的制作、内容以及营销策略形成了鲜明对比。无论最终如

155 何看待那些"孤芳自赏的"视频博客和美妆小贴士、"令人上瘾的"游戏设置以及"幼稚的"滑稽喜剧，都无法否认社交媒体娱乐研究者新提出的真实性主张的重要性。这些主张源自千禧一代及其他年轻人对社交媒体娱乐和传统专业化媒体的严格区分，后者有中介化、对日常生活的虚构化以及准入门槛高的特点。对于众多创作者和他们的粉丝来说，社交媒体娱乐是对传统媒体的全面批判，它挑战了传统媒体精心构思的故事，这些故事一直沿袭虚构性叙事惯例，并由训练有素的专业人士所制作、写作和演绎。社交媒体娱乐创作者以及他们的创作内容所展现的真实性打破了这些传统技巧，并将那些手工匠人边缘化。

但是，社交媒体娱乐的独特性并不仅仅在于那些声称实现突破性真实的主张本身。创作者与粉丝之间前所未有的互动程度，构成了（社交媒体娱乐的）第二个典型特征：真实性话语和社群之间的关系定义了社交媒体娱乐独特的表达方式。粉丝和订阅者的反馈会影响到每一位社交媒体娱乐创作者，其近乎实时的强度和透明度在屏幕娱乐领域是前所未有的。在这个竞争激烈的领域，创作者的独特之处就在于其真实性主张，无论是视频博客中高度私人化的实时生活，DIY美妆视频中关于内在美与外在美的探讨，游戏玩家向粉丝展示的精湛技艺、敬业精神及即时互动，还是特技表演中粗糙的实景呈现与反工业制作的特质。

但这些不断重申的真实性主张要想得到验证，就必须接受社群的持续检验，创作者借助社交媒体娱乐商业模式以及数字平台固有的高度互动性构建起了这样的社群。第一个特征（社交媒体娱乐的真实性话语建立在自身与传统电视及表演导向的虚构叙事的强烈对比基础之上）所蕴含的规范性力量，如今与第二个特征（对创作者与粉丝之间形成对等关系以及轻松互动的期待）密不可分。真实性并非建立于一种单向关系中，而是建
156 立于创作者与通过"情感"劳动（Papacharissi, 2015）和"关系"劳动（Baym, 2015）吸引到的粉丝群体所建立的对话关系中。所有关于真实性的主张都在一个你来我往、相互回应的修辞场域中不断接受检验。

社交媒体娱乐的第三个特征，即这些真实性和社群话语与品牌文化相联系的方式。关键在于，根据定义，品牌只有在真实性和社群的对话关系确立之后才会介入。品牌的兴趣在于将这种既定关系市场化，而创作者在与社群协商真实性地位时，则试图将品牌关系视作一种次要关系加以强化。正如真实性、社群与品牌之间存在着不可简化的时间维度，粉丝社群对真实性主张的检验也会随时间推移而动态变化——品牌与社交媒体娱乐创作者的关系起起伏伏，至少部分取决于真实性与社群之间对话关系的动态变化。

现在可以更清晰地看到，如何在贝内特-韦瑟在《仿真商标》（*Authentic TM*）中的论述基础上构建分析框架。这并非真实性与商业之间简单的二元对立（而且这种二元对立逐渐变得模糊），而是需要绘制一幅时间地形图。而且真实性话语追踪记录的并不是

个体与商品文化的双边关系，而是存在于"真实"的创作者、使所有真实性主张获得验证的粉丝社群，以及试图介入并充分利用这种核心关系的品牌之间的三边关系中。

需要说明的是，本章所追踪的真实性—社群—品牌之间的动态关系，并不适用于所有文化背景下社交媒体娱乐的所有内容范式。例如，DIY垂直领域的一些变体，像儿童开箱视频（第二章和结论部分均有提及），由于创作者年龄太小，难以掩饰自身的"不真实"之处，因此无法运用真实性主张来分析。应当与成人用品测评／开箱区分开来。

正如我们将在第六章中看到的，构成中国和印度社交媒体娱乐基础的文化与工业体系截然不同。由格林所定义的3个核心垂直领域完全以西方和美国为中心。这些领域在某种意义上都以创作者的个性特征为核心，因此真实性的表现至关重要。西方心理学中的真实性概念在中国社交媒体娱乐中无足轻重。反观印度，最具发展潜力的社交媒体娱乐类型恰恰是那些在主流电影、电视以及音乐中没有得到充分代表的内容，比如面向年轻人的网络系列剧、非宝莱坞音乐以及地方特色烹饪节目。

157

真实性—社群—品牌关系的崩解

需要强调的是，真实性—社群—品牌之间的关系极不稳定，尤其随着时间推移，需要持续不断地维系。该观点可通过观察"真实性—社群"联结的失败案例来验证，在这些案例中，社群对创作者进行了抵制，而且／或者说品牌合作破坏了这种联结。此类关系的崩解时有发生，且往往会引发较大的舆论声浪，凸显了这种三边关系内在的不稳定性与脆弱性。

在实现变现和走向专业化之前，真实性与非真实性的问题就已经是线上创作者普遍面临的问题了。"油管首位现象级爆红博主"（Cresci，2016）是青少年视频博主布雷（Bree），也就是"孤独女孩15"（lonelygirl 15）。她作为一名未经任何媒体专业培训的业余爱好者，仅靠一台数码摄像机和互联网——通过一种典型的业余视频博客风格，直白且真诚地探讨青少年在生活中的各类问题与烦恼。比如，校园生活、控制型父母以及与男友的争执，吸引了超过3000万的浏览量，还一度成为当时油管第五大订阅频道。但是，随着系列视频的推进，故事开始聚焦于布雷生活中更为离奇的方面，因而对布雷真实性的疑问开始在她的视频评论区和聚友网（MySpace）个人主页上出现（她通过该网页与粉丝互动）。在几经猜测和大量粉丝的努力下，人们发现布雷实际上是加利福尼亚电影制片人弗林德斯（Mesh Flinders）、贝克特（Miles Beckett）和古德弗里德（Greg Goodfried）所创造出来的一个角色，由怀揣演艺梦想的新西兰女演员罗斯（Rose）扮演。此事曝光后，创作者贝克特和古德弗里德成立了媒体技术公司EQAL，他们凭借募集到的500万美元风险投资，将"孤独女孩15"打造成一个可持续的特许经营项目（Buckman，2008）。

在一个揭露不当行为会直接影响创作者的商业化环境中，英国视频博主克拉克（Clark，2015）发布的《品牌合作怨言》（*Brand Deal Rant*）实属罕见，甚至可以说独一无二。尽管她谨慎地表明"如果能够以恰当的方式开展，品牌合作或许是很不错的。倘若处理得当，品牌合作本身并无不妥之处。一个富有创意的娱乐性视频能够让人们了解一款他们可能会感兴趣的产品"，但她这篇帖子还是对出现问题的品牌合作表达了不满。她提醒创作者，品牌方时常试图向创作者强行灌输虚假的宣传语或矫揉造作的脚本，这些反而让观众心生反感；品牌方并不真正了解（却声称了解）社交媒体，而真正熟悉社交媒体的是创作者；而且品牌方希望产品能在视频开始前10秒就展示出来（毕竟就吸引观众注意力而言，这一阶段最为关键）。她的"怨言"还不止于此：品牌方与创作者之间缺乏信任，且品牌方对创作者以及他们的社群也欠缺足够的了解。

迪西克（Scott Disick）因曾与卡戴珊家族成员交往而闻名，他不经意间向1860万粉丝透露，他极少参与品牌产品的推广。在照片墙的一场活动中（他为此活动所写的每篇帖子都可得到15,000～20,000美元的报酬），迪西克发布了一张手持Bootea奶昔的自拍照，但遗憾的是，他不仅贴上了公司要求他发布的文案，还附上了粘贴说明。他没按要求在帖子上写"跟上夏季锻炼计划，喝我的早餐@booteauk高蛋白奶昔！"而是写上了："在美国东部时间下午4点，写下以下内容。文案：跟上夏季锻炼计划，喝我的早餐@booteauk高蛋白奶昔！"迪西克迅速删除了帖子，但无法及时阻止整个社交媒体上截图和嘲笑的流传（Beale, 2016）。

在另一个例子中，时装模特兼博主利姆（Lim），与她的家人一起，以发布"真实"的旅行、时尚以及充满镜头感的家庭生活照而著称。她曾因发布一张带有沃尔沃汽车（Volvo）的照片，被粉丝认为"不真实"。她的粉丝注意到，在她发布的关于时尚、美容产品、家庭和旅行的日常帖子中，此前唯一提及沃尔沃的是关于她正在参加一个赞助活动的帖子。粉丝开始讨论照片上的摆拍痕迹，以及那条拘谨生硬的文案——文案使用的各种话题标签，全都围绕着沃尔沃预设的宣传要点。该帖子在她的粉丝社群内部引发了怒火，以致利姆不得不在文案中添加更多背景信息来支撑她试图传达的形象和信息。

创作者社群常常要求创作者解释，他为何能从创作活动中获取额外收入。阿卡纳（Akana, 2015）在视频《为何我成了"叛徒"》（*Why I'm a Sell Out*）中，针对社群强烈反对她与品牌合作给她带来的痛苦，回应道："如果'叛徒'指的是那些高度重视自己作品的人，那么没错，我就是。如果'叛徒'指的是那些意识到金钱能让自己腾出时间投身于毫无报酬但热爱的项目的人，那太棒了，我就是。如果'叛徒'指的是那些热爱自己所做之事，同时想以此谋生的人，那么，是的，我就是。"

现在看看那些长期以来已经能够把控真实性—社群—品牌关系的创作者。持续追踪分析3个本土社交媒体娱乐内容类型的主要创作者代表——菲利克斯（游戏设置）、米歇尔·潘（DIY 美妆）和视频博客兄弟——印证了上述观点。这些概述对象均为异类——他们是世界知名的社交媒体娱乐创作者。着重关注这些创作者，是因为在社交媒体娱乐长达 10 年的发展历程中，他们绝大部分时间都保持活跃，所以真实性—社群—品牌关系是如何逐步被把控的问题便有了答案。此外，他们令人瞩目的知名度明显缓解了真实性、社群以及商业/品牌文化之间的紧张关系。但是，即使处于中等管理级别，兼顾和平衡三者的工作也已经使人精疲力尽，并最终导致失败。

游戏设置：菲利克斯

　　游戏设置的特点在于电子游戏本身，以及那些录制并点评自己游戏技法的电子竞技玩家。在全球约 300 万以上传视频维持生活的社交媒体娱乐创作者中，菲利克斯是迄今为止最受欢迎的。2017 年，他的订阅人数就高达 5300 万，视频观看量位居榜首（达到 152 亿次），每年从已申报的收入来源（广告）中能获得 1500 万美元，而且在商品销售、粉丝见面会以及时下的单元式电视节目《吓唬菲利克斯》（*Scare PewDiePie*）中有更丰厚的收入。菲利克斯的油管故事始于 2010 年他入读哥德堡查尔姆斯理工大学（Chalmers University of Technology）的产业经济与技术管理专业。当发现自己能在制作和分享游戏视频中获得更多乐趣时，他离开了大学。在一个热狗摊做兼职（这中间还短暂担任过港口船长）的同时，他开始创建自己的频道。正如第二章所追溯的社交媒体娱乐创作者的经典叙事模式，起初他只是个毫无职业规划概念的业余爱好者，还因辍学玩游戏而遭到父母的批评。笔名"PewDiePie"的由来恰好反映了这种随性的开端。"pew"是射击游戏中开枪的声音，"die"是这类游戏中会出现的情况，而"pie"是因为他忘记了账号"Pew Die"的密码才加上去的。相较于其他知名的油管博主，菲利克斯入驻平台的时间相对较晚，但他入驻之时，恰逢油管上电子游戏评论、恐怖游戏以及游戏实况视频数量激增。不过，菲利克斯是较早将这一新兴流派变得更具创新性的博主，而且无疑是其中最成功的一位。

　　菲利克斯熟练地维系着自己与 5300 万"兄弟"（bros，粉丝群体的一种亲切称呼）社群的关系。与此同时，截至 2017 年，他以每天两个视频的速度累计发布了 3200 多个视频。在 https://www.youtube.com/user/PewDiePie 上可以浏览到大量内容，对这些内容的历史发展进行文本分析可以发现，其间发生了相当大的变化与调整。他的原创视频《〈我的世界〉多人模式的乐趣》（*Minecraft Multiplayer Fun*, 2010）纯粹是游戏攻略的演练，同时屏幕外两个人在嬉笑打闹，用瑞典语相互交谈，偶尔还会用英语说些骂人的话。视频中没有出现"菲利克斯"（"Felix"，他的本名）本人，没有人物互动或者反思性讨论，也没有署名的登录或退出操作，更没有用于提升质量的视频或音频编辑。在内容创作高产期之后，菲利克斯通过整合如今油管上已为人熟知的策略来推动频道迅速发展，比如增加吸引人的缩略图和多轨背景音乐，并形成了一种以幽默和粗俗讽刺为特色的游戏身份，这很快吸引了大批粉丝。他的独特风格——粗犷且极为夸张的幽默，这种幽默会被真诚但有时也过于放大的情绪所抵消或平衡——使他有别于那些固执地以严肃态度来展示游戏技能的游戏实况油管博主。在粉丝数量激增的同时，菲利克斯继续发展自己的风格，并很快通过穿插真人喜剧短片和动画喜剧短片的游戏实况混合体而拓展了业务内容。他从拥有微不足道的 2500 名订阅者开始，就培养出了一种与观众交流的能力，能让每一位观众都感觉自己似乎已经是他的粉丝社群的一员。菲利克斯反思了自己在风格上的变化，他指出："我某种程度上觉得这些不再是评论了，而更像是视频博客。"同时还评论说，虽然自己早期的游戏视频挺有意思，但新的视频博客风格对他个人而言更有意义，也更有趣。这种视频博客形式还让他表现得就像平常和朋友们在一起那样，单纯地"和我的兄弟们一起共度在油管上的时光"。到2012年，菲利克斯已经将他的频道升级为一种混合形式，融合了适合观众评论和订阅者点播的"游戏实况"类型视频，与女友比索宁（Marzi Bisognin）（她经营着时尚美妆类油管频道CutiePieMarzia）以及其他油管博主的合作视频，还有更多以他的家和家庭生活为中心的传统博客视频。在频道推出后的4年间，菲利克斯已经收获2400万名订阅者。

有些人将菲利克斯的成功归因于他的地理位置，认为是偏好本土制作内容的油管算法致使他的人气暴涨。因为他从瑞典搬到意大利，再到洛杉矶以及布莱顿时，当地用户都订阅了他的频道并关注了他（Baker, 2014）。也有人觉得，是他的瑞典血统使他具有国际吸引力，时尚的瑞典口音加上流利的英语更是进一步增强了这种吸引力（Willman, 2016）。此外，菲利克斯主要是一名游戏玩家，而游戏是油管上仅次于音乐的、第二受欢迎的内容类型，吸引了相当一部分油管用户，而且他的频道在经济上的成功使他能够接触到最有价值且最受欢迎的游戏，而这些游戏是他的许多订阅者无力支付或者没时间去玩的。但实则影响最大的因素是他的职业操守，他面对自己的粉丝群体所秉持的真诚态度，以及他精通原生网络形象塑造与传播策略，比如那些迷人的缩略图。即便在旅行或者身体不适的时候，菲利克斯也严格保持更新进度（Willman, 2016）。他稳定规律的更新视频频率完美践行了油管的铁律：随时上传。

如果考虑到他坚持尽可能亲自完成工作，那么他的工作量就更为令人钦佩了。2014年，面对那些建议他通过雇用劳动力以减轻工作量的评论时，菲利克斯在视频中明确表示，他并不希望把PewDiePie做成多么庞大的事业：

> 我的目标不是赚钱，我只是想做这件事。我希望油管能保持它原本的样子。现在有太多频道都变成了大公司……但我始终单打独斗，毅然走到今天，我希望我的经历能激励大家。如果菲利克斯的粉丝们（Pews）能做到，你们也能做到。去追逐你们的梦想吧，兄弟们！["脱掉你们的裤子！（更新视频

118

博客)", 2014。]

图4.1 知名油管博主菲利克斯回顾其油管上的职业生涯

菲利克斯的相关视频链接：https://www.youtube.com/watch?v=dtAuAu3nI_0。

尽管菲利克斯的成功在很大程度上源于社区管理，但吸引并凝聚如此庞大的粉丝群体是极为耗费精力的。菲利克斯时常努力积极地融入他的粉丝群，与观众直接对话，就像他们已经是自己"兄弟军团"的成员那样，并邀请他们进一步互动。但是，这有时被证明是一项艰巨的任务，菲利克斯也多次承认，在巨大的工作压力下管理这种互动存在困难。他多次关闭油管上的评论功能——声称评论区充斥着挑衅性语言、垃圾信息和自我宣传信息，转而选择通过推特、红迪网（Reddit）、汤博乐，以及他自己的专属论坛"兄弟军团网"（broarmy.net）与核心的"兄弟"粉丝进行互动。必要时，菲利克斯会以自嘲式幽默应对恶作剧和负面评论。

他并不直接参与品牌合作。菲利克斯确实会玩一些知名且流行的电子游戏，因而不可避免地融入品牌文化，但他不仅特别注重定期玩并推广那些独立制作以及非品牌的游戏，必要时，也会毫不避讳地批评某些品牌。当游戏巨头任天堂（Nintendo）宣布其"创作者计划"时——该计划要求油管博主注册任天堂账号，以便从特定视频中获得广告收入分成（相较于任天堂先前保留100%广告收入的政策，该计划能提供60%~70%的广告收入分成），菲利克斯展示了他在品牌管理方面的独立性：

> 首先，他们完全有权这么做，任何其他开发者/发行商也都有权这么做。没有游戏就不会有"游戏实况"。我们（油管博主们）对此心怀感激。但他们完全忽视了从油管/油管博主们那里获得的免费曝光和宣传。还有什么销售/营销方式能比看着自己喜欢的人畅玩游戏并乐在其中更好的呢？（PewDiePie，2015）

他进一步指出，在大多数情况下，油管博主比游戏更重要："如果我在我的频道上玩任天堂游戏，极有可能绝大部分的观看量和广告收入都源于观众订阅了我，而不一定因为他们特别想看任天堂游戏。"（PewDiePie, 2015）

虽然菲利克斯与品牌合作保持距离，但在2015年，他还是在美国联邦贸易委员会的一起投诉中被提及，指控他和其他创作者在他们的频道上推广游戏《中土世界：暗影魔多》（*Middle-Earth: Shadow of Mordor*, 2014）时，没有恰当地公开他们与华纳兄弟签署的有偿赞助协议。美国联邦贸易委员会未以任何不当行为为名对菲利克斯提出指控，但指控华纳兄弟未能充分披露它的支出。华纳兄弟同意今后会这样做（Spangler, 2016c, 2016d；McCormick, 2016; Grubb, 2016）。在调查结果公布后所发布的一段视频中，菲利克斯为自己的行为进行了辩护，他指出自己已将原始视频受赞助的情况公开（在油管网页文本中，但不在视频内），并称时至2015年美国联邦贸易委员会才发布赞助信息披露指南，而该视频是在此前制作的。

> 这是两年前发生的事情了。许多油管博主都参与了这次赞助，但因为我是最知名的油管博主，所以只有我的名字被提及。当时我们并没有被要求公开。但我还是公开了。实际上，其他一些油管博主都没有公开，但我成了唯一被指责的对象。美国联邦贸易委员会直到2015年才向油管发布指南，而这段视频是2014年发布的。正因为这种情况，油管的付费推广在当时还存在一些灰色地带。尽管如此，我还是否认有不当行为。（"菲利克斯的'丑闻'"，2016）

这个坦白视频，包括对批评性推文、论坛帖子以及视频评论的阅读与回应，连同他在回应中表现出的诚实、幽默和真实，是菲利克斯进行社区管理的典型方式。

菲利克斯已从早年多次坦言无力购买某些游戏的状况，转变为现在将自己定位为服务提供者，通过试玩他的社群成员难以负担的游戏，来创造强烈的替代性社群参与体验。尽管总会有订阅者称他为叛徒，但通过找到直接应对粉丝群体的方法，并以策略性的暧昧方式管理商业关系，他已成功从游戏爱好者转变为最受欢迎的在线创作者。"这从来都不是为了钱"。

但是，由于内容发生变化，他面临着疏远早期粉丝的风险。2015年初，一位名为"飞行马林鱼"（TheFlyingMarlin）的粉丝在红迪网的子板块上发布了一篇帖子，标题为"我怀念过去的菲利克斯"，随后又贴出一篇2000字的帖子，详细列举了他对"新的"菲利克斯的所有不满。"飞行马林鱼"指控菲利克斯出卖自己、变得幼稚（"现在他幼稚得愚蠢"）及冷落粉丝，并表示"他的新视频就是没有以前好"。"飞行马林鱼"抱怨菲利克斯玩Flash游戏，还制作一些"毫无意义"的非游戏视频，例如与马尔齐亚的合作视频，并对菲利克斯逐渐疏远粉丝表示失望。"现在他似乎只是一味迎合。感觉不再像一个朋友，而更像是千里之外的某个家伙"（Reddit.com, 2015）。在菲利克斯对此发表评论并将帖子链接发给他的粉丝之前，这篇帖子已获得超过90%的"点赞"，大多数评 **165**论者都同意"飞行马林鱼"的看法。菲利克斯发表评论为自己辩护，称飞行马林鱼是"不公平的找茬者"。他说："不看我的视频是可以的。我认为我的内容已经有了很大改进，我是一个人。你基本上是在告诉我要连续5年表现一致。因为你更喜欢这样……你说我是叛徒，但没有说出个所以然。你没有解释。看看我以前的视频……它们要幼稚得多。"菲利克斯承认他减少了与粉丝的联系，"这也许是真的，但我从来没有停止过努力。我无法取悦每个人"（Reddit.com, 2015）。

在视频《迎合你的观众——菲利克斯》（*Catering to Your Audience—PewDiePie*, 2016）中，菲利克斯讨论了粉丝为何恼怒，只因他不再是他们喜欢的那个人。视频大意是，他不再是业余爱好者，一边展示自己的电子游戏战绩，一边在旁边附上污言秽语，独自坐在家中电脑前，谈论着即将上市的游戏，但他想玩却买不起。虽然曾经的菲利克斯是一个粉丝可以与之产生共鸣的"角色"，但他的粉丝如今如此多元（不再只是游戏玩家），因而他希望享受自己的成功并尝试新的想法。换句话说，菲利克斯正在成长，正在抛弃一些年轻时的东西。菲利克斯必须成熟起来；他是油管的支柱之一。随着油管的成熟，他也在成长。

他声称，成熟同样意味着要为先前的不当行为道歉，并按照社群标准做出改变。一个例子发生在2012至2013年间，他发布了一个视频，该视频包含了德国音乐家罗斯（Sebastian Roth）创作的一首歌曲《闭嘴！（跟我一起睡觉）》[Shut Up (and Sleep with Me)]。事后菲利克斯不仅下架了该视频，还在2013年的视频《对不起（含原版法语字幕）》[I'm Sorry（VOSTFR）2013]中承认他在那个视频中的话语是冒失无礼的，并且在随后发布于汤博乐的帖子中，发誓不会再这么做。"我只是想澄清，我不会再开这种玩笑了，正如我先前提到的，我并不想伤害任何人，如果伤害了，我向大家道歉"。（PewDiePie, 2012）。加拿大《环球邮报》等主流媒体此后肯定道，"与许多年轻的游戏玩家不同，当粉丝和评论家指出这些玩笑的有害性时，他听取了意见并决心改正"（Woolley, 2014）。但值得注意的是，尽管菲利克斯同样对自己使用过"智障"这样的词表示后悔，却仍继续使用。

视频《对旧视频的回应（4500万订阅者）（与菲利克斯共度礼拜五——第118部分）》 **166**
[*Reacting to Old Videos (45 Mil Subs) (Fridays with PewDiePie—Part 118)*]（PewDiePie, 2016）中的内心独白很有启发性：

> 显然，我从第一个视频到最后一个视频，经历了巨大变化。我非常喜欢我现在的状态，但似乎仍有很多人停留在旧时光。我仍然会开一些不该开的愚蠢玩笑，但我觉得当时我并不明白。我当时很不成熟，认为一些冒犯性的东西很

有趣。所以我说了很多蠢话。我并不为此感到自豪，真的。但同时我很高兴我已经长大了。也许我曾经擅长与观众进行更多互动，但公平地说，那时我的观众也比如今少得多。我感觉对我而言，适应从默默无闻到知名博主的转变，且始终与观众保持密切关系一直是个挑战。对我来说，进步是显而易见的。对于作为艺人、喜剧演员，同时也作为个人的我来说，我已经成长了许多。我觉得当时的我非常幼稚，也非常迷茫。我不知道我在做什么，但我知道我很享受。这真的多亏了你们，兄弟们。我常常读那些评论，常常听取反馈和批评，我觉得这是很重要的一部分。批评真的在帮助我成长，我对此感到非常高兴。最重要的是，我为今天的自己自豪，并且为将来不断改进而感到振奋。这不是什么秘密，我通过做油管博主过上了好日子。但我相信如果没有你们这些兄弟，我本不会在油管上投入这么多时间。没有办法。我确实干了很多活儿，因为我喜欢干这个。我喜欢干这个是因为有你们这些兄弟在这里支持我。即使情况已经有点失控。

但是，菲利克斯进一步证实了，即便是最持久的创作者—社群—品牌关系管理，也存在失败的可能性。2017年1月，他将粗俗讽刺策略推行过头了，发布了视频《我在线上发现了最棒的东西》（*I've Discovered the Greatest Thing Online,* 2017）。在这个视频中，菲利克斯试图通过强调Fiverr（一个主要用于买卖数字服务的在线市场，服务涵盖写作、翻译、图像设计、视频编辑以及编程等，由自由职业者提供，价格在5美元到500美元之间）上的人"为了5美元什么都肯说"的荒诞性，来"展示现代世界，尤其是某些在线服务到底有多疯狂"。菲利克斯在Fiverr的用户交互界面上浏览了"写作与翻译""音乐与音频""编程与技术"等类别，随后停留在"娱乐与生活方式"类别——他称对这一类别进行探索是一个"幸福时刻"，"因为这里基本变成了'只要给我5美元，我就会为你做任何事'"。菲利克斯首先介绍了两名男子，他们将制作一段在丛林中跳舞并在身上涂写信息的视频，此后，他又介绍了其他可供选择的服务，其中包括由一位耶稣基督模仿者传达信息以及让一位特朗普模仿者拨打电话，而且他自己也订购了几项服务。随后，视频剪辑跳转到几天后，显示他的要求已被满足。该视频的高潮部分是前述两名半裸男子在丛林中又跳又笑的场景，接着他们展开一条横幅，上面写着"反犹言论"。这个视频并非直播，它被编辑过，仅展示PewDiePie输入的部分有争议的内容，而此举清晰地表明了他的意图。

该视频发布后，《华尔街日报》报道称，菲利克斯曾发布9个带有反犹主义言论的视频。针对这些视频以及相关媒体报道，作为回应，油管和创客工作室迅速终止了与菲利克斯的商业合作关系，油管同时取消了《吓唬菲利克斯》第二季（*Scare PewDiePie Season 2*）的播出，并将菲利克斯频道从谷歌优选（该计划为广告商提供了汇聚油管顶级创作者的高价套餐）中移除。

菲利克斯的回应是，他的内容必须被"理解为娱乐性的，而非政治评论"，而且他绝不支持种族主义或"任何形式的仇恨"（PewDiePie，2017）。但是，社群内部已经产生分歧：他的视频内容得到白人民族主义者博客"每日风暴"（Daily Stormer）的支持，但同时受到反诽谤联盟（Anti-Defamation League）的批评，因为他将种族主义和种族歧视态度正常化，而且在他的视频评论区内，各种截然不同的声音激烈交锋。由于曾使用侮辱性语言，菲利克斯的内容过去就涉嫌违反平台规则。种族主义言论在评论区的激增 **168**
使得油管更有可能进一步向菲利克斯施压，要求他遵守行为准则，这些准则禁止任何"宣扬或纵容基于种族、人种或宗教而对个人或群体实施暴力"的视频（油管帮助中心，2018）。

DIY美妆：米歇尔·潘

DIY或自助类内容包括在线创作者分享美容、风格以及时尚技巧的视频，同时，还包括各类讲解性视频，内容涵盖社交媒体娱乐各种主题，范围从科普知识到维修技巧。米歇尔·潘是较为知名且成功的美妆视频博主之一，早在2017年初，她便在油管上拥有超过879万的订阅者，在脸书上收获了316万个赞，在照片墙上也有210万粉丝。这些数字虽然可观，但在她的整体业务版图中占比越来越小。

虽然就视频产出量、订阅者数量或视频观看量而言，越南裔美国人潘已不再位列油管博主榜首，但在DIY/操作指南类美妆视频博主领域，她依旧举足轻重。她从美妆视频博主转型为美妆大亨的成功不仅催生出新一代油管达人——他们的订阅者数量以及网页浏览量都已超过了潘——同时为品牌以及创作者所热衷的网红营销奠定了基础。尽管潘的成功在很大程度上得益于她的自主决断能力和职业道德，但她同样受益于先发优势。

潘是最早的美妆视频博主之一，早在2007年就开启了这项事业。她如今身处的这个领域，如果在油管上搜索"美妆"就会出现超过130万个频道，尽管社交媒体娱乐的准入门槛很低，但先发优势还是为她带来了商业优势。这一方面是因为，在各类本土社交媒体娱乐内容中，DIY美妆是最容易达成品牌联动的；另一方面是因为美妆以及穿搭风格/时尚配饰方面的主题演绎所构成的领域相对狭窄。菲利克斯可以像玩任天堂产品一样玩独立游戏，然而在美妆领域，几乎不存在所谓的"独立"美妆公司。作为最早的美妆博主，她当时就能"原创"一种直白、巧妙且剪辑精良的视频风格，为观众展示通 **169**
俗易懂的主题以及清晰明确的旁白。凭借这种难以比拟的品牌契合度，潘已然为当代影响者营销在互联网空间的运营树立了一个典范。

潘的商业帝国所带来的收入如今已远超她从在线视频中获得的收益。除了与欧莱雅（L'Oreal）合作推出的化妆品系列Em，她还涉足图书销售领域，并拥有电子商务/在线社区网站伊普西（Ipsy）。该网站拥有超过100万订阅者，《福布斯》估值超过5亿美元。通过与恩德莫尔超越（Endemol Beyond）公司合作，她还推出了名为"ICON"的在线频道。

潘所做的已不仅仅局限于社群互动及管理，她一直致力于引导自己的粉丝踏入这个行业。如今，她已不再是美妆视频博客界的佼佼者。就所有油管频道而言，截至本文写作时，潘的频道订阅量（877万）排名第91位，观看量排名第462位。然而，值得注意的是，排名高于潘的3个专注于美妆领域的频道——优弥（YuYa）（1640万订阅者）、佐伊（Zoella）（1120万订阅者）和莫塔（Bethany Mota）（1020万订阅者）——都将她视为榜样。在2014年的一次采访中，莫塔表示她偶然发现潘的视频，"立刻就被吸引住了"。她说："我当时就想，'我终于有东西制作视频了！'于是我创建了一个账号，并且在几周后上传了我的第一个视频。"（Mau, 2014）2012年，历经4年，制作了两百多个视频之后，潘获得了谷歌提供的100万美元资金，用于制作20小时的内容，并得以推出FAWN（For All Women Network），一个能让其他有影响力的美妆和时尚专家崭露头角的油管多频道网络，其中包括哈洛（Jessica Harlow）、莫塔、随变小姐（Promise Phan）、梅达（Daven Mayeda）和利姆等（PRWeb, 2012）。（利姆即之前提及、因被指"不真实"而受到批评的博主）她的公司伊普西拥有超过140名员工，还拥有众多美妆视频。那些目前在线点击量排名上超过她的美妆博主（优弥、佐伊、莫塔）一致承认是潘为她们创造了机会。ICON项目让众多油管博主得以展示自己，并提升了他们在多个平台和电视上的知名度。

潘那个以自我为核心的叙事是通过灰姑娘故事来建构真实性的。2013年，在站稳脚跟后潘开始遵循创作者分阶段自我披露的模式（类似于将戈夫曼1959年提出的"后台"与"前台"概念相结合），逐步构建自己的灰姑娘叙事框架。在视频《描绘我的生活》（*Draw My Life,* 2013）中，潘声称在制作第一个油管视频时，她正在撰写一个个人在线博客，她在博客中将自己描绘成她想要成为的女孩——一个家庭富裕和幸福的女孩——而实际上由于"颠沛流离的童年"所带来的不安全感，她当时深陷经济困境和心理阴霾。潘透露，她的亲生父亲是病态赌徒，因此她和家人常常被迫搬家。有一次，她的父亲离家出走，此后长达10年她都未见过他。后来潘的母亲再婚了，继父加入以后的家庭关系起初良好，但最终仍是破裂，这使得一家人不得不再次搬家。17岁时，潘、她的母亲、兄弟以及妹妹共同住在一个租来的单间里。为了补贴家用，潘开始兼职做女招待，并在亲戚的帮助下，于2006年入读了位于佛罗里达州的瑞林艺术与设计学院（Ringling College of Art and Design）。入学注册时，潘领到了和所有新生一样的笔记本电脑，并注册了油管账号。

由于一直对化妆有着浓厚兴趣（潘的母亲是一位美容师），潘向附近的兰蔻（Lancôme）专柜递交了一份求职申请。虽然她"完成了演示"，但因为缺乏销售经验而遭到拒绝。潘决定在网上重现这个演示过程，并且在率先将教程视频上传到她的Xanga博客之后，于2007年5月20日上传了自己第一个油管视频——《自然妆容化妆教程》

170

（*Natural Looking Makeup Tutorial*）。当时，这个时长为7分钟的自制教程在一周内就获得了高达4万次的观看量。（在这个视频发布的同一个月，油管也推出了它的合作伙伴计划。迄今为止，该视频的观看量已经超过1170万次。）潘被自己制作的"爆款"视频所鼓舞，辞去了女招待的工作，转而投身油管，以此作为补贴家用的辅助手段。

尽管她最初在媒体领域取得成功，但潘始终认为，当欧莱雅集团（此前她已经为该集团旗下的兰蔻品牌制作视频）邀请她创建自己的化妆品系列时，才是真正的"灰姑娘时刻"（Glamour，2013）。潘不断拓展她的美妆和生活方式商业版图。2013年，《时尚》（*Cosmopolitan*）杂志上一篇关于潘的文章称，她的年收入已超过500万美元（Sherman，2013）。当潘意识到Em系列产品对她的观众来说价格偏高，且因缺乏欧莱雅集团足够的支持而导致销量在2015年未达预期时，果断收回了品牌掌控权。此外，她还涉足图书销售领域，出版了《化妆：通往美丽、时尚与成功的人生指南——线上与线下》（*Make Up: Your Life Guide to Beauty, Style, and Success—Online and Off,* 2013）一书，以及运营电子商务/线上社区网站伊普西——除了销售美妆和美容产品，该网站还推出了"美妆盲盒"计划（Glam Bag），只需每月支付10美元会员费，订阅者就能获得个性化的每月精选美容产品。潘声称伊普西每月派送出去的盲盒数量达150万个，并宣称公司拥有140多名员工，其中包括受雇来创作内容以推广业务的美妆视频博主。据福布斯网站（Forbes.com）报道，由于《福布斯》对伊普西的估值超过5亿美元，该公司在2015年成功募集到1亿美元（Robehmed，2015）。最终，潘认识到伊普西的价值正在于持续发展与各大品牌的关系与合作。潘表示，伊普西已经收集到超过100万条真实的产品评论——这对美容和时尚产业而言，无疑是一个名副其实的数据宝库。

2015年，潘推出了伊普西开放工作室（ipsy Open Studios，又称"ipsyOS"）——一个专为美妆视频博主打造的工作室空间，并与恩德莫尔超越公司合作，将FAWN打造成一个名为"ICON"的全新高端生活方式网络后重新推出。这是潘的"高端内容、对话和社群"全球渠道，提供"多元文化人群主演的美容、时尚、健康、DIY、美食、人文故事以及旅行原创节目"（http://icon.network）。潘新创立的ICON项目通过以下渠道代理了安·勒（Ann Le）、凯西·何（Cassey Ho）、查莉丝·林肯（Charis Lincoln）和阿妮萨·努尔（Anisa Noor）等油管博主的内容运营：自营油管频道，以及作为竞争对手的在线视频平台每日影像（Dailymotion）、罗库（Roku）机顶盒、各类联网电视服务与美国在线和斯克里普斯网络（Scripps Networks）合作的电视联播，当然还有所有主流社交媒体平台，包括脸书、推特、照片墙、色拉布、拼趣（Pinterest）和汤博乐。

潘以内在美和外在美话语为基础，围绕灰姑娘式的个人成长经历，精心编写了她的个人履历转变过程。她最初是在作品《抓住我的心》（*Catch My Heart*，2011）中尝试了这种叙事方式，这是一个由她编写并执导的、"融合了化妆教程的爱情故事"。视频中列出了一长串演员、摄影以及助理人员的名单，并附有使用赞助产品的免责声明。她

一直在创作这类叙事视频，包括《下方的爱》（*Underneath Your Love,* 2012），该视频提

172 供了一个"现代版灰姑娘的故事"——这也是大部分潘所创作的内容中反复出现的主题——故事中的女主人公总是在发现自身的内在美后收获美好结局。"我觉得我们内心的不安全感就如同邪恶的继姐妹。只有学会如何去爱并接纳自己，才能真正让自己从金丝笼中挣脱出来。我母亲过去常跟我说，'美丽的心灵会让你走得更远'"（《下方的爱》，2012）。近来，潘将她的视频节目拓展至涵盖那些不太聚焦美容而更侧重"人生建议"的内容。"我感觉自己越来越倾向于叙事性的内容创作。我的品牌需要不断发展。我不能每天都做同样的事，那样太无趣了"（Mau, 2014）。由于潘正将自己的品牌从美容领域拓展至女性赋权，她因此被形容为"千禧一代的奥普拉·温弗瑞"（Yi, 2016）。这表明，社交媒体娱乐创作者或许能够从主流个人品牌/生活方式的发展轨迹中学习到品牌拓展、迭代以及可持续发展的策略。

图 4.2　美妆视频博主米歇尔·潘打造了一个既推广内在美又宣传品牌化妆品的商业帝国
米歇尔·潘的相关视频链接：https://www.youtube.com/watch?v=5_hTn9 STHBo&t=76s）。

　　批评家们留意到，在近期的美容、健康以及旅行视频博客内容和她的公众形象方面，潘秉持着一种"新时代"哲学理念。例如，在最近的一次采访中，当被问及对宗教的看法时，潘回应道："我觉得，如果宗教能让你内心安宁，那很好。但我同样觉得，如果宗教不合你心意，那也没什么大碍，只要你是个善良的人，并且能够找到那种能引领自己走向平静、教会你与自己以及身边人和谐相处的事物就好。"她的回答让记者们开始思索潘是如何在美容和化妆行业中坚守真实的，并暗示：如果有人更偏爱根茎类蔬菜而非兰蔻产品，那么，使用并推广遮瑕膏是不是有点虚假呢？潘回答说："好吧，那我来问问你——什么算是虚假呢？刷牙可不是自然而然的行为，对吧？但哪怕是猫，每天也会梳理自己呢。"（Marotta, 2015）

　　每个视频至少在字面意义上都涉及一次多元直白的广告植入演练，潘的事业——规

模远超菲利克斯数个量级——以及整个DIY美妆垂直领域，引发了关于真实性以及"广告中的真实性"的问题。这导致西克（Cyk, 2015）等评论家提出：虽然美妆视频博客在社交媒体娱乐文化中已变得极为普遍且有很大影响力，但其基本前提传递出可能有损信誉的矛盾信息。西克指出，虽然美妆视频博主会针对特定美容产品发表自己真实的看法，但他们当中越来越多人为获取报酬而寻求品牌合作，这就引发了赞助提议方面的真 **173** 实性及偏见问题。但是，像潘这样的美妆视频博主坚称，即便受雇于品牌方，他们的观点依旧是客观公正的。潘强调她一直都向自己的粉丝群体坦诚相告有关赞助及品牌合作的相关事宜，而且和大多数油管美妆博主一样，声称自己保留创作控制权，不会为那些自己都不认可的产品背书。她说："如果有品牌是我不喜欢的，我通常不会提及它，也不会让它出镜。如果让我推荐付费产品，那它必须是我真心喜欢的。"

这些批评始终困扰着潘，由于要在备受瞩目的商业挫折中维护自己的名声，她饱受焦虑症和抑郁症的折磨。2016年中期，潘暂停了所有社交媒体上的活动近一年之久，删除了过往视频目录中的大部分内容，并将自己的个人头像换成了一个黑色方块。她中断线上活动的时期正是她收购Em品牌的时候，这是欧莱雅集团与她历时3年共同研发和生产的美妆系列产品。Em品牌的低接受度、低销量、负面评价，以及那些认为潘是"叛徒"、觉得产品对她的粉丝群体来说价格过高的指责，都给她带来了沉重打击。 **174** 由于受到粉丝群体如此严厉的指责，潘在2017年6月带着动画视频《我为何离开》(*Why I Left,* 2017) 回归油管时解释道，她之所以暂别，是因为她再也无法从自己所取得的成就中收获快乐了，这说明成名的代价让她感受到了"撕裂感"。

> 开始觉得镜头里的我和现实生活中的我就像两个陌生人。金钱可能会激发人们最恶劣的一面，我也不例外。我的不安全感让我变得糟糕透顶。我开始被自己的虚荣心所束缚，并且再也没办法对自己的外表感到满意了。我在网络上展现出的生活看似完美无瑕，但实际上，我是在小心翼翼地塑造一种我理想中的生活形象，而非我生活的真实模样。(《我为何离开》，2017)

2015年，迪菲媒体的一项研究发现，在13~24岁的年轻人当中，超过60%的人表示会尝试油管博主推荐的产品。这与潘的观点相呼应："成长于电视广告中的千禧一代，已经厌倦了看着22岁的模特试图向他们推销抗衰老面霜。这就是我们选择上网的原因——想看到真实的故事。"（Spector, 2015）但是，"真实的故事"——也就是对真实性的主张——现在也体现为抵制溢价产品的反消费视频的兴起。好物推荐视频类型中这一逐渐凸显的元素以及它所体现的社群规范，正是致使潘收购她的Em品牌并关闭频道的原因（Gutelle, 2017a）。对于像潘这样的高端视频博主而言，他们的职业生涯早已不在于，或许从来不在于成为最具才华的化妆师和造型师，而在于要完成一场高难度的平衡表演：既要吸引粉丝，又要将显而易见的广告植入包装成通往自我实现和成功旅程中的必经之路。

公民娱乐：视频博客兄弟（汉克·格林和约翰·格林）

那个广受欢迎的油管频道视频博客兄弟由约汉克·格林和翰·格林共同主持，该频道本身隶属于社交媒体娱乐平台和在线社区一个大规模的项目组合。格林兄弟是社交媒体娱乐领域的思想领袖，也是极具创造力和影响力的社会企业家。他们有力证明了本章 **175** 关于真实性和社群的主张。但鉴于他们高原则性的社群主义理念以及对公民行动的积极投入，那么那些既具有挑战性和复杂性，又能予以在线创作者事业资金支持的品牌关系在哪里呢？如前所述，一旦理解了真实性和社群之间的动态关系，这个问题就能够得到解答。

视频博客兄弟的故事始于2007年1月（也就是潘首次亮相的那一年，同年油管推出合作伙伴计划），当时兄弟俩推出了"兄弟情2.0"计划。在这个计划中，他们承诺一年内彼此之间不进行任何文字交流，仅通过可公开访问的视频博客保持联系（当时约翰刚刚从纽约搬到印第安纳波利斯，而汉克住在距离他25小时车程的蒙大拿州的米苏拉）。该计划在油管上或通过兄弟俩自己的网站Brotherhood 2.0都能够找到。在一年后"兄弟情2.0"计划结束时，兄弟俩将该计划发展为视频博客兄弟频道。约翰每周二会在此频道发布一个视频，汉克则在周五发布，而且他们还为不断壮大的书呆子战士社群建立了 **176** 一个公共网站。

在格林兄弟独立开发或深度参与的合作项目中，视频博客兄弟是其核心阵地。该主频道据称拥有290万订阅者，视频观看量达6.52亿次，已上传视频1468个。该频道同步运营商品销售业务（含服装、海报和音乐等周边产品），并得到汤博乐、推特和脸书等社交媒体的协同支持。

同样包含在内的还有书呆子战士项目（格林兄弟通过该项目动员并赋能像他们一样的"书呆子"参与社会公益事业），速成课程（一个致力于通过系列教育短视频为高中生提供教育的项目），《科学秀》（以通俗易懂的方式展示科学知识的视频），以及性事解释（Sexplanations）（汉克用方言制作的性知识内容）。格林兄弟还打造了许多其他油管频道，如蒙大拿动物奇观，大脑一勺（Brain Scoop，自然博物馆探秘），汉克游戏（Hank Games），医疗分诊（Healthcare Triage），头脑梳理（Mental Floss，大众知识），以及商品导览（Warehouse）。

图 4.3　汉克·格林和约翰·格林兄弟共同主持长期运营的油管频道视频博客兄弟

频道链接：https://www.youtube.com/user/Vlogbrother。

除了那些视频频道，还有别忘了保持出色（DFTBA）唱片公司。这既是一家电商，也是一家唱片公司，专注于发行油管明星的原创音乐，旗下签约艺人涵盖汉克·格林、瑞德、林克和哈特等在内的顶级油管博主。对社交媒体娱乐的创作者社群来说，由格林兄弟于2010年创办的美国红人大会是重要的年度盛会。2013年，油管为了成为美国红人大会的主要赞助商而签署了一份为期两年的协议。对于数字视频领域的从业者与企业而言，美国红人大会已经发展成为一个重要的行业峰会。2016年，美国红人大会吸引了2.5万名与会者。2017年，美国红人大会准备开启全球化布局，4月在阿姆斯特丹、6月在安纳海姆、9月在墨尔本先后举办三场独立会议。卓越计划（The Project for Awesome, P4A）是一个为期两天的年度在线活动，油管博主们在活动中为他们最喜爱的慈善机构和非营利组织制作推广视频，以鼓励个人为换取签名商品等额外福利而捐款。2013年，他们推出了 Subbable，这是一个订阅式众筹平台，便于订阅者每月固定向创作者捐赠一小笔款项以换取某些福利。2015年3月，Subbable 被竞争对手、资金实力更雄厚的同类平台 Patreon 收购。

通过多年打磨（包括在视频博客和社群运营上），视频博客兄弟有效利用社交媒体娱乐的高参与性，在志同道合的年轻人聚集的线上场域与他们建立联系，并敏锐捕捉到许多年轻人对主流政治产生的幻灭感和疏离感。对于大多数正处于成长期（同伴关系占据关注核心的时期）的书呆子战士来说，社群归属感至关重要。书呆子战士为志同道合的年轻人提供了一个以兴趣为纽带的友谊团体，更为那些被贴上"书呆子"标签——往往是内向的、害羞的或笨拙的——年轻人提供了一个让他们可以做自己，并且能够结识知己的线上线下混合社交场域。这种精神特质也延伸到他们对慈善事业的投入上，譬如他们参与开发与推广的"这颗星星不会熄灭"（This Star Won't Go Out），这是一家为患

177

癌儿童家庭提供帮助的慈善机构，该机构是为纪念埃丝特·格雷斯·厄尔（Ester Grace Earl）而创立的——她是一名书呆子战士，在2006年被诊断出患有甲状腺癌，直至2010年去世之前一直活跃于社群中——这也是约翰·格林的小说《星运里的错》（*The Fault in Our Stars,* 2012）的灵感来源。

图 4.4　展示了"书呆子战士"社区的支持者所提供的商品销售情况
详情可查看视频博客兄弟的网站：https://store.dftba.com/collections/Vlogbrother。

视频博客兄弟众多项目所蕴含的精神品质，充分展现了参与式文化的积极方面。在《文本盗猎者》（*Textual Poachers*）中，詹金斯（Jenkins, 1992, p.46）将粉丝文化定义为

178　一种"参与式文化"——它将媒体消费体验转化为创作过程。"新的文本，实际上是新的文化和社群"。他将参与式文化定义为与"旁观"相对立的"参与"，强调粉丝不仅是媒体消费者，更是以流行文化为原材料进行创作的社会群体。以年轻人为主导的参与式文化空间为他们探索身份认同、结交知己以及培养社会参与能力创造了平台，其制作内容使年轻人与"日常政治"产生联系（Highfield, 2016）。

格林兄弟将书呆子战士定义为"一个很棒的人，而非仅仅由骨骼、皮肤和组织构成的普通人"，且加入书呆子战士的门槛被有意设置得很低。正如他们在视频《如何成为

179　书呆子战士：视频博客兄弟的常见问题解答》（*How to Be a Nerdfighter: A Vlog Brothers FAQ,* 2009）中所解释的那样，"如果你想成为一名书呆子战士，那么你就是一名书呆子战士"。书呆子战士社群秉持着两大核心目标——"让世界变得更美好"，以及"别忘了要活出精彩"。格林兄弟对"世界的糟糕之处"和"优秀"的宽泛定义为书呆子战士提供了极具弹性的诠释空间，涵盖了从个人的微小善举到集体参与P4A（"Project for Awesome"，即卓越计划）等公益项目的各个方面。

如前文所述，视频博客兄弟的内容促使书呆子战士思考他们作为社会变革者的角色。尽管格林兄弟在书呆子战士社群中的领导地位对他们的社群动员能力至关重要，但这与名人行动主义模式明显不同，在名人行动主义模式中，名人的影响力主要源于其引发的关注。内塔·克利格勒–维连奇克（Kligler-Vilenchik, 2016）写道："书呆子战士从社群参与者转化为对公民有影响者的成功案例不能简单地归因于视频博客兄弟的粉丝数量。"她认为，如果是这样的话，拥有9400万推特粉丝的佩里（Katy Perry）应该能产生更大规模的粉丝动员。这揭示了两种行动模式的本质区别：传统名人围绕"个人关注议题"进行粉丝动员，草根社群则借助流行文化资源与人际关系网络来推动社会变革。视频博客兄弟之所以能够动员他们的社群，是因为他们通过多渠道建构持续且真实的交流，包括定期视频博客更新、在社交媒体上与个人的直接互动以及书呆子战士的线下聚会活动等。

詹金斯对参与式文化的研究已经持续了数十年，最近聚焦于从参与式文化到参与式政治的具体案例。他在谈到书呆子战士时特别指出（Jenkins, 2016, p.47）：

> 大多数行动主义实践触及的往往是同一批核心参与者——那些早已深度介入政治的参与者，只能将他们引向新的议题。但是……书呆子战士……则另辟蹊径，锁定的往往是那些深度参与文化实践的年轻人，他们可能已经在创作和分享同人作品，而（书呆子战士）社群通过引导他们对现有技能进行创造性转化，最终实现从参与文化到参与政治的延伸。

视频博客兄弟的众多视频往往凭借幕后扎实的研究与制作，将时事议题置于更广阔的历史政治语境中。他们视频的核心部分将非正式的视频博客与更广泛的公民政治议题相结合，公开讨论与年轻人相关的公共事务（如环保权益）、更宏观的民主进程问题（如投票及纳税的重要性）、全球性议题（如阿拉伯之春、扎塔里难民营）等，这些内容通常与"日常"博客话题交织呈现，如"奥运会中应有的16项运动"和"我入睡的时候嘴里含着M&M's巧克力豆"。在其作品目录中，一个堪称典范的视频是他们2008年发布的"花生酱脸"视频。在这个视频中，约翰一边往自己脸上抹花生酱，一边详细剖析俄罗斯和格鲁吉亚之间的战争，并宣称"众所周知，想让网友关注新闻事件，就只有靠花生酱脸"。他们的视频保持了一种典型的油管博主/视频博客的美学风格——自嘲式表达、闹剧式幽默、标志性的连珠炮语速、跳切和蒙太奇剪辑、"内部梗"文化、社群互动与协作——但都服务于公民政治。

* * *

因为他们刻意规避与品牌建立任何直接关系，所以视频博客兄弟似乎不太符合既定的分析框架。的确，他们从不进行直接的品牌推广。尽管如此，他们仍是在一个完

180

全商业化的框架中运作——美国红人大会上随处可见品牌的身影，而约翰·格林2014年约900万美元的收入主要来源于他2012年的小说《星运里的错》的电影改编授权。Subbable众筹平台和视频博客兄弟等创业项目，以及周边衍生商品同样贡献了可观收益。但是，他们基于广告和品牌合作的盈利模式不同于大多数油管博主，前贴片广告直至2015年才开始得以在他们的视频中出现。2015年中期，汉克·格林询问粉丝社群他们是否应该启用前贴片广告，如果启用的话，收入的资金应该如何分配（Brouwer,2015c）。最终粉丝社群决定，格林兄弟应该将他们前贴片广告收入的一半用于"减少世间不幸"基金会（The Foundation to Decrease World Suck），另一半用于视频博客兄弟的资助项目。该项目接受了那些从事"在线教育/信息/卓越计划"的油管博主的申请，而且受益者包括反暴力/反骚扰的非营利组织Uplift，探讨暴力的纪录片《嗯，可能吧，但不行》（Yeah Maybe, No），以及油管频道物理女孩（Physics Girl）。他们整体的创收理念与约翰·格林关于个人财富的哲学立场是一致的：

> 当我们认为，人们的净资产与他们作为一个个体或专业人士的价值直接挂钩时，我想我们赋予了金钱过多的权利……我的家庭非常幸运（获得特权）并拥有经济保障。但我不确定除了提供经济保障，金钱还能做什么。比如，我并不需要游艇。我觉得拥有游艇会让我很有压力。（Brouwer, 2015c）

但是，关键的品牌关系——也是理解格林兄弟在真实性—社群—品牌关系中特殊定位的关键——实则存在于他们与油管的关系本身。汉克·格林对脸书在视频观看量统计方式上的"欺诈行为"的公开抨击，需要在上述语境中理解（Green, 2015b）。这类直接促使脸书修改规则的干预行动，始终以揭露行业"真相"为名，并以维护社群利益为宗旨，而这个社群在很大程度上比菲利克斯或潘的社群更接近创作者主导的互动社群。格林兄弟最近已经被任命为油管的社群大使。

他们是油管开发"社群功能键"的核心顾问。在多次尝试将更具活力的社交媒体可供性整合到平台——我酷（Orkut, 2004—2014）、谷歌朋友连接（Google Friend Connect, 2008—2013）、嗡嗡声（Buzz, 2010—2011）、谷歌+（Google Plus, 2011—2015）之后，油管在2016年向社群寻求建议，以整合最新的社交网络功能，这是一个名副其实的"社群"功能键/选项卡，可嵌入精选的油管频道（承诺一旦成功，将全面推出）。油管试图通过社群选项卡提供更多的工具来实现更流畅的观众连接，并推动视频内容之外的社群发展，以防止创作者流失到视频领域的对手平台（详见第一章、第二章、第三章）。

格林兄弟一直对油管社群选项卡的原型设计十分重视。他们在频道上通过社群选项卡向粉丝推送频道更新、活动信息以及他们所收集到的有趣链接和照片，并通过文本、图片以及现场直播与观众互动，他们的粉丝社群可以对此点赞或点踩，还可以评论。实际上，这个选项卡使格林兄弟得以在他们的油管频道内部运行他们自己的微型社交网络（鉴于他们对油管的批评态度，这对于格林兄弟来说是一个重要问题），并且正如约翰·格林所解释的，"我们往往不得不在油管之外为处理无关视频的事务而建立空间……油管一直将自己定位为视频平台，但对我们许多人来说，它本质上是社群空间。我会认为，最好的油管频道不仅仅是供人被动观看节目，还能让人参与其中"。

作为真实性—社群—品牌关系的典范，他继续说道：

> 我真的对此感到非常兴奋，因为首先，这意味着汉克和我终于可以将我们的油管频道打造成我们一直想要的社群中心；其次，直播节目如今制作更便利且质量更优；最后，在我们的测试版中，社群选项卡中的评论质量已经非常高。我刚刚意识到我听起来似乎是被收买了才来说这些话的，必须声明，我并没有收费。视频博客兄弟频道过去不会，将来亦不会接受任何形式的企业赞助。但是我们确实与油管密切合作开发了社群选项卡，我认为它很棒。["油管的新鲜事（与我们的新发明）"，2016]

小　结

本章已构建了一个分析框架，用于理解和描述3种网络原生内容类型，即游戏设置、DIY美妆、公民娱乐的表达方式或话语模式。这3种内容类型与传统屏幕娱乐截然不同，它们在一个我们称之为社交媒体娱乐的商业化场域中，建基于以受众为中心的内在互动性，以及对真实性和社群归属感的需求。正是这3个关键特征的相互作用构建了必要的分析框架，用以理解社交媒体娱乐的话语动态。

第一个特征是，原生社交媒体娱乐内容所主张的真实性，是通过与传统虚构屏幕形式所预设的"非真实性"进行对比而确立的。第二个特征是，社交媒体娱乐独特的表达方式源自真实性话语与社群之间的联动。第三个特征是，社交媒体娱乐话语逻辑始终试图使品牌关系从属于真实性和社群的主导话语。

本章的重点在于与马威克、达菲、凡·迪克、阿比丁、波斯蒂戈、詹金斯、福特和格林、贝内特-韦瑟等学者的对话，这些学者均对在线内容和创作者的基本价值主张进行过分析。通过对真实性—社群双重话语的考察，本书对品牌文化以及创作者的塑造和规范进行了修正性分析。但是，利用平台参与文化政治进步的社交媒体娱乐创作者们还提出了诸多相关价值主张，接下来我们将对此进行探讨。

183

第五章　社交媒体娱乐的文化政治

　　在娱乐业的媒体多样性及媒介表征问题上，一场持续数十年的争议在2016年达到了高潮。截至当年1月，奥斯卡金像奖已连续两年未将表演类奖项颁发给任何有色人种。早在此次奥斯卡颁奖典礼前夕，一股强烈抵制的浪潮便已涌起。其中，一场由网络活跃分子发起、带有#OscarsSoWhite#标签的运动在网络上迅速走红。颁奖典礼播出后，许多少数族裔群体联合起来，其中包括全美有色人种协进会（NAACP）以及一个由拉美裔、亚裔美国人以及原住民活动组织所组成的联盟，"共同向六大电影制片厂施压，迫使它们更加多元化"（McNary, 2016a）。

　　尽管时间上颇为巧合，但一个月后，来自学术界的声音也加入这场讨论。南加州大学安纳伯格传播与新闻学院多样性与赋权研究中心（IDEA）发布了《安纳伯格娱乐多样性综合报告》（*Comprehensive Annenberg Report on Diversity in Entertainment*）（*Smith, Choueiti & Piper*, 2016）。这份报告针对台前幕后的包容性情况，对10家主流媒体公司（21世纪福克斯、哥伦比亚广播、康卡斯特–NBC环球、索尼、华特迪士尼、时代华纳、维亚康姆、亚马逊、葫芦网、网飞）所发行的故事片、电视节目以及数字系列节目进行了评估。评估报告所呈现的状况十分糟糕：该报告引发媒体广泛报道，它通过量化的方式揭示了女性、老年人、黑人、亚裔、拉丁裔、中东裔在台前幕后工作人员中占比严重偏低的情况。报告结论指出：好莱坞依旧是一个由异性恋白人男性主导的圈子（Smith, Choueiti & Piper, 2016, pp.1, 6）。

　　与此同时，社交媒体娱乐在多样性方面获得了肯定与赞誉。2016年5月，美国亚太娱乐行业亚太裔联盟（CAPE）推出了"我存在"运动（I am Campaign）第三季。该系列以聚集亚裔美国创作者为亮点，包括潘、余菲尔（Phil Yu）、比嘉（Ryan Higa）、崔大卫（David Choi）、王夫制作（Wong Fu Productions）以及桑多瓦尔（Dominix "D-Trix" Sandoval）。

　　2016年夏天，旨在表彰在线视频领域最佳作品及创作者的美国网络电视大奖（Streamy Awards）公布了提名名单，其中包括印度裔加拿大锡克教创作者辛格、非裔美

国微影短视频创作者巴赫（King Bach）、亚裔美国油管博主比嘉以及美籍穆斯林埃拉卡 **186**
特（Yousef Erakat），又名福西（Fousey）。

全球媒体平台兼娱乐工业网站麻趣资讯网发布了它们自己的好莱坞"多样性成绩报
告单"（Diversity Report Card），将所有媒体行业的呈现情况都纳入了考察范围。电影、
电视和游戏行业的得分处于C与D等级，而"油管博主/数码娱乐"（YouTubers/Digital
Entertainment）则获得了A等级。编辑们指出：

> 在线视频行业在多样性方面的优势主要得益于在线视频巨头油管，它已经
> 发展为不同年龄、种族、性别创作者的首选空间。正是这些丰富多样的声音和
> 内容推动了整个数码娱乐行业的多样性发展，各类企业和创作者也秉持着包容
> 万象的理念。（Hamedy, 2015）

奥斯卡太白（#OscarsSoWhite）这场"风潮"的余波显著展现了行业参与者、学
者、社会活动家以及新闻工作者对于媒介再现多样性的担忧。更值得注意的是，就本章
的目的而言，它指出了主流媒体娱乐和社交媒体娱乐在文化多样性方面的显著差异。在
对媒介文化政治的广泛关切中，社交媒体娱乐中亚裔美国创作者的媒介再现以及行动主
义实践是最为值得关注的。与传统娱乐不同，这个群体在这一新兴产业中有着更高的能
见度和更大的影响力。针对亚裔美国创作者的研究考察了他们是如何批判性地阐释自己
在这个产业中的再现实践的。

本书力求全面检视那些结构性条件——规模庞大、覆盖全球的在线平台（它们由实 **187**
力远超好莱坞巨头的跨国企业掌控，对全球媒体具有主导性影响），快速发展的算法文
化，以及在线劳动的不稳定性。但本研究的核心在于关注那些新兴产业中的新声音和新
形式——追寻可持续职业发展的创作者走向专业化和商业化的方式，追踪进步性文化如
何在商业化体系内部开辟发展空间。有充分证据表明，相较于陈旧且早已成形的全球媒体
秩序，在线社交媒体娱乐领域更易于发现这类具有进步性的声音、商业模式及职业路径。

具体而言，本书是通过系统化研究聚焦社交媒体娱乐所具有的进步性潜能。数十年
来，媒体学者们已经明确表述了一个关于抵抗、颠覆以及自我定义的愿景："归根结底，
对抗主流霸权最有效的方式就是为自己发声，去传播那些与公认的、压迫性的或者失实
的叙事及影像相对抗的叙事和影像。"（Gross & Woods, 1999, p.16）本章将研究在日益商
业化的网络空间中，这类抵抗性创作实践如何在多元文化政治的典型案例中得以发生。

再现与行动主义的相遇之处

文化理论家格罗斯伯格断言："'好莱坞'……它的权力——不仅是经济和文化层面

的，更是政治层面的——已经困扰批评家和知识分子至少一个世纪之久。"（Grossberg，2010, p.xiii）。在过去的数十年间，对娱乐权力的担忧催生了新的学科领域（批判文化研究），并促使众多相互竞争的思想流派不断涌现，从法兰克福学派到伯明翰学派，呈现出百家争鸣的态势。再现政治已然成为一个核心关注点："所有文化表征都具有政治性，这一观点已成为过去数十年媒体与文化理论的主要议题之一。"（Kellner & Durham，2012, p.16）。再现政治同时涵盖了媒体的可见性与不可见性问题。结合布迪厄关于象征权力和象征暴力的观念（Bourdieu, 1990），格伯纳和格罗斯明确指出，媒介呈现的缺失意味着"符号消灭"（symbolic annihilation）（Gerbner & Gross, 1976, p.182）。

188　　　更确切地说，对媒介再现的关注始终聚焦于边缘群体——围绕着少数群体和多样性展开。这些关注与多元文化主义纲领的目标相契合，"该纲领揭示了文化是如何复制、再生产特定形式的种族主义、性别歧视以及针对从属阶级、社群或者另类生活方式成员的偏见的"（Kellner, 2003, p.3）。作为更广泛的捍卫少数群体权益的社会运动与社会正义诉求的组成部分，这场斗争"是少数群体获取文化权利的一种手段，同时也一直是获取政治权利的途径"（Lopez, 2016, p.12）。媒介表征具有政治性，为争取多元化且更负责任的媒介表征而展开的斗争，就是实现充分享有文化公民权的一项重要策略。

　　　关于再现的文化政治的争论，已经从关注内容、文本和图像，逐渐转向关注能动受众和批判性接受等问题。这些关注点既强调可见的多样性，也追求更负责任、更精细的再现形式（例如，超越刻板印象，将通常被刻画为"被动"的角色更多地置于叙事中心），而且采用了凯尔纳（Kellner, 2003）、考德威尔（Caldwell, 2008）以及哈文斯、洛茨和蒂尼奇（Havens, Lotz & Tinic, 2009）所倡导的整体性、多视角研究路径。综合来看，这些方法阐释了"批判性的产业实践"如何影响再现实践，而且在某些情况下，也催生了媒体从业者所践行的媒体行动主义形式。

　　　然而，即便采用最具多视角特征的文化和媒体研究方法，也难以阐释社交媒体娱乐的独特性。在社交媒体娱乐中，传统创意媒体劳动的等级制度和分工体系要么已经瓦解、要么正在被新的产业实践和创造性实践所取代。如第二章所述，创作者既充当制片人、编剧、演员和导演，同时兼任营销和分销主管、商业策略师以及企业家。社交媒体娱乐的中介机构，无论是企业还是专业人士，从生产内容的数字工作室，到代表创作者进行交易的经纪人，再到以广告为核心的影响者营销公司，都提供了高度差异化的价值主张。

　　　媒体行动主义和媒介再现同样是媒体和文化研究长期关注的焦点。哈克特和卡罗尔（Hackett & Carroll, 2006, p.28）提出了一个具有代表性的定义："致力于创建或影响媒体

189 实践与媒体策略的、有组织的'草根'行动，无论是作为主要目标，还是作为其他运动的附带产物（如旨在改变公众对环境问题看法的有组织活动）。""草根"在此标志着学者们对非营利性的、替代性媒体行动主义的关注，这种行动主义明确服务于社会、文化

或政治运动。当学者们探讨商业媒体文化中行动主义的潜力时，他们往往表现得较为审慎。穆克吉和班内特–韦瑟（Mukherjee & Banet-Weiser, 2012, p.2）采用"商品行动主义"一词来描述"形成于新自由主义权力动态系统之中的、以消费者为基础的抵抗模式的前景与风险"。洛佩斯（Lopez, 2016, p.129）承认"在新自由主义时代，我们不得不进行艰难而复杂的协商。因为在此背景下，市场已成为使身份可见的核心场域，并且使资本主义行为得以被重新包装为伦理或政治实践"。不过，在表征层面之外，她认为："媒体活动家务必明确地将媒介表征与社会现实联系起来。"（Lopez, 2016, p.24）

另一些学者对这种潜力则持有更为乐观的态度。豪利（Howley, 2014, pp.5, xiv）提出了"媒体干预"这一术语（"确保、践行、挑战或获取媒体权力以开展具战术和战略性的活动及项目"），并指出这可以解释"为何商业和利益集团要运用媒体权力来实现变革"。在关于"政治娱乐"的论述中，琼斯质疑娱乐和信息之间的二元对立。这种传统的二元对立"掩盖了公民与政治节目之间的多元互动，而这些互动是无法被纳入到这种有限的分类中的"。琼斯认为，"正如流行文化能够塑造和支持消费文化一样，它同样能够塑造和支撑公民文化"（Jones, 2010, pp.13, 39）。

社交媒体进一步放大了围绕表征、行动主义、商业化以及娱乐的既有争论，同时也激发了关于它们的政治潜能和进步潜力的讨论。在对新兴网络社会的描述中，卡斯特（Castells, 2007, p.237）指出大众自传播手段是如何展现反权力潜能的，他将反权力定义为"社会行动者抵抗并挑战制度化权力关系的能力"。在《融合文化》一书中，詹金斯追溯了参与式文化对教育和媒体变革的影响。近期，海菲尔德（Highfield, 2016, p.19）阐述了社交媒体是如何在日常的政治与个人交互中发挥作用的。他研究了"社交媒体是怎样为不同群体，包括公民、传统政治行动者和记者提供机会，以便他们能够在公共、共享的语境中，讨论、挑战、参与以及为政治的各个方面作出贡献的"。

在《任何必要的媒体》（*By Any Media Necessary*）中，詹金斯与同僚主要通过案例研究，探讨了当下年轻人如何利用社交媒体超越日常和表征层面，参与更显性的政治化社交媒体行动。按詹金斯（Jenkins, 2016, p.3）所述，"随着人们日益习惯运用网络通信来维护共同利益，普通人（和草根组织）可利用的传播和组织资源也不断增加"。（第四章详细分析过这方面的最佳例证，即社交媒体娱乐创作者视频博客兄弟汉克·格林和约翰·格林）。

在其他相关论述中，社交媒体中的文化进步空间更为有限。例如，马威克（Marwick, 2013, p.247）明确指出：社交媒体促进了微名人以及创业式的自我品牌的塑造，总体而言，"真实性、优绩主义和创业精神的主题，在强化封闭的特权体系的同时，也巩固了以新自由主义资本主义核心价值观为中心的体系"。在对女孩制作的油管视频的描述中，贝内特–韦瑟（Banet-Weiser, 2011, p.284）提供了一种更为细致的观点："女孩们在商业驱动的技术空间中制作媒体产品——从而表面上通过自我呈现来建构自我——这一

190

137

事实，不仅是赋权式自我劳动的一种体现，还是在日益普遍的品牌文化中进行自我品牌化的一种方式。"

这些学术成果构成了重要的分析框架。然而，正如前文章节所述，社交媒体娱乐代表了需要深入剖析的独特领域。它在技术、传播和商业方面的可供性各不相同。相较于传统媒体面临的诸多限制以及复杂的中介环节，这些可供性使得海量内容得以发布，无须考虑所有权问题，且基本上仅在观众年龄以及商业（特别是品牌敏感性）方面受到审查。社交媒体平台具备一系列精准的分析测量手段，其文化影响力可通过评论流来追踪。劳动分工的瓦解促使创意生产者、商业开发者和政治策略家融为一体。如第四章所讨论的，关于真实性和社群的规范性话语塑造了看似公式化却行之有效的"修辞行动"（rhetorical action）。尽管因监管、经济水平与技术条件等因素的影响，不同国家之间依然存在数字鸿沟，但这些平台提供了更为开放的访问权限。最为关键的是，如本章开篇所述，相较于传统媒体，社交媒体娱乐是一个更加多元且开放的文化空间。

基于这些差异，不同创作者的高度可见性（表征政治）与他们的影响力（文化行动主义）能够更为紧密地结合在一起。谷歌近期发布了一系列研究成果，阐明了油管创作者日益增长的文化影响力（O'Neile-Hart & Blumenstein, 2016）。这些研究显示，70%的油管青少年用户与创作者之间的关系比他们与传统名人的关系更为密切，40%的用户声称他们最喜欢的创作者比朋友更了解自己。这些研究还表明，70%的油管用户认为平台改变并塑造了文化。必须重申的是，这些研究是受谷歌委托开展的，它们无疑带有一定的倾向性。不过，这些数据作为市场营销发展趋势的一部分，是具有重要意义的。它不仅始终昭示着在线创作者作为"影响者"的崛起，还凸显了他们日益增强的文化影响力，以及他们对于广告商和品牌所具备的商业价值。"综艺"（Variety）等媒体机构的独立调查也反复印证了这些论断（Ault, 2014, 2015）。

亚裔美国创作者

本书旨在阐释亚裔美国人在社交媒体娱乐中显著提升的可见度与影响力——这与他们在传统媒体中的地位形成了鲜明对比。借鉴当前有限的、针对亚裔美国人网络参与问题的学术文献之后，通过大量亚裔美国创作者的访谈以及他们对自己不断强化的表征策略和行动主义策略的反思性解释，本书对上述研究作了补充。洞见产生于对王夫制作公司的创作者王振翔、音乐家崔大卫、知名魔术师金（Zach King）、早期油管明星和创作者埃维（Kim Evey）、社交媒体记者和营销专家罗焌谚（Benny Luo）、前油管高管和社交媒体企业家以及《胜利之歌》（Victorious）的联合创始人陈兵（Bing Chen），还有社交媒体企业家和"社交优势"公司合伙人桑巴斯（Vak Sambath）的访谈。

根据皮尤研究中心2013年的数据，亚裔美国公民现有2000万，占美国总人口近

6%。他们不仅是人口总量中增长最快的族群，还是"收入最高、受教育程度最高"且满意度最高的群体，同时也是美国最大的移民群体，过去10年间在数量上已超过了西班牙裔。尽管如此，相较于西班牙裔和拉丁裔美国人（17%）以及非裔美国人（12%）等其他美国种族群体，他们在美国人口总量中的占比仍然明显偏低。亚裔美国人口同样具有广泛的语言、族裔、国籍和亚文化多样性，皮尤报告中列出了超过20种族裔，从中国人、菲律宾人、印度人、越南人、韩国人、日本人，到那些来自冲绳、马来西亚和印度尼西亚的人等。

尽管亚裔美国人社群历史悠久、根基深厚且持续壮大，但他们在电影和电视娱乐产业中的呈现严重不足。南加州大学的《安纳伯格娱乐多样性综合报告》（Smith, Choueiti & Piper, 2016）指出，仅有1.4%的电影是由亚裔领衔主演的。这份报告所调研的半数以上电影、电视节目和数字系列节目中，甚至找不到一个亚裔角色。一份与之类似的报告称，由亚裔美国人担纲的电视角色不到4%。关于在好莱坞从事幕后工作的亚裔美国人，能找到的当代数据寥寥无几，这本身就很能说明问题。

更有甚者，娱乐工业还沿袭了一种恶劣但历史悠久的"漂白"行径，指的是白人演员在电影中饰演少数族裔角色，尤其是亚裔美国人角色。这种选角惯例在近来的电影中仍然存在，如《波斯王子》（*The Prince of Persia*）、《阿罗哈》（*Aloha*）、《火星救援》（*The Martian*）、《攻壳机动队》（*Ghost in the Shell*）和漫威的《奇异博士》（*Doctor Strange*）。这些种族主义做法已经引发了亚裔社群的激烈反应，正如《好莱坞报道》的文章标题所反映的："亚裔美国电影明星在哪里？"（Sun & Ford, 2016）。

2016年那场声名狼藉的奥斯卡颁奖典礼上甚至还出现了关于亚裔的种族主义笑话，这个笑话是主持人洛克（Chris Rock）讲的，他当晚一直在批评非裔美国人提名的不足以及由#奥斯卡太白运动所引发的强烈反响。即便好莱坞会为缺乏多样性而致歉，但这种歉意似乎仅限于黑白族裔的二元框架中。该事件激起了美国电影艺术与科学学院中亚裔成员以及社交媒体的强烈抗议。正如曾迅速走红的#奥斯卡太白（#OscarsSoWhite）话题运动，亚裔美国活动家桑德拉什（Jaya Sundrash）发起的社交媒体运动同样具有冲击力，该运动呼吁"追随者使用话题标签#仅有百分之一（#onlyonepercent），以揭露亚裔美国人在奥斯卡历史上仅获得过1%提名这一事实"（Ryzik, 2016）。

在电视领域，这类种族主义现象和行径同样根深蒂固。2015年，以亚裔生活为主题的ABC情景喜剧《初来乍到》（*Fresh off the Boat*）受到了批评，尤其是受到了来自黄颐铭（Eddie Huang）的批评，是他把该系列剧剧本卖给ABC的，而剧本则是以他的生活和自传为基础的。黄颐铭是一位厨师、喜剧演员和社交媒体活动家，他甚至在该剧播出前，就已在推特上猛烈抨击了该剧。

桑德拉什和黄颐铭的激进行为凸显了社交媒体如何鼓励该族群去对抗好莱坞的漠视态度。洛佩斯（Lopez, 2016, p.421）指出，"博客圈中亚裔声音的涌现"激起了在线行动主义和一种可持续社会运动的潜在可能。赫斯（Hess, 2016）同样指出，亚裔美国社群的反抗是如何由"一支富于想象力的社交媒体地面部队"所推进的。这里指的是推特、脸书等平台上不断涌现的批判言论。这些实践建基于该族群在数字技术的接入和早期应用方面与其他族群有显著差异。在最近一份皮尤研究中心的报告中，佩林和达根（Perrin & Duggan, 2015）通过数据证实亚裔美国人在互联网使用率、宽带普及率以及智能手机持有率方面均高于其他族裔群体，包括白人在内。

亚裔美国人对社交媒体的早期应用和广泛使用，包括参与各种形式的媒介行动主义，奠定了他们在社交媒体娱乐领域内广受认可的热度和影响力。将社交媒体娱乐与好莱坞进行对比，康西丁（Considine, 2001）指出，"在油管这个民主化平台上，情况截然不同，年轻一代的亚裔美国人找到了自己的声音（以及数以百万计的狂热粉丝）"。在康西丁撰写概述时，这个平台上排名前20的频道中有3个是亚裔美国人主持的，包括美妆视频博主潘、喜剧名人比嘉（又名"Nigahiga"）。康西丁认为，这些创作者不仅多产且成功，还在再现政治议题上表现突出。正如亚裔油管博主吴凯文（又名"Kevin Jumba"）所声称的，"我会谈论一些亚裔不愿谈论的事情。我们是新一代的亚裔美国人，我就是这个群体的代表"。

针对网络多元文化内容和创作者的表征动态的批判性研究，提供了相互冲突但又不断进化的论述。郭和哈洛（Guo & Harlow, 2014, p.282）对150个由黑人、拉丁裔、亚裔担任主演的热门视频进行了内容分析，以此探讨"网站上那些最受欢迎的视频是由普通用户生成还是由专业人士生成，这些视频在多大程度上挑战了种族主义刻板印象，以及观众们是如何回应的"。他们得出的结论是，"油管更多地将那些种族表征和刻板印象作为素材服务于娱乐，而非对权力关系进行实际挑战"（Guo & Harlow, 2014, p.296）。与之观点略有不同，郭和李洛林（Guo & Lee, 2013）描述了亚裔美国创作者是如何在油管大幅提高影响力，并获得大量观众以及商业代言和收入的。该研究以比嘉和吴凯文两位知名创作者为案例，通过分析得出的结论是，这些创作者之所以具有潜在的革命性，是因为他们为亚裔群体制造了更多更"酷"的曝光，同时他们也参与了关于种族、商品化及其他身份认同事务。尽管如此，这种潜能的发挥仍然受到日益固化的刻板印象和亚裔身份本质化的限制（Guo & Lee, 2013, p.404）。

洛佩斯（Lopez, 2016）为数字时代亚裔美国人的媒介行动主义的文化公民身份提供了更深入、细致的描述。她的研究聚焦于"经由集体力量刻意参与、形塑和重构媒介文化公民身份的场域"。洛佩斯对集体的强调揭示了，与主流娱乐产业相比，社交媒体娱乐何以能够提供更多的族群参与机会以及由此形成的潜在影响力。在关于亚裔美国油管博主和名人的章节中，洛佩斯为他们的表征实践和行动主义进行了辩证评价。一方面，她断言这些创作者具有批判能动性，以"发表意见、发起对话、创造他们自己的媒体并扩大信息影响力——这些策略与亚裔美国媒介行动主义者的努力协同运作，或为之提供助力"。另一方面，洛佩斯也批评了这些创作者所制作的内容"净化了种族主义，而且缺乏介入亚裔再现政治的意识"。她提到，一些创作者常常宣传慈善事业，但这些事业并不总是具有明确的政治性或专注于种族主义问题。但是，洛佩斯仍肯定地说，"这种文化工作可以说是政治性的，因为它使亚裔美国人的身份变得明晰，并且使亚裔美国人的叙事和声音得以传播"（Lopez, 2016, pp.14, 141, 156, 151）。

洛佩斯的研究包含了王夫制作的访谈，她将他们描述为善于叙事的说书人。本研究的访谈对象同样包括王夫制作核心成员之一的王振翔（Philip Wang）。王夫制作是油管上较受欢迎的亚裔美国创作者所创建的频道——自频道启动以来他们就一直在发布视频。截至2017年中期，除了在第一个油管频道上拥有近300万订阅者和近5亿次观看量，王夫制作旗下的油管频道"更多王夫（相关内容）"（More Wong Fu）也拥有30万订阅者。这个频道主要发布幕后花絮以及即将上映作品的第一视角视频博客实录，这些内容也被同步发布在他们的色拉布频道上。此外，王夫制作在脸书上有超过65万个赞，在照片墙上拥有26.6万关注者，在推特上有21.7万关注者，另外，他们的个人频道、主页、网站以及王夫制作公司官网（WongFuProductions.com）上还有数以百计的关注者。

在社交媒体娱乐领域深耕十余年，王夫制作已经建立起一种可持续的商业模 **196** 式，其营收来源包括程序化广告和影响者营销。它还运营着一个名为"国际特工组织"[International Secret Agents（ISA）]的现场活动业务，该业务汇集了亚裔美国创作者社群（包括其他在线创作者）及其粉丝群体。这一商业实践体现了王夫制作的文化与商业运作方式，它们已深度融入其线上及平台品牌。该公司还拥有社交媒体娱乐最为成功的商品系列——"尴尬动物"，主打毛绒玩具和服饰。它的影片拍摄项目均通过独立众筹网（Indie-a-gogo）等众筹平台实现融资，其中包括在威米亚上独家发行的影片《我们之前的一切》（*Everything before Us*），该片可通过分次付费点播模式观看。

乍看之下，王夫制作似乎是社交媒体娱乐的一个特例，因为它的内容更近似于传统媒体叙事。但实际上，它在各个平台发布的内容更为多元化，包括更显社交媒体娱乐特色的内容，如素描喜剧和游戏设置。但是，正如王振翔所坦言的，"我们的初衷并不是为了成名或成为名人。我们只想专注于内容，只是恰好在内容之外还需要经营个人形象……我宁愿讲一个对我有意义的故事，也不愿意顺应'江南Style'这个热潮或发布'哈林摇'（Harlem Shake）视频"（Wang, 2015）。王振翔在此暗示，亚裔美国人通常不愿意建构个性化网络形象，但他同时也承认社交媒体娱乐的独特性，以及该产业在融合创意和创业实践方面对创作者的要求。

关于内容，王振翔表示，王夫制作的视频基本上是面向所有观众的。"我们原本并没有打算为亚裔美国人代言；但是，既然这样做了，我们就认真地肩负起了这个重任。"在对多元文化媒体表征的重要性、社交媒体娱乐的文化与进步可供性以及他自己作品的批判性阐释中，王振翔说道：

任何文化想要成为主流，都需要经历一个过程。我认为黑人文化也不得不经历这个过程，尽管他们在美国扎根时间更长。拉丁裔/西班牙裔群体也正在经历这个过程。我觉得我们反而是后来者，正在努力推动自己的文化浪潮。社交媒体和技术确实为我们亚裔社群提供了助力。我希望，未来美国大众不仅对亚裔，对所有人都要抱有更包容的态度。这不仅仅关乎媒体，更需要教育、政治和政府层面的助力。但对我们而言，我们能做的只有借助媒体。我并不打算短期内成为一名政客。我能做的就是给年轻人树立一个值得仰望的形象。（Wang, 2015）

再者，尽管王夫制作的内容也许并非专门或主要服务于亚裔美国观众，但王振翔也承认，亚裔美国人社群为维持这项业务起到了重要作用。他认为，王夫制作的内容对这类观众有吸引力是因为"他们在别的地方看不到自己"（Wang, 2015）。

图5.1　王夫制作已成功收获大量观众以及商业代言和收入

王夫制作官网链接：https://www.youtube.com/user/WongFuProductions。

针对亚裔美国人在广义的大众文化和自身作品中的多样性、表征及社群问题，音乐制作人崔大卫作出了与王振翔类似的回应。与王夫制作一样，崔大卫也是一位资深的亚裔美国创作者。他花费10年时间建立起的社群和品牌，过去依托于油管，如今已拓展到了其他平台。这使得崔大卫能够从事更为传统的职业，不过不是在美国，而是在亚洲，他在那里举办了巡回演出，并与华纳音乐的亚洲分部签订了合约。他的职业生涯印证了这些平台的全球影响力，即让多元文化背景的创作者们得以培育全球社群，他们作品的跨文化吸引力意味着他们能够在自己国家之外发展事业。与王振翔一样，崔大卫声称他的抒情歌曲旨在引起广泛共鸣，但他仍为"亚裔美国人对他的支持感到高兴"

197

198

（Choi, 2015）。他同时也承认，他的作品之所以有吸引力，是因为亚裔美国人在娱乐界缺乏曝光。

> 根本没有属于亚裔美国人的平台。电视上确实曾有一个亚洲频道，但那是给我们父母看的，没有什么是给年轻孩子们看的。油管正是为此而生。美国有足够多的亚裔发现它的趣味性和娱乐性，于是他们就收看了。我想很多事情都是这样自然而然地发生了。（Choi, 2015）

王夫制作的王振翔针对亚裔美国人在社交媒体娱乐中的地位和影响力提供了一种看似矛盾的阐释。他承认亚裔美国人早年曾在这个产业占据主导地位，部分原因在于他们拥有"先发优势"，他认为这是亚裔美国文化所致：

> 亚洲人不会掺和娱乐产业。我们不会去追求这些东西，因为从我们的移民背景来看，这是不安全的，我们的父母也不鼓励这样做，因为他们只追求安稳。但油管是如此简单、随意、毫无威胁性，就像说，"嘿，我正在客厅，我只是准备把东西发到网上"（Wang, 2015）。

但是，王振翔实则对既有观点提出了挑战，他认为社交媒体娱乐中属于亚裔美国人的高光时刻已经过去了，或者说他暗示这个产业内部存在根深蒂固的白人种族主义霸权，也控诉了亚裔美国人的文化束缚。

> 我们并不属于主流的油管文化。有时候我们会被排除在外是因为我们不一定与他们为伍。或者说，这是一个种族问题，因为我们不一定能融入其中。我们不是平台的"吹哨人"。这绝对是文化特质使然。亚裔美国人更加谦逊且不自吹自擂，所以他们没有意识到这一点。（Wang, 2015）

这一观点引起了反思，尽管亚裔美国人拥有相对较高的社会经济（和技术）地位，但仍受限于文化和社会层面的束缚（在这种情况下，可以说是自我施加的），而在线活动正逐步消解这些束缚。与王振翔的观点相反，崔大卫表示：油管上亚裔美国人的激增说明这些文化束缚已经随着时间的推移逐渐减少了。 **199**

> 如今，亚裔美国人不像过去那样害羞了。基于对流行文化和油管的观察，我绝对相信（变化已经发生了）。你看，亚裔孩子们在镜头前玩耍、发布快

拍……无论是作为社群成员还是作为个体，他们都越来越有自信。在任何屏幕上看到另一个亚裔面孔都会使他们更有信心。（Choi，2015）

王振翔和崔大卫的阐述表明，亚裔美国人对在线媒体的投入不只是娱乐产业中真实的或可感知的白人男性霸权的结果。这种现象还可能是该社群内文化束缚的结果。他们的产业抱负切合了亚裔美国移民作为"模范少数族裔"的刻板印象，但同时这些文化束缚和抱负又真切地存在于他们的生活经验层面。

罗焌谚是一位数字营销专家和记者，也是鲨鱼资讯网（NextSharks.com）和新媒体巨星网（NewMediaRockstars.com）的创始人，这两个网站突出展示了亚裔美国创作者和专业人士。罗焌谚赞同王振翔的观点，即亚裔美国人不再主导该产业。正如他指出的："2012年以前，亚裔美国人主导着油管。"但现在，随着油管"变得越来越像好莱坞，而且美国白人男性创作者逐渐崛起……他们（亚裔美国创作者）不再像过去那样依赖油管了"（Luo，2015）。

关于亚裔美国人在油管上影响力的转变，罗焌谚和王振翔的阐述还需要进一步诠释。一方面，这些说法可能印证了从边缘到主流的亚文化挪用，正如最初赫伯迪格（Hebdige，1979, pp.88-89）所论述的那样。这些创作者成功地利用这些平台"构建了一种能传达感知差异的替代性身份：他者性"。另一方面，他们在商业化环境中的行动主义将改变赫伯迪格的（理论）轨迹；这些创作者就好比拥有自己的俱乐部并在自己的唱片公司发行音乐的朋克音乐家，以及在自己的画廊出售自己的版画和授权商品的街头艺术家。

正如罗焌谚所言，这些创作者可能正从油管迁移到其他平台，包括微影，在这个平台上亚裔美国人金被认为是最顶尖的"微影客"。实际上，金已经在油管上制作DIY视频教程多年，他教人如何制作特效视频。但是，正如金所指出的："不同平台会给予你不同的规则和界限。"（King，2015）金在微影上发布的内容被严格限制在6秒钟内，金制作出了非凡的魔术和视觉效果，以创造"数字幻象"（King，2015）。随着微影在2016年底停止运营，金回到了油管。截至2017年中期，他在油管上已拥有近200万订阅者和1亿观看量。更值得一提的是，他在照片墙上也拥有2000万关注者。金进一步将他在社交媒体娱乐上的成功拓展到传统媒体，与哈珀柯林斯出版集团（Harper Collins）签订了3本书的出版合同，出版他的半自传体儿童小说《我的魔法生活》（*My Magical Life*），同时该小说被斯皮尔伯格（Steven Spielberg）的安培林娱乐公司（Amblin Entertainment）看中，计划改编成电影（McNary，2016b）。

除了屏幕形象，金的亚裔美国人身份从未成为他的（视频）内容特色，这可能恰恰证实了洛佩斯对隐性种族主义的担忧。但是，正如崔大卫一样，金的身份产生了跨文化和跨国族的吸引力，为他在亚洲市场发展事业和业务提供了助力。除了向亚洲平台授权他的内容，他还为亚洲的可口可乐和大众汽车制作广告。同样，古玛（Kumar），一个印度裔美国喜剧演员兼视频博主，他在作品中淡化了身份标签，因为他不想被自己的身份所定义。正如他在访谈中所言："无论如何，混血儿、堪萨斯人（的身份）就在那里，何必刻意强调它？无论我做什么，这些内容都在我的视频中。"（Kumar, 2015）

　　创作者兼活动家帕拉佐洛（Palazzolo），像王夫制作一样，制作并主演了仿效传统娱乐类型的网络系列剧。正如王夫制作和崔大卫那样，帕拉佐洛很早以前就开始在油管上发布内容，而且原本只是作为一种兴趣爱好，直到平台证明这是发展事业的可行方式。他的作品以他在加州大学洛杉矶分校学习电影和电视时制作的内容为主，鉴于其半自传性质，"主要围绕身份议题"。"一段视频仅仅因为它的标题为'哈帕（Hapa）'（意为半亚洲人血统，半其他种族血统）而迅速走红。这就像是一种视觉探索，探索半个亚洲人的成长。"（Palazzolo, 2015）。从加州大学洛杉矶分校毕业后，帕拉佐洛曾从事传统媒体职业，而后才将更多精力投入社交媒体娱乐领域，以追求他的文化、政治和商业抱负。

　　帕拉佐洛的内容精准呈现了该产业中复杂的交叉身份政治。他的网络系列剧《绽放》（*Bloomers*）在油管上获得了超过3000万的观看量，而且在脸书、照片墙、推特以及《绽放》系列剧官网上也表现不俗。受到自己的生活及朋友的启发，帕拉佐洛创作并主演了这部系列剧，该剧讲述的是7位在洛杉矶生活的朋友追求事业和爱情的故事。这个系列剧作为平台呈现了不同身份的人，包括混血儿和一位进步穆斯林女冲浪运动员，她是这部系列剧中众多突破性角色之一。正如帕拉佐洛提及的，他创作这个角色的灵感来自他在北加利福尼亚的家乡：

> 　　我的家乡是除阿富汗以外最大的阿富汗社区。我就是在这个环境中长大的。我成长过程中最好的朋友是穆斯林。人人相处融洽，没有隔阂。后来我到了洛杉矶。在那里，所有东西都是彼此有隔阂的。这让我感到十分震惊。如今我对穆斯林的进步满怀热忱。（Palazzolo, 2015）

　　帕拉佐洛的阐述说明了创作者（剧本内容创作者）是如何基于自身的身份和经历，投身于真实性话语的探讨之中。他对这个角色的塑造再现了一种有意识的行动主义和干涉主义策略，并证实了基于这一新兴产业的可供性，行动主义创作策略可以更为直接地转化为屏幕再现。正如琼斯（Jones, 2010）的主张，帕拉佐洛高度重视娱乐的政治潜力："娱乐既是我热爱的事业，也是我认为能够最快改变世界的东西。"（Palazzolo, 2015）

　　为了培育像他家乡那样的多元文化社区，帕拉佐洛发布了由身份特征定义的《绽放》场景视频合集，其中包括穆斯林角色。这些视频甚至比这个系列剧本身更能吸引全球范围内的观众。"我们的穆斯林主题视频带来了数以百万计的观看量和新订阅者。其中超50%的观看量和订阅者是来自中东的年轻穆斯林。总的来说，女性穆斯林对故事情节的支持度比男性穆斯林要高。"（Palazzolo, 2015）

帕拉佐洛阐述了他的穆斯林主题内容所引发的反响，而该阐述又引发了一场讨论，探讨他的作品是如何引起油管和政府注意的。他曾受邀参加一个探讨油管内容如何助力遏制伊斯兰教极端主义的会议。帕拉佐洛表示："我认为《绽放》最成功的地方在于为穆斯林提供了一个相互交流讨论的平台。"（Palazzolo, 2015）这些文化教化的动态机制同样存在于《绽放》所展现的一系列多元文化身份实践中，以及前文简要介绍的其他亚裔美国创作者的案例中。[1]

221 小　　结

文化研究与媒体研究的成果已提供了理论框架，用以理解屏幕之上以及媒体产业内部争取多元化媒介再现的斗争。这些斗争与诸多社会运动是紧密相连的。在过去数十年间，那些社会运动始终致力于从边缘处境出发，去争取政治及文化层面的公民权。

这些斗争借鉴了媒体行业外的参与者以及行业内从业者的策略，如媒介行动主义、媒体宣传以及干预主义。再现与行动主义，是娱乐领域乃至任何一种媒体形式都关注的要点。

本章已经表明：即便处于商业化环境的框架之下，又或许恰恰是借助这一框架，社交媒体娱乐展现出了接纳进步文化政治的潜能。在数字化时代来临之前（before digital BD），用纽康和赫什（Newcomb & Hirsch, 1983, p.561）的话说，电视等主流媒体通常发挥着"文化论坛"的整合功能，"对我们来说，将电视视作当代社会重要传播媒介的研究，以及将电视视为借助叙事功能统一和检视文化的表达媒介（审美对象）的研究之间，存在一个桥梁般的文化基础。这个文化基础就是对电视进行分析和批评的依据"（Newcomb & Hirsch, 1983, 561）。然而，近来大部分媒体研究和文化研究都摒弃了这一观点。社交媒体娱乐不仅有可能在商业化环境中构建起最新的"论坛"，以融入媒介再现的文化政治，还有可能包容更为广泛的多样性，推进比以往主流媒体更具进步意义的议程。

222　　本章介绍的创作者们试图掌控自己的生活与身份、精心塑造自身的屏幕形象。与此同时，他们还与受邀分享亲缘关系、价值观、身份认同以及政治主张的全球社群展开互动。在此过程中，他们不惜辞去本职工作，在艰难支付房租的同时，倾力培育自己的媒体品牌。

---

[1]　以下部分内容有删除——译者注

第六章　社交媒体娱乐的全球化

土耳其政府对包括脸书、推特和油管在内的全球性数字平台采取了尤为强硬的干预主义立场，旨在防范它们给政治、宗教和社会秩序带来潜在威胁，且时常在选举期间屏蔽这些平台，尤其是在2016年土耳其政治体系出现重大危机期间（Coldewey, 2016）。但是，土耳其旅游部门自2014年2月起便建立了一个油管频道。此外，国家航空公司土耳其航空也已借助油管内容创作者以及多频道网络，制定了以年轻人为目标的社交媒体互动策略，试图在竞争异常激烈的国际航空市场中提升品牌辨识度（Kerr, 2012）。

当全球社交媒体娱乐内容创作者依托美资社交媒体平台开展运营时，他们大量涌现并从中获利，同时呈现了来自边缘的、另类的、亚文化及庶民的声音，这些声音在美国以及大部分情况下在他们母国传统娱乐领域都鲜少出现。来自黎巴嫩的音乐家艾丽莎（Elissa），伊朗—沙特阿拉伯裔的清唱艺术家瓦帝（Alaa Wardi），以及喜剧演员萨德（Bader Sadeh）（人称"沙特喜剧之王"）都开启了自己的全球事业，收获了许多跨文化以及来自海外中东地区的观众，这些观众在当地几乎不受网络平台或内容审查的限制。澳大利亚的多频道网络公司ValleyArm正与有抱负的网络音乐人合作，助力他们打入蓬勃发展的亚洲流行音乐市场。印度也经历了业余内容创作的"迅猛增长"期（Weiss, 2016b）。据库马尔（Kumar, 2016）所言，这一情况正在"逐步削弱"宝莱坞、电视网络和名人文化等机构的结构性优势，尽管这些机构在印度文化生产领域依旧占据主导地位。正如第五章所述的，在美国，亚裔美国油管博主在社交媒体娱乐方面异常活跃，这与他们在美国传统娱乐产业中几乎难觅踪迹形成了鲜明对比（Considine, 2011）。

本章旨在研究社交媒体娱乐所催生的媒体全球化新形式、它们必须应对的多元文化格局以及由此给政府带来的一些新兴政策问题。尽管本书迄今为止尚未对社交媒体娱乐的空间维度给予充分关注，然而这是它最为显著的特征之一。本章首先概述了社交媒体娱乐全球化的本质特征，接着思考了在社交媒体娱乐全球化的背景下，修正既定的媒介帝国主义理论的必要性；随后，针对本书此前以美国为中心的论述框架，审视几个关键地区所具备的不可通约的独特性，重点分析印度（社交媒体娱乐正在挑战宝莱坞在电影和音乐方面的垄断地位，并为那些饱受"电视荒漠"冷落的都市知识阶层观众提供另类选择）、中国（社交媒体娱乐企业体现了某种现代主义特征，本土平台目前在可供性创新和电子商务整合方面让西方同行相形见绌）、德国（对平台实施强势的文化监管卓有成效，政府也致力于为本土内容创作者提供资金支持）。本章继而聚焦于各类国家行为主体为支持社交媒体娱乐新兴屏幕生态所运用的基本原理与方法。网络文化与传统电影及广播文化相遇时必须调和的紧张关系，在澳大利亚的案例研究中得到了体现。本书的结论部分将探讨具有社交媒体娱乐功能的平台所面临的国际监管挑战。

在过去20年里，美国作为全球最大的数字电视门户网站（家庭影院在线平台、网飞、亚马逊会员）以及社交媒体平台（油管、脸书、推特）的企业总部所在地，一直在全球在线娱乐领域保持着历史性的主导地位。相较于早前好莱坞和音乐产业的"文化帝国主义"时代，这些门户网站和平台在世界各地获得广泛认知和普及的过程更为轻松、迅速。截至2017年，网飞已经拥有近1亿订阅用户，其服务几乎覆盖全球所有国家（除少数几个国家/地区外），并自称"新一代全球互联网电视服务诞生"。然而，它在用户数量方面可能会被社交媒体平台超越，如拥有15亿用户、支持76种语言的油管。值得注意的是，油管80%的流量来自美国境外，而且创作者60%的观看量来自其母国境外。

225 与此同时，油管又远远落后于在全球拥有超过20亿用户的脸书，这些用户占全球在线人口的一半以上。此外，新的美国本土平台正以更快的速度扩张，如色拉布，它吸纳超过2亿用户所用的时间比脸书、油管或推特缩短了一半（Morrison, 2015）。

然而，在谈论这些以惊人速度实现全球覆盖的案例时，必须将中国这一特殊情况纳入考量。在中国，国家层面已经构建起一个由数字产业与社交媒体产业构成的平行宇宙，而这些产业在某些方面堪称世界领先的创新者。在中国BAT三巨头（百度、阿里巴巴和腾讯）的推动下，中国社交媒体娱乐呈现出一种比西方更为激烈的竞争态势。基恩（Keane, 2016）关于数字电视平台（爱奇艺、搜狐和乐视）崛起的阐述，以及赵婧（Zhao, 2016）针对中国社交媒体平台（优酷、土豆、微博和微信）蓬勃发展的研究，都对这一产业格局的历史与现状进行了梳理。此外，中国在移动通信设备的直播应用程序开发方面也遥遥领先于西方。所有这些门户网站和平台都在争夺约7亿的中国移动网络用户，这一数量大约是美国人口的两倍，"或者，换一种说法，相当于28个澳大利亚的人口规模"（Scutt, 2014）。

需要进一步指出的是，美国自有分发平台和门户网站常被视为拥有"无障碍"的全球覆盖力，实则面临诸多制约，它们不断受到访问权限、内容准入和广告投放等方面的监管挑战，并且受制于各州、地区和国家层面五花八门且往往大相径庭的网络管制及相关干预措施。在全球国家监管体系之外或边缘地带，平台可供性被民众广泛接受和运用，这种现象与上述的政府监管既相互交织又彼此冲突。尤其在自由民主国家中，政府针对平台和门户网站采取的行动，不仅具有监管性质，还能扶持本土内容创作，以及促进创作者参与社交媒体娱乐产业发展。

尽管弗里德曼（Friedman, 2005）在著作《世界是平的》（*The World Is Flat*）中阐述的"无缝全球化"看似成了现实，但这个新兴的在线娱乐世界远非"平坦"的。必须认识到的是，社交媒体娱乐的媒体全球化过程虽然更为畅通无阻，但同时又明显呈现出不均衡或"凹凸不平"的特征，这主要归因于不同地区监管措施与政治环境的差异，以及社交媒体娱乐自身所蕴含的巨大的产业及文化多样性。

媒体帝国主义的另一波浪潮？

媒体全球化是电影、媒体和传播学研究中一个经久不衰的话题。传统上，对于这个古老的话题，相关争论和焦点集中在美国通过电影和电视产品广泛传播与流行的"文化帝国主义"问题上，譬如围绕全球电视通信究竟是"单行线"（Nordenstreng & Varis, 1974）还是"百衲被"（Tracey, 1988）。文化研究对受众能动性尤为重视，受此影响，"弱"全球化而非"强"全球化的观点，很大程度上已经成为近期讨论的主流（Tomlinson, 1999; Straubhaar, 2007; Flew, 2007），这些观点一直持续抵抗着"强"文化全球化论调的不断重申（Boyd-Barrett, 2015）。

考虑到油管及其他主要社交媒体娱乐平台的全球影响力，以及它们大量产出的内容类型，对这场争论进行重新评估势在必行。一方面，基于社交媒体娱乐内容在全球范围内的可用性以及受众的接受度，可以认为出现了一波新的媒体全球化浪潮，相较于按地区划分的国家广播、电影以及DVD许可系统，它的传播更为顺畅无阻。需要强调的是，面对版权移除通知，以及为避免内容违反社区标准而引发的争议，通过处理仇恨言论、复仇色情等不良内容带来的危害，平台实施了持续且广泛的自我监管。据估算，仅谷歌一家，每月在全球范围内就要处理7000~8000万份因版权索赔而提交的移除通知（Mills, 2016）。不过，当下大型社交平台几乎未受到内容监管——它们已然跻身全球最大的信息与通信公司之列——因为它们正在不断扩大全球影响力。（但正如即将在结论部分看到的，这种情况正在发生改变。）

另一方面，新的专业化—非专业化屏幕生态在生产者多样性方面实现了巨大飞跃，这种多样性不仅体现在创作者的非专业背景上，还体现在其全球分布的地理位置上。这就是二者之间的差异，一方是此类内容与平台，另一方是按窗口和地区划分的国家广播、电影以及DVD发行与授权系统。后者作为媒体全球化的传统形式，需借由那些受知识产权控制的内容进入各地区，而油管平台则展现出赋能而非内容管控的态势，并呈现出比传统全球媒体霸主更为丰富的内容、创作者、服务商（多频道网络）、语言及文化多样性。

社交媒体娱乐对媒体帝国主义主流学术观点所产生的影响几乎未被提及。多数情况下，发挥引领作用的是那些倡导者，如批判政治经济学家克里富克斯（Fuchs, 2014）和金达荣（Jin, 2013）——他们坚持认为媒体帝国主义的早期形式与当前版本之间存在紧密的逻辑关联。

对富克斯而言，审视社交媒体的唯一视角是社交媒体本身所宣称的"促进信息交换的民主化获取和参与"（而非本书对社交媒体娱乐的关注视角）。同时，他拒不接受任何关于社交媒体可能扩大参与度并为小众声音提供表达途径的论断。

> 当前的互联网和社交媒体已成为高度阶层化的非参与性空间，因而需要一个替代性的、非企业主导的互联网。大型企业占据着社交媒体，并主导着注意力经济。在企业社交媒体上，结社和集会的自由被悬置了：大型企业以及政治势力，占据了主导，从而将社交媒体上言论、结社、集会和意见的形成统一化。（Fuchs, 2014，第5.1节）

对金达荣来说，跨越一个世纪的多种帝国主义（文化帝国主义、信息帝国主义，以及当下的平台帝国主义）之间存在着本质上的连续性。金达荣指出，"美国曾依靠军事力量、资本以及后来的文化产品来操控非西方国家，如今似乎正通过平台主导世界，而且主要通过资本积累从这些平台获利"。他将"知识产权的主要功能视作数字时代最重要的资本积累形式"（Jin, 2013, p.146）。但是，信息主导与文化霸权之间存在重要差异。至少在内容层面上，必须将全球社交媒体娱乐与文化帝国主义的早期阶段严格区分开来，因为这类内容最初大多是非专业制作的，而且是在迥异于严格版权制度的知识产权制度下产生的，而传统媒体霸权则要依靠强有力的版权制度来维系。

228　这一观点源自第一章中关于权力的探讨。这一章节对经济权力、政治权力和文化/象征权力进行了区分，并借助福柯的理论，进一步对权力和统治展开辨析，以此推动对批判政治经济学派媒体分析（包括平台权力分析）的批判性反思。对福柯而言，权力本质上具有关联性和不稳定性，而抵抗是践行权力的必然结果和固有部分。批判政治经济学中的权力概念属于福柯（Foucault, 1991）所说的"统治"范畴，它是权力的一个子集，强调自上而下的控制，认为是经济权力赋予了人们践行政治和文化权力的能力。在此，该观点被进一步阐述，着重强调：当考虑到全球社交媒体娱乐文化的多样性（这种多样性正是得益于平台对内容缺乏知识产权控制），经济、政治与文化权力之间假想的统一性原则永远无法被预先判定。斯尔尼切克（Srnicek, 2016）所构建的从"平台资本主义"中提取剩余价值的模型，就忽视了这种知识产权控制缺失的情况。

正如不同章节中所阐述的，本书充分考量了那些结构性条件——在此案例中，大型全球性平台所拥有的权力，其影响力远超那些主导全球媒体的好莱坞巨头——并始终关注新声音、小型企业以及业余爱好者（这些业余爱好者正在努力发展他们所期待的可持续职业），致力于追踪在商业化体系内部开拓出空间的文化进步。本章则主要聚焦于多元声音、商业形态与职业路径在空间和社会层面的传播情况，以及霸权势力试图悄然避开的不均衡的全球监管状况。研究发现，权力本质上具有关联性和易变性，而抵抗是局部性和地方性的，并且它是权力实践的必然结果。

这一产业的规模及重要性，既延续又突破了对媒体全球化的既有理解。尽管此类现象展现出的相对顺畅的全球流动性值得关注，但必须强调这些平台与传统国家广播电视、电影及DVD系统分窗口分区域的发行及授权模式存在本质差异。由此说明，社交媒体娱乐领域并非文化霸权新形式的温床。传统媒体全球化模式借由那些受知识产权控制 **229** 的内容进入各地区，而油管等平台则展现出赋能而非内容管控的态势，并呈现出比传统全球媒体霸主更为丰富的内容、创作者、服务商（多频道网络）、语言及文化。

正如第一章中所展示的，将社交媒体娱乐与网飞、亚马逊会员、葫芦网和苹果音乐等主流的专业生成内容的流媒体服务商进行对比，可以发现显著差异。社交媒体娱乐在文化和内容层面对传统媒体构成了更为激进的挑战，它们所依赖的知识产权和商业模式也截然不同。以网飞为例，其积极的全球扩张面临双重挑战，一方面需要与各个新进地区的既有版权方进行谈判，另一方面要设法封锁一些能访问其热门内容的非正式渠道，譬如在这些地区使用虚拟私人网络（VPN）绕过限制。再加上它对原创知识产权的大量投入，以及围绕原创知识产权打造出的一个强大的、以知识产权为基础的全球品牌，网飞正迅速变得与好莱坞电影制片厂别无二致。相比之下，一旦剔除侵权内容，社交媒体娱乐内容基本上天然具备全球性，其创作初衷就是实现"可传播性"（Jenkins, Ford & Green, 2013）。之所以如此，是因为不同于一般内容产业（尤其是好莱坞和广播电视行业），该内容产业并非主要建立在知识产权控制基础之上。相反，油管选择避开传统媒体那种合法但烦琐的持有或共享知识产权的模式。与此同时，它既不为内容付费，也不提供后端分成或利润分成，但与内容创作者们签订了以广告收入分账为基础的"合作协议"。

油管宣称它在众多国际市场中主要扮演创作者与内容服务者角色。传统跨国媒体与油管的主要区别在于，前者为在多个地区进行发行、展示或销售而制作、持有或授权内容，后者则尽力避免将作为知识产权创作者的油管博主与油管平台混为一谈，油管作为"平台"和"中间方"，其运营目的在于推动品牌及广告商与油管创作者以及多频道网络之间的相互联结。油管不采取知识产权所有权立场是有显著且充分的理由的，这关系到它能否继续维持作为一个平台或在线服务供应商/而非内容公司的地位。在将规避技术行为刑事化并加重网络版权侵权处罚的同时，美国于1998年颁布的《美国数字千年版权法》还为在线服务供应商（OSPs，包括ISP）创设了"安全港"条款，只要在收到版权所有者的侵权主张后及时阻断对涉嫌侵权内容的访问，即可免除版权侵权责任。

油管在常规知识产权控制方面的缺失，目前尚未对其变现策略构成阻碍，其他社交 **230**

媒体娱乐平台（如脸书、推特和色拉布）也在试图效仿这些策略。这些变现策略已然揭示出媒体与广告之间摇摇欲坠的依存关系，既反映了传统媒体广告的低效弊端，也凸显了在线分析技术的可供性和针对性。谷歌率先通过谷歌广告联盟和真视界（TruView）技术引入程序化广告（即借助大数据分析实现广告购买和广告投放自动化的广告形式），在谷歌收购油管后，这种广告形式随即被应用到油管当中。虽然脸书采用脸书受众网络（Facebook Audience Network）广告技术系统完成了从开放生态系统向封闭生态系统的转变，但也采取了类似做法（Sloan, 2016）。程序化广告销售使平台能够在内容于虚拟空间中无缝跨越边界与地区时，更高效地将广告与数字内容进行匹配。

在线社交媒体娱乐内容正在全球范围内，以明显偏离地区权利和传统知识产权控制的古老原则与实践的方式被传播。一个新兴的媒体产业正在崛起，它是非传统媒体所有制、颠覆性平台以及内容创新的典范，其内容创新挑战了人们关于媒体全球化的先在观念，包括国有化监管制度。尽管如此，这些主流数字平台运营中呈现的相对畅通的全球流动，实则存在明显的不平衡。社交媒体娱乐平台通常不寻求创建或持有知识产权，并且在全球商业文化和监管框架中面临严重的"不均衡"问题。

油管宣称它在多个国家和多种语言环境中实现了"本地化"（即在当地设有运营机构，通常由销售团队以及政府/公关人员构成）。当然，这并不能完全作为衡量油管全球影响力及短板的依据。油管的访问和使用范围远远超出本土数据所显示的情况，然而，许多国家也会拦截或限制对油管的访问。采取此类做法的国家通常也会拦截对推特和/或脸书的访问。譬如朝鲜（该国互联网访问受到严格限制）就屏蔽了油管、脸书和推特。历史经验表明，国家层面的临时性屏蔽一直是处理政治和/或宗教问题的一种途径。过去几年间，巴基斯坦多次屏蔽油管，原因是它拒绝移除一个反伊斯兰教视频，而厄立特里亚、伊朗、埃及、刚果、塔吉克斯坦、叙利亚、伊拉克、苏丹、孟加拉国、阿富汗和摩洛哥等国家，也实施过临时性禁令。

除了应对此类全球政治文化分歧，本地化策略还需要解决传统娱乐内容面临的"基于地理位置的过滤"问题。这种过滤"源于不同国家司法管辖区内内容许可协议的差异"（Burgess, 2013, p.53）。"基于地理位置的过滤"通常指的是地域屏蔽，当版权方和/或内容制作者未获准在特定地区展示某些内容时，就会触发访问限制。本章后续将重点分析其中一个最为突出的地域屏蔽案例，即油管与德国的一个表演权组织——音乐演出和作品复制权协会（GEMA）——之间围绕支付音乐演奏者版权费用问题所产生的长期争议，这场纠纷导致油管在德国难以访问或者无法通过油管观看音乐视频或包含音乐的视频。

规则不一的媒体监管和政策正助力塑造、约束、审查以及协助这一新兴产业的发展。在社区标准、赞助以及广告方面，欧洲、中东和非洲地区（在全球化话语中被称为"EMEA"）所受的监管力度远超美国。美国在品牌内容和赞助方面相对宽松自由的做法，在其他地方是根本无法复制的。这些正是学术界数十年来在跨国广告领域反复探讨的"全球本土化"动态机制，不同的是，在全球数字内容变现的初级阶段，单位内容的变现价值极低，因此品牌方和广告商的"引导"工作需要更具策略性。

印　　度

在美国境外，除了对数字平台实施彻底封禁、战略性限制和临时屏蔽，国家和地区层面的监管有时也会引发摩擦，从而对这些平台的全球化任务构成挑战。以印度为例，**232**虽然该国面临着网络访问受限、稳定性不足且费用高昂的状况，但脸书试图通过其门户网站提供有限的免费在线访问服务以实现自我扩张的做法，仍遭到印度政府的拒绝。不过，印度政府实施的重大干预措施，如"数字印度计划"，推动了本土社交媒体娱乐产业的发展，并使其形成有别于西方模式的文化与亚文化特色。

印度堪称全球信息技术人才的摇篮。截至2016年，字母表公司（谷歌）、微软（Microsoft）、万事达卡（MasterCard）、奥多比（Adobe）和闪迪（SanDisk）等企业的首席执行官均为印度裔，这延续了印度作为信息技术领域引领者的传统（要知道，三分之一的硅谷居民是第一代印度移民）。印度人在海外信息技术行业所取得的成功，在助力美国本土平台发展的同时也进一步推动了印度本土互联网经济的持续增长。在钦奈出生及成长的谷歌首席执行官皮查伊（Sundar Pichai）对印度的关注显而易见：印度的互联网用户数量已超过美国，而且仍有数亿人尚未接入互联网。印度总理纳伦德拉·莫迪（Narendra Modi）对数字平台的兴趣同样显著：数字印度的建设势必要依靠企业投资来达成。

据估算，到2020年，印度将成为世界上人口结构最年轻的国家，且当前该国10岁至24岁的人口数量位居全球之首。根据毕马威（KPMG）2017年发布的一份报告，印度的互联网用户数量在2016年已增至约3.89亿。印度的宽带速度实现了62%的增长，从极低且缓慢的水平提升至平均每秒4兆。印度正经历着具有互联网访问功能的智能手机的爆发式普及阶段。目前，此类手机用户总量已突破3亿，预计到2021年将达到7亿。4G网络连接预计将以38%的年复合增长率（CAGR）增长，预计到2021年，约80%的网络连接将是3G或4G网络（相较于2016年的25%，增长了55%）。但是，除网络速度外，移动电话及流量套餐费用依旧居高不下，所以尽管印度中产阶级规模在迅速扩大，能够访问在线视频的群体仍主要局限于城市居民以及国际化都市中的年轻人。印度移动通信市场在技术与经济方面的短板或许只是暂时延缓了印度社交媒体娱乐产业的发展步伐，而印度传统电影、电视和音乐产业在多样性以及传播渠道方面的欠缺，却有可能进一步促进社交媒体娱乐产业快速发展。数十年来，宝莱坞形式一直是印度电影和音乐领域的主流，它抑制了新的类型、明星、音乐风格以及表现形式的出现。作为一种　**233**

有限的垂直媒体融合形式，在印度发行的音乐中电影音乐占比超过70%，这就将印度说唱、流行或嘻哈等另类音乐风格排除在外了。尽管有850个频道在争夺收视率和广告收入，但印度电视行业依旧侧重于老年观众群体，以及黄金时段的肥皂剧和政治新闻报道等传统节目模式与内容。在许多访谈案例中，受访者都调侃印度的主流话语体系是"ABCD"——占星术、宝莱坞、板球和灵修。库马尔（Kumar, 2016）认为，印度的社交媒体娱乐正受到宝莱坞、电视网络和名人文化等主导性机构的"逐步侵蚀"，因为这些机构长期以来一直在印度文化生产领域占据统治地位。

图6.1　孟买的旧棉纺厂——如今成了孕育印度社交媒体娱乐的地方（摄影：大卫·克雷格）

234　　　图6.2和图6.3展示了相较于其他互联网消费类别，印度在社交媒体娱乐方面的参与情况；图6.4则凸显了智能手机普及对印度社交媒体娱乐快速增长的促进作用。

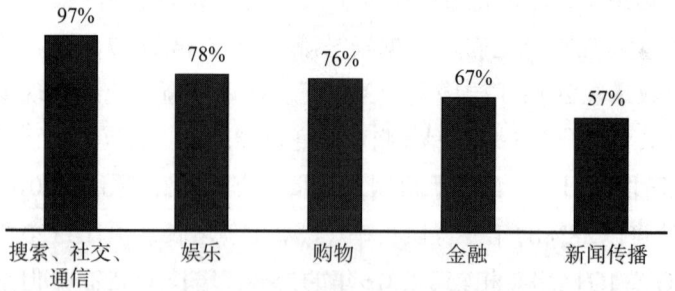

235

图6.2　印度2016年用户参与度排名前五的类别覆盖率

来源：《智能手机使用及行为报告概要（印度）》，http://www.mmaglobal.com/files/documents/kantar_imrb_mma_smartphone_usage_and_behaviour_report_india_2016-17_oct-dec2016.pdf。

　　因此，印度千禧一代已关掉电视，转向互联网，并开始基于高度本地化的地域文化、千禧一代的流行趣味以及尖锐讽刺等元素，创作一些突破"印度特质"刻板印象的内容，这些刻板印象不仅存在于印度国内，在全球范围内也普遍存在。印度社交媒体娱乐已经催生出一波能够替代传统印度电影、电视和音乐的新声音、新类型以及新形式。在多数情况下，这些新趋势使有剧本的网络剧和讽刺喜剧得以在线制作，这些内容原本在西方被视作主流，在印度却未得到充分发展。

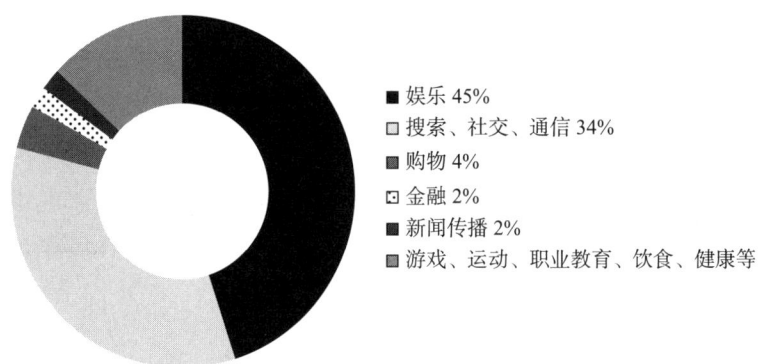

- ■ 娱乐 45%
- □ 搜索、社交、通信 34%
- ■ 购物 4%
- ▨ 金融 2%
- ■ 新闻传播 2%
- ▦ 游戏、运动、职业教育、饮食、健康等

图6.3　印度2016年智能手机使用时间分配

来源：《智能手机使用及行为报告概要（印度）》，http://www.mmaglobal.com/files/documents/kantar_imrb_mma_smartphone_usage_and_behaviour_report_india_2016-17_oct-dec2016.pdf。

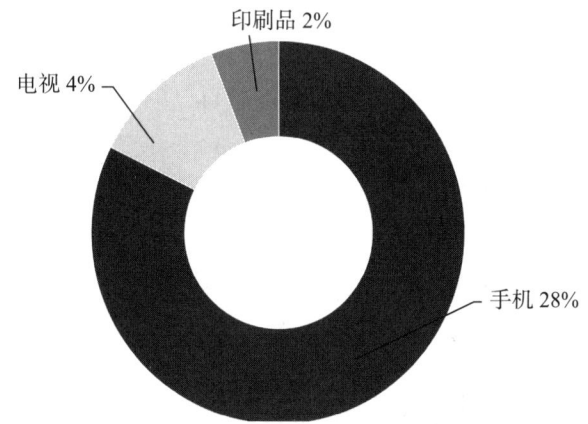

印刷品 2%

电视 4%

手机 28%

图6.4　印度2016年用户参与度（周时长）

来源：《智能手机使用及行为报告概要(印度)》，http://www.mmaglobal.com/files/documents/kantar_imrb_mma_smartphone_usage_and_behaviour_report_india_2016-17_oct-dec2016.pdf。

这个领域最早的创作者是单口喜剧演员和独立音乐家，他们最初利用油管来推广自己的音乐会和表演活动。很快，这些表演者便转型成为音乐会策划人和喜剧巡演经纪人，还涉足音乐厂牌运营和明星经纪业务。他们的创意势能还有部分被导向多频道网络的创建中，如大声点娱乐公司（Only Much Louder）。大声点娱乐公司打造了印度规模最大的周末狂欢音乐节巡回活动，在代理众多流行、说唱和嘻哈音乐人演出事务的同时，也代理并制作了以印度流行喜剧团体"全印度巴克乔德"（All India Bakchod，缩写为"AIB"）和"东印度喜剧"（East India Comedy，缩写为"EIC"）为主角的内容。面对印度在信息技术领域的声誉与新兴社交媒体娱乐产业的强大实力，大声点娱乐公司的拉维（Arjun Ravi）评论了两者之间的关系：

> 基本上，当你提及印度的初创企业时，首先想到的大多是科技类初创企业。但在过去几年间，我们目睹了创意产业类初创企业的大量涌现，涵盖音乐、电影、游戏、新闻、出版、内容创作以及创客等诸多领域。今年，我们所关注的人才范畴将不仅局限于喜剧、音乐和说书人。我们或许会把人才当作作家、导演来进行管理。但凡我们认为属于创意领域的人才，我们都会予以投资。（Ravi, 2016）

236 不断壮大的印度中产阶级渴望获取更为多元的内容以及具备在线视频访问能力和支付能力，这催生了一批印度网络喜剧演员和喜剧团队。全印度巴克乔德和东印度喜剧两个剧团均成立于2012年，专注于以印度的"ABCD"为调侃对象的恶作剧、讽刺作品以及素描喜剧创作。这两个剧团在油管上累计获得超过5亿观看量，而且同时活跃于推特、脸书和照片墙等其他平台。它们均由大声点娱乐公司代理，而全印度巴克乔德已经从一个社交媒体娱乐创作者小团体发展成了拥有自己的品牌以及一系列业务的剧团，这里的一系列业务包括他们自己的广告公司Vigyapanti、第二个油管频道全印度巴克乔德（AIB Doosra），以及一个旨在发掘和培养新一代印度喜剧演员的作家驻留计划。

图6.5　东印度喜剧

印度的社交媒体娱乐创作者们为热情的观众提供了更丰富的内容。

来源：东印度喜剧，https://www.youtube.com/watch?v=SF4vL8RN0Kg。

即便人们对喜剧以及非"ABCD"类节目的需求日益增长，但事实证明，与赫尔比格和奥克利等众多美国创作者所做的诸多失败尝试一样，在印度电视上转播此类节目的尝试屡屡受挫。全印度巴克乔德制作并主演了《直播》（*On Air*），这是一档先在星空卫视网（Star Network）播出，之后又在热星（Hotstar）平台播出的恶搞新闻秀。但是，东印度喜剧的卡特里（Khatri）在访谈中直言，"全印度巴克乔德的节目在电视上表现欠佳。受制于协议，节目在电视上播出后一周之内不能在油管上发布。这在一定程度上让节目失去了原有意义，因为电视节目是以收视率为准绳的"。卡特里的言论表明，电视（收视率）所体现的价值与社交媒体娱乐（社群参与）所蕴含的价值仍然存在差异。电视或许具有极大吸引力，但这些创作者更忠实于他们的粉丝社群，而其中许多人对订阅传统电视并无兴趣。 **237**

这些剧团活跃于脱离监管和审查的社交媒体娱乐平台，由此得以进行社会批判，不过，他们在收获认可的同时，也遭受了相等程度的抨击。全印度巴克乔德那个饱受争议的讽刺视频《强奸：这是你的错》（*Rape: It's Your Fault*）获得了600多万观看量。与此同时，该团队所涉及的社会议题还涵盖性别歧视、莫迪政府近期推行的去货币化举措，甚至网络中立性问题。尽管全印度巴克乔德在脸书上收获了350万个赞，且看似会从脸书的发展中获益，但他们公开反对脸书的"免费基础服务"计划。

对这些喜剧演员来说，在政治和幽默、言论和商业之间游走，就像在锋利的刀刃上行走一样危险而微妙。正如卡特里所指出的："自脸书问世以来，它是首个能让人们表 **238** 达自己观点和意见的平台。"脸书助力他孵化并发展了独具特色的"观察喜剧"品牌，使他能够放弃自己的计算机业务，全职投身于喜剧创作，并加入东印度喜剧。但正如他所意识到的，这种自由并非毫无风险。尽管作为一名中年喜剧演员，他可以专注于婚姻、子女、学校和大学等政治色彩相对较淡的话题，但卡特里仍提醒道："我们必须格外谨慎。在任何国家，都存在一些极为敏感的政客。"

此外，其他在传统电视生态中被视为"传统"的节目类型，也在线上成功实现了转型，地方美食文化类节目便是典型例证。印度美食网（Indian Food Network）就是由总部位于孟买的"平网"（Ping Network）与总部位于美国的、以美食为主题的多频道网络"品味制造"（Tastemade）合作打造而成。平网专注于创作涵盖美食、生活方式、娱乐以及游戏等多种类型的优质高端视频内容，每天产出内容时长超过70分钟，同时还是油管的官方合作伙伴。自2013年成立至今，它已经拥有1000多个频道、500多名内容创作者、每月3亿多的观看量以及超过900万的粉丝订阅者。平网的达斯（Prashanto Das）强调业余创作者多样性和地域特色是平网甄选厨师的核心价值标准：

> 这正是挑战所在，发掘那些具有专业技能的业余创作者是一件有趣的事情。他们是在当地比赛中获胜的人，但我们不确定他们是否做好了出镜的准

备，他们不上网，但具备专业技能。印度美食网就是从这些人开始起步的。我们一开始就采用多种不同的语言进行创作，最开始使用的是马拉地语。在短短3个月内，我们就获得了25,000观看量，而如今平台已经拥有1500个频道……人们之所以会观看我们的节目，是因为我们使用他们能够理解的语言进行讲述。我们首先是内容创作者，对人们来说，现在就展现出掠夺性还为时尚早。如果我们不建立起社群和生态系统，我们最终都将难以为继。（Das, 2016）

除单口喜剧外，在线网络喜剧也在寻求非传统内容的印度年轻观众中广受欢迎。病毒热（公司）（The Viral Fever，缩写为"TVF"）由一群二十多岁、接受过药学、商业和工程学专业教育的年轻人组成。正如他们在采访中所说的，印度的娱乐培训资源稀缺——"在印度，可选择的余地并不大"。但是，创始人库马尔（Kumar）在宝莱坞担任助理导演期间，通过实际工作积累了制作经验。库马尔最初试图与联合创始人戈拉尼（Amit Golani）一起，向印度MTV推销面向年轻人的情景喜剧，却遭到了拒绝。于是，他们转而在油管上推出了自己的系列节目。得益于网络系列剧《永久室友》（*Permanent Roommates*）的成功，病毒热（公司）成为2015年首批订阅量突破100万的油管频道之一。

随着印度社交媒体娱乐的技术与市场条件日新月异，这些创作者受粉丝社群持续参与意愿的激励，正在追随并践行自己的创作灵感。据病毒热（公司）的库马尔所言：

> 我们坚持想要创作三幕式的故事。没错，我们会恶搞名人，但我们总会围绕他们来建构完整故事，这是我们与生俱来的创作本能！观众一直要求我们增加时长，每一集的时长变得越来越长……有些人穷其一生都在为打造一部爆款而努力。虽然最初的制作预算非常低，但如今的制作预算已经能够与电视制作相媲美了。因为电视行业已经式微，年轻观众正通过移动小屏幕媒介转向线上，在网络平台上观众可以随时关闭视频，所以每一句台词都必须推动情节发展，每5分钟得设置一个小悬念。（Kumar, 2016）

大声点娱乐公司和平网是这一波高度差异化的媒体中介机构的典型代表，它们在这个新的生态系统内运营，不仅争夺市场空间、价值以及品牌资产，更为紧迫的是，它们还要争夺创作者、广告商以及观众资源。反过来，这种竞争态势也进一步推动了平台投资，吸引油管于2016年在孟买推出另一个聚焦于创作者的油管空间。据该空间负责人艾扬格（Iyengar, 2016）介绍，该空间致力于实现"普及化访问"，通过为创作者提供配备尖端技术的数字工作室以及后期制作支持，帮助那些家庭创作者实现进一步的专业化。颇具讽刺意味的是，与该空间共享设施的是印度颇负盛名的电影学校之一——印度国际电影学院（Whistling Woods International）。米斯特里（Jigisha Mistry）指出本土化创新内容可精准回应用户直接需求："很多家庭主妇都在进行动画内容创作，如童谣，十分简单。油管是世界上最好的保姆。它所提供的是你在学校里能学到的东西，但不必听课，就像你能通过动画学童谣。"但她也强调了印度社交媒体娱乐正在填补一项重大**240**的市场空白：

> 当下正在兴起的是有脚本的网络系列剧，我很好奇它后续的发展走向。对于像我这样的观众来说，可观看的内容比较匮乏，往往只能依赖喜剧表演者或者单口喜剧，不然就只能去看美国或英国的节目了。有一大批创作者正在为我这样的受众创作有脚本的戏剧喜剧。这类内容肯定会火。它们就像肥皂剧一样受欢迎，而且已经吸引了大量观众。但是，对于年轻观众来说，电视上根本没有适合的剧本化内容。（Iyengar, 2016）

中　　国

与印度类似，中国经济的增长以及中产阶级的壮大，推动了中国数字产业与社交媒体产业的形态演变。在过去35年里，中国进行了一场前所未有、超大规模的自主发展实验。在此期间，中国人均GDP增长了17倍有余。2015年风险融资规模突破3200亿美元。近两年新增了1600多个初创企业孵化基地。当前诸多全球在线商务创新成果（如二维码、数字钱包）、即时通信以及直播技术等，都率先在中国孕育并得到广泛应用。

从多个角度来看，中国科技与互联网产业能实现独特且迅猛的发展，原因在于：

> 不同于美国的银行和零售商已在客户群体中占据稳固地位，中国的零售商
> 从未大规模扩张至足以服务快速增长的中产阶级的程度。（Mozur, 2016）

因此，由于中国本质上仍处于消费文化的初级阶段，其商业化进程具有可持续的基础。实际上，借助加布里埃尔（Gabriel, 2006）的部分研究成果，可以认为广大民众对高度商业化的个性化社交媒体的热情，正是中国式现代化的典型特征。在东部沿海"一**241**线"城市之外，主要品牌的实体零售门店数量大幅减少，而电子商务则蓬勃发展。中国数字平台间的竞争比美国更为激烈，因为在这个手机拥有量位居全球前列的国家，各平台更侧重于移动应用程序开发。优酷企业战略和专业生成内容运营副总裁邵峻（Bryan Shao）表示，主流平台间的激烈竞争有时也会促成合作："他们能打败我们，我们也能打败他们。所以，我们需要携手合作，这样才能更快地共同成长。"（Shao, 2016）

众所周知，中国构建了一个以国家干预为核心的、独具特色的在线生态系统，不仅对油管、脸书、推特和照片墙等海外平台实施封禁，还大力扶持本土平台（Keane，2016）。政府的数字经济战略催生了以百度、阿里巴巴、腾讯（BAT）为代表的大型科技巨头，这些巨头进而通过孵化或并购的方式控制了多个竞争激烈的网络视频平台。在这种高度紧张、迭代频繁且竞争激烈的行业环境中，酷6网等平台相继夭折，其他平台则积极转向订阅制专业生成内容模式（如爱奇艺、乐视和搜狐）。后者不仅加入了美国和中国在电影与电视内容方面的节目军备竞赛，而且像西方的订阅型视频点播（SVOD）平台一样，中国的爱奇艺也在发行和制作日益精良的内容，甚至与网飞合作拓展中国境内的内容分发（Brzeski，2017）。

赵婧（Zhao，2016）的研究揭示了历史短暂的中国在线视频行业的实验速度、变革程度以及专业化进程的不均衡状态。业界起初对用户生成内容和业余创作内容满怀热忱，但在2007—2008年，大量侵权内容及平台被国家关停，这一情况引发了重大调整。各平台随即如钟摆般，转向专业生成内容，但日益高昂的授权费用使许多平台举步维艰。赵婧着重分析了当前用户生成内容的"复兴与重构"阶段：在线视频制作正在文化生产、传播和消费领域，快速形成官方体系外的替代选择。她认为，许多在线视频平台植根于业余创作实践，推动了在官方市场无法实现的内容流通。

242

图6.6　中国平台与多频道网络的图标
从左上顺时针方向依次为优酷、微博、微信、星站、飞碟说、暴走漫画和新片场

因此，像优酷、土豆这类平台已从成本更高、竞争更激烈的专业生成内容门户网站，回归到自身最初的价值定位，即提供社交网络功能的用户生成内容。与西方一样，中国涌现出多个能够与优酷竞争且具备多元功能的社交媒体平台。像斗鱼和熊猫TV这样的中国游戏平台已超越图奇或油管游戏（YouTube Gaming）等西方同类平台，推动了中国电子游戏产业的蓬勃发展。在过去几年间，这些平台的直播功能促使100多个手机直播应用程序推出（Custer，2016a）。

尽管在线视频系统实现了快速商业化及扩张，但政府仍会对内容进行审查，或强制移除违规内容。《飞碟说》的周琴表示，这促使互联网创业者与主流广播公司一样，必须在委托制作内容时保持高度的灵活性和创造性，同时尝试"预判"兼具审查者与保护者双重身份的媒体监督走向——不仅体现在原创在线内容的制作上，还体现在传统电视受众重新包装内容的策略调整上（Zhou，2016）。

中国的第二代平台，如强大的即时通信服务商腾讯旗下的微信，已改写了西方平台

243

的发展模式。脸书以高达190亿美元的高价收购瓦次普（WhatsApp）的即时通信服务，这或许是西方试图阻止中国平台渗透其数字防火墙而作出的防御性举措。鉴于中国对媒体软实力的投入（Xi, 2014），扎克伯格勉强抵御住的不过是数字领域即将展开的社交媒体竞争的首轮冲击（Lunden, 2014）。

微型博客平台微博与美国的推特形成了有趣的对比。与推特一样，微博是一个以文本为基础的微型博客服务商，它一直备受竞争威胁，各色竞争对手（尤其是微信）总想将它取而代之（Custer, 2016b）。与推特不同的是，微博从一开始就整合了照片与视频播放功能，这有助于培养关键意见领袖——包括企业家、政界人士和明星等各个公共领域的微博名人，吸引了全球数百万华人网民。凭借4G智能手机普及带来的7亿用户，微博已超越优酷，成为短视频内容的首选平台，推动了以广告为导向的"网红"经济（Zhou, 2016）。如表6.1所示，中国应用市场充斥着大量社交媒体娱乐应用程序。

表6.1 中国排名前10的移动通信设备应用程序（每月活跃用户数情况）　**244**

应用程序	2016年9月月活跃用户数/百万	年度月活跃用户数增长率/%	每月每用户平均使用次数
微信（即时通信）	817.8	32.80	569.5
QQ/腾讯（即时通信）	565.4	0.10	229
淘宝（线上购物）	433.3	42.70	63.3
微博（微型博客）	390.6	79.00	52
腾讯视频（视频直播）	378.5	71.80	36.2
支付宝（移动支付）	374.1	65.90	21.3
百度（搜索引擎）	358.3	34.90	53.7
爱奇艺（在线视频）	347.6	72.00	35.4
搜狗（搜索引擎）	294.5	17.90	1070.7
优酷（在线视频）	292.5	54.90	35.1

来源：《中国前2000个应用程序：2016年秋季回顾》，Quest发布，网址：http://www.questmobile.com.cn/blog/en/blog_63.html，查阅时间：2018年5月18日。

中国的影响者经济展示了这些平台构建的技术与商业基础，推动了独具特色的中国社交媒体娱乐产业的兴起。在对新片场高管周迪（Di Zhou）的访谈中，他着重指出，中国社交媒体娱乐正推动中国业余内容创作者快速专业化，这些创作者参与到了有别于传统中国电影和电视的内容创新之中，他们涵盖了如前文所述的游戏玩家，美食、时尚和风格视频博主以及一众社交媒体名人。优酷的邵峻同样指出，以中国悠久历史为背景的在线内容，尤其是那些与传统电视内容不同的内容，正备受热捧。中国政府已再次采取系列行动，培育并规范这些新兴的网络微型名人，譬如有着"中国视频博主女王"之

称的Papi酱（Jiang）。因为使用粗俗用语，Papi酱受到了审查部门的批评，她随后向自
245 己的1100万粉丝发表了悔过声明，不过与此同时，她也获得了数百万元的投资以及品
牌合作机会（BBC, 2016）。

图 6.7　备受欢迎的中国视频博主Papi小姐（Papi酱）

Papi酱（Papi Jiang）的官方频道网址：https://www.youtube.com/channel/UCgHXsynhD8GxbFcNlPEn-_w。

与西方情况类似，中国的社交媒体娱乐产业与中国传统媒体并行发展。与美国不
同，但和印度相近的是，该产业利用传统影视内容单一化的缺陷，以更亲民的形式呈
现专业化生产的传统题材内容，其成本比传统剧集制作的成本低。优酷上颇受欢迎的
节目之一《罗辑思维》（*The Luogic Show*），便是一档以历史和社会问题为主题的脱口
秀，由前中央电视台制片人罗振宇主持。另一档颇具特色的娱乐节目《暴走大事件》
（*Baozoudashijian*）则是由匿名主持人暴走漫画（Baozoumanhua）推出，主持人全程以
纸糊面具示人。

同西方一样，一批斡旋于平台、内容创作者、广告商和传统媒体之间的新型中介机
构已然涌现。但与西方中介机构有所区别的是，这些机构同时是跨平台制作原创知识产
权内容的数字内容生产商。正如《飞碟说》的周琴所言："由于广告是我们的主要收入
来源，因此我们致力于扩大自身影响力。我们的目标是将《飞碟说》的内容同时投放到
优酷、微博、爱奇艺、腾讯、乐视、美拍、秒拍、百度、熊猫TV和斗鱼等平台上。"
（Zhou, 2016）针对中央电视台青少年观众数量持续下滑的现状，《飞碟说》开发了专为
千禧一代（或者更确切地说，是出生于20世纪80年代和90年代的"八零后""九零后"）
量身打造的原创动画，其内容聚焦中国电视中缺失的成人话题，如男女关系、性以及社
会压力等（Zhou, 2016）。星站（StarStation）TV的联合创始人蔡珩（Cai, 2016）谈到了
该公司的多管齐下战略，即在体育、美食、古董等多个领域打造自身的垂直品牌，将线
246 下专家转化为网络红人，并与知名品牌及广告商共同开展内容营销活动。新片场兼具网
红经纪公司与多频道网络功能，既运营自有内容，也管理第三方频道。不同于那些已被
传统媒体公司收购的多频道网络同行，这些新兴企业借助多轮融资得以迅速崛起，它们
要么争取派拓网络（Palo Alto）旗下的风险投资公司的投资，要么像新片场一样，在北
京新三板挂牌上市，进而获得首次公开募股。

但是，投资、收购或者成功上市并非可持续发展的保障；优酷近期便已实行私有化回归。据优酷高层管理人员透露，此次回购为公司提供了更大的空间去实现转型、创新以及颠覆，更为重要的是，与阿里巴巴集团在电子商务上的合作（涵盖天猫和淘宝店铺）能够产生当前亟须的协同效应。与西方不同的是，除了游戏平台所培育的粉丝虚拟商品打赏这一高利润市场，由影响者驱动的电商变现模式代表了中国社交媒体娱乐产业一种更为可持续的营收策略。经纬创投公司（Matrix）人员曾在一次采访中提及一个案例：一名在线游戏主播通过开设淘宝店向用户售卖零食来增加收入，仅靠零食销售这一项，一年就能创收2000万元人民币。毫不意外的是，亚马逊试图通过推出自己的用户生成内容平台"视频直连"（Video Direct），效仿阿里巴巴与优酷的协同模式。和脸书收购瓦次普通信软件（WhatsApp messenger）的做法一样，亚马逊正在采取防御性举措，试图抵御来自东方的潜在竞争威胁。

从美国的全球平台与中国新兴的社交媒体娱乐产业之间的战略博弈可见，中国的网络"防火墙"已经催生出一个竞技场，其间汇聚了众多本土企业和全球玩家，形成了特定的游戏规则和攻防态势——其中许多团队和企业的规模已超越美国该领域的领头企业，部分则在创新方面更胜一筹。

德　国

对德国的研究重点关注以下核心特征：语言与市场限制；强有力的文化监管；多频道网络/全网多平台发布网络与主流媒体公司的深度融合及影响；以及德国对社交媒体娱乐的大量公共资助。最后，将以一个简短的生产案例研究作为结尾，以阐明德国社交媒体娱乐诸多关键的结构性特征。

无论欧元区（欧盟有5.1亿人口）在人口规模上有多大，对油管乃至所有全球市场参与者来说，它都是一个高度本地化、碎片化的市场。一个明显延续旧有文化帝国主义的特征是英语在社交媒体娱乐领域的主导地位。使用英语的社交媒体娱乐内容，相较于使用其他语言的同类内容，确实更易于在全球通行。多平台网络公司71工作室（Studio 71，其总部位于柏林、伦敦和维也纳）的福森和奥斯特罗特（Vossen & Osteroth, 2016）强调，即便在德语内部也存在着辩证的交流政治。在德国，高达80%的在线流量中，高地德语是沟通交流的核心语言。这意味着巴伐利亚人和奥地利人必须摒弃方言，以提升其商业可行性，而那些以瑞士德语为母语、发音与高地德语截然不同的人，则不得不将他们的方言翻译成"一种几乎完全不同的语言"。

尽管德国与英国、法国并列为欧洲三大最具规模与活力的语言市场，但其市场内部是高度割裂的状态。（对于谷歌/油管来说，西班牙、俄罗斯和土耳其是它们在欧洲、中东、非洲地区拓展的主要二线市场。）相较于其他通信和媒体内容，这种割裂状态对社

247

交媒体娱乐来说影响更大的原因在于，社交媒体娱乐赖以生存的本土化、社群化真实性（见第四章）与语言割裂市场的商业可行性之间存在矛盾，而且这可能也是美国流行的个性视频博客没有成为欧洲市场主要类型的原因之一。这意味着，对于创作者、中介机构以及作为营销主体的平台而言，语言和文化是需要优先考虑的"前台"因素。但更值得注意的是，在德国，大多数顶尖的在线创作者都是本地人，这是颇为特殊的情况（尽管在那些规模小于德国的欧洲国家，这种情况更为常见）。

对于创作者和多频道网络/全网多平台发布网络来说，挑战在于如何先在德国建立起足够庞大的受众基础，随后通过开设第二个或后续的英语频道实现扩张。谷歌也试图通过将其先进的实时翻译技术应用于技术含量较低但颇受欢迎的社交媒体娱乐内容中，来解决语言问题。

法国通常被视作最坚决抵抗美国文化霸权、捍卫自身文化遗产的西方国家。可以
248 说，德国在网络空间的文化监管方面态度更是一贯坚决。其中最典型的案例是油管与德国音乐演出和作品复制权协会之间的对峙，后者是经国家授权的版权收费协会以及表演权利组织。这场争端始于2009年，直至2016年末才得以部分解决，核心在于德国法院拒绝采用《数字千年版权法》中安全港条款所规定的原则。法院认为，油管在未经版权所有者授权的情况下托管受版权保护视频时，有可能需承担法律责任。尽管法院只是在回应德国音乐演出和作品复制权协会所发起的诉讼行动，其初衷也只是为了让受版权保护的德国音乐能够获得合理的"播放报酬"，但这场对峙产生了更为广泛的影响。在全球范围内，一项针对油管的研究估算，油管上最受欢迎的1000个视频中有61.5%的视频曾在德国被屏蔽。相比之下，在美国只有0.9%的视频被屏蔽。另一项研究发现，约有3%的油管视频以及10%观看量超过100万的视频曾在德国遭遇屏蔽（Kretschmer & Peukert, 2014）。这场长达7年的对峙在2016年末得以部分解决，当时油管同意按照未公开的费率向德国音乐演出成员和作品复制权协会成员支付视频流的报酬。鉴于交易条款既涵盖了广告支持的免费观看内容，又为油管红在欧洲的推出铺平了道路，油管或许有动力寻求和解。

德国音乐演出和作品复制权协会的案例表明，德国更倾向于通过干预互联网环境来实现文化和社会目的。游戏设置在德国可以说是占据主导地位的垂直领域（71工作室称其"规模十分庞大"（Vossen & Osteroth, 2016）），但和其他国家一样，德国社会对游戏存在诸多担忧，如游戏具有反社会性、存在性别隔离问题，以及游戏中介机构会与玩家签订具有剥削性质的合同等负面名声。尽管事实上德国有70%的人玩电脑游戏（Siegismund, 2016），但游戏开发者仍在艰难争取社会合法性以及市场认可度。齐格斯蒙德对比了美国的情况，在美国，可口可乐或魔声等品牌都对游戏赛事进行了赞助，然而它们在德国却很难获得任何市场支持。关于"青少年保护"的严格规定使情况变得更为复杂，这些规定的实施得到了德国青少年有害音像制品审查部（Bundesprüfstelle

für jugendgefährdende Medien, BPjM）的支持。德国青少年有害音像制品审查部是德国 **249**
联邦机构，负责检验和审查那些涉嫌危害青少年的媒体作品。德国游戏设置重要倡导
者之一，同时曾为德国青少年有害音像制品审查部提供咨询的齐格斯蒙德提醒道，高
级射击游戏对德国油管博主来说是一项重大的商业风险，因为针对16岁及以上年龄的
分级游戏，油管并没有一套符合当地标准的青少年保护系统。在德国，常规的行业自
律措施可能难以奏效，因为从法律层面来讲，此类保护措施需要获得政府机构的认可
（Siegismund, 2016）。

德国在产品植入、赞助以及广告透明度方面的监管法规既严格又详尽，而且实施时
间比其他主要市场长。产品植入方面的规定要求在视频开头和结尾处至少要有3秒的植
入声明，并且要添加"P"字样的水印。品牌定制内容，也就是我们常说的软广告，则
需要全程标注"广告"水印。基本营销法规《广告标识声明》（"Werbung"即"广告"）
明确规定，创作者依法必须在收取报酬的视频内容上标明广告标识，如收取报酬的试玩
游戏视频。齐格斯蒙德回忆称，他在71工作室工作时的任务之一就是寻找避开《广告
标识声明》的变通方法，如通过产品植入的方式（Siegismund, 2016）。

2016年末，德国公共广播联盟旗下的德国电视一台（ARD）和德国电视二台
（ZDF）联合推出FUNK，标志着资源从广播领域向线上内容的大规模转移。该项目每
年投入4500万欧元，用于面向年轻观众的在线内容服务。据悉，这是截至2017年，针
对社交媒体娱乐规模最大的公共资助项目。尽管相关报道表明，这一举措部分源于创造
效益的需求，以应对广播业务的高额固定成本（这涉及德国电视一台和德国电视二台文
化频道的关停），但本质上是对公共媒体受众老龄化危机的应对，也是意图"在网络上
提供年轻人感兴趣的形式，并在他们常用的平台上提供这些内容"，这是德国电视二台
总干事托马斯·贝鲁特（Thomas Bellut）的原话（引自Krieger, 2016）。事实上，FUNK
支持多种形式的内容，包括新闻评论、讽刺作品、谐谑作品和科幻小说，以平衡占比过
大的游戏内容，并且覆盖多个平台，包括脸书、色拉布、照片墙以及FUNK应用程序和
油管。对于柏林油管空间（YouTube Space Berlin）的项目策略师米库斯（Micus, 2016）
来说，这是一个开发实验性网络系列剧的契机："这是创作者们一直想做却缺乏资源去 **250**
做的节目形式。"

德国社交媒体娱乐产业的显著结构性特征是，多频道网络/全网多平台发布网络与
传统媒体机构必须深度融合，这一特征与此前描述的政府机构与公共广播公司严格监管
下的产业环境高度吻合。总部位于柏林的多频道网络Divimove如今是弗里曼特尔传媒
公司（Fremantle Media）的子公司，后者原是一家英国制片公司，现隶属于总部位于德
国的贝塔斯曼卢森堡广播电视集团。德国媒体集团普洛西本收购了总部位于柏林的71
工作室，随后71工作室又收购了总部位于洛杉矶的数字集体工作室。2017年初，法国
独资的TF1集团与意大利梅迪亚塞特集团加入普洛西本，一同成为71工作室的少数股

东（Tartaglione, 2017）。欧洲的这些兼并与收购标志着地区性中介机构的崛起，它们正在与依赖英语全球性优势的英美企业展开竞争。尽管与传统媒体公司合资或建立战略联盟能够增加规模经济效益、促进协同效应并获得资金支持，但这些举措也充满了复杂性。作为跨国媒体集团的分支机构，这些公司必须按照母公司的组织结构、物质条件以及监管要求来运营。71工作室高管表示："即便我们的内容是在网络上播出的，我们也必须将其视作电视内容来管理。我们在两个平台上同步销售广告，但如果被发现试图规避在线内容限制，就可能会影响我们的广告销售与授权业务。"（Vossen & Osteroth, 2017）。对于71工作室这类重要的全网多平台发布网络而言，其经营环境与大部分社交媒体娱乐中介机构截然不同。影响者营销可以说是社交媒体娱乐机构的主要收入来源之一，但在德国监管传统下，它步履维艰，该传统严防"隐形说服"（这可追溯到战后为了抵制宣传影响而进行的改革），而且倾向于将线上内容与广播电视同等监管。

＊ ＊ ＊

《大战》是一档引人入胜的节目，它展现了当代欧洲的多元文化，并揭示了德国在线内容面临的诸多问题。《大战》是极具特色的网络系列节目，从2014年至2019年，每周制作3集，一年52周不间断，在百年后，极为详尽地同步重现百年前第一次世界大战期间每周所发生的事件。截至2017年初，该系列节目已累计收获578,000名订阅者，总播放量超过7200万。该节目由媒体动力网络（Mediakraft Networks）——德国一家颇具影响力的混合型多频道网络/媒体公司——旗下一个五人团队制作。据其研究员、编剧兼主讲人乃戴尔（Neidell, 2016）介绍，该节目"尽可能秉持中立立场"，"我们呈现了所有不同国家的立场……我们采用的呈现方式是，虽存在敌对关系……但并没有绝对的坏人。在那段历史中，似乎每个人都有过错"。该节目坚决反对第二制片人兼技术人员斯特拉尔（Stellar, 2016）所指出的"德国网络内容的通病——靠博眼球的标题吸引点击"。

该节目的理念使其制作过程得以被精心规划，而且5年制作周期需要的合同期限远超这个新兴产业普通项目的常规时长。节目制作人及社交媒体运营经理维特格（Witteg, 2016）表示："（人们）欣赏德国人做事的严谨态度"，而且长期规划意味着"能让我将工作与生活平衡得非常好，能够更专注！"该系列节目不仅明显依靠众筹，而且其知识素材库也明显得益于大众的贡献。乃戴尔断言："（这）是一部全球性的、开放式的、实时互动的纪录片"，它通过调动全球资深粉丝群体所形成的知识储备，"即便是伯恩斯（Burns）的纪录片可能也难以企及"（Neidell, 2016）。

该系列节目是在柏林郊区克罗伊茨堡（Kreuzberg）一个陈旧且废弃的工厂角落制作的，其道具、设备以及服装比小学的话剧制作还要简陋，但精准捕捉到了人们对20世纪军事产业化狂潮的长久热情。尽管该节目的核心观众年龄集中在18岁至44岁，且男性占比高达96%，不过也有许多年长的观众为本研究提供了免费数据，而且乃戴尔声称也有不少观众是情侣（Neidell，2016）。这样的节目构思是绝不会出现在德国电视上的，部分原因在于公共电视观众的平均年龄在60岁，而且他们不太可能认同"没有绝对的坏人/每个人都有过错"这样的观点。由此可见，该节目的理念、推广策略以及创新之处使其自身相较于大多数官方公共服务类历史节目，更具公共服务媒体的典型特征。

252

图6.8　《大战》，2014年首播，每周制作3集，将于2019年完成

截图来源：《大战》，https://www.youtube.com/user/TheGreatWar。

该系列节目主要在油管上发布，而脸书、推特和照片墙等平台会为忠实观众提供幕后素材。千人成本为1美元的程序化广告所产生的收入微乎其微，而Patreon众筹平台每月能够带来约15,000美元的收入，并且是该节目主要的收入来源。周边商品销售、油管红上的订阅以及赞助商和品牌合作也能为节目带来收益。但是，这些收入必须与从英国Pathé电影资料馆获取大量历史影像资料授权所产生的费用相抵消。据制片人所言，德国的版权法极为严格，以致即便是观众提交家人照片这类用户生成内容都无法使用，因为提交者必须获得相应补偿且要为照片签署使用合同。最后，值得一提的是，制片人原本希望节目除了英语版本，还能以德语和波兰语进行播出；但该节目除英语版本外，其他语言版本在经济上并不可行，因为该节目的观众主要来自美国（42%）、英国（10%）和加拿大（8%），而欧盟国家仅占2%。

政府对社交媒体娱乐的支持

本章研究表明，尽管在线内容在全球范围内的传播相对畅通无阻，但各国的社交媒体娱乐在文化层面呈现出高度的多元化特征。基于对这一观点的认同，并考虑到越来越多公民，尤其是年轻公民参与线上活动这一情况，各国政府及国家机构已着手增强地方在全球在线文化构建过程中的参与能力。德国推出的"FUNK"计划正是这一趋势的典型案例。

2015年，英格兰艺术委员会意识到有必要对其资助的当代艺术制作类型加以评估
并采取相应措施，以确保资助能够覆盖到观众更有可能出现的领域。为此，该委员会向
在线发行公司"瑞斯特"拨款180万英镑，用于推出"Canvas"项目——一个在线数字
艺术中心，或者说一个多频道网络平台。"Canvas"并非一个用于艺术创作的项目，而
是一个专门用于整理、策划以及展示英国顶尖艺术机构的现有内容以及其他原创内容的
定制项目（Romer, 2015）。在日本，油管与东映（日本一家颇具影响力的电影和电视节
目制作及发行公司）展开合作，推出了一项旨在助力创作者制作日本时代剧（即历史
剧）风格视频的计划（Byford, 2015）。专项拨款为创作者提供了技术、造型以及特效
等方面的专业指导。加拿大谷歌与加拿大传媒基金会（Canada Media Fund）携手合作，
共同开发了一个专门展示加拿大原创电影的油管频道。该频道将由加拿大媒体技术公司
（BBTV）负责运营（Canada Media Fund, 2017）。

在美国，结合油管的传播优势与美国公共电视网（PBS）对内容品质的坚守，美国
公共电视网数字工作室（PBS Digital Studios）网络截至2017年已收获940万订阅用户，
累计观看量达8亿，月播放量也达3000万，并荣获了7项韦比奖（Webby Awards）。美
国公共电视网数字工作室通过推出50多个涵盖艺术、科学以及生活方式等领域的原创
网络系列作品，吸引了众多游戏玩家、电影制片人以及其他创作者。值得一提的是，汉
克·格林和约翰·格林兄弟的《速成课程》便是该工作室推出的系列作品之一。该工作
室宣称，70%的用户年龄介于18岁至34岁，而且平均每位用户每月观看内容时长为30
分钟。

资助社交媒体娱乐内容会引发哪些关乎国家文化和媒体政策方面的问题呢？截至目
前，本书一直未对政府政策相关问题展开深入探讨；此处将借助具体的案例研究将这些
问题提出来，重点探讨国家行为主体在网络文化与传统屏幕文化之间寻求平衡时所面临
的挑战。最终结论部分将系统阐释这种文化碰撞所引发的监管问题。

网络文化与澳大利亚传统屏幕文化的相遇

媒体全球化的新动态深刻影响着澳大利亚的影视产业，而数字化颠覆、融合以及受
众品位和消费群体新特征所引发的变革正推动着该产业的转型。从历史角度来看，很多
国家都制定过复杂的文化政策框架，旨在保护本国文化遗产，尤其是抵御像美国这般强
大的文化霸权的冲击。对于澳大利亚这样的国家而言，制定文化政策的缘由还在于其国
内市场规模偏小（这使得在本土市场分摊制作成本变得更为困难），以及英美文化产品
能够轻易进入本地市场（毕竟英语是主导语言）。

首先需要明确的是，全球数字平台现身于地方行政辖区，绝不仅仅涉及文化和媒体
政策问题。如谷歌/油管在澳大利亚的运营便涉及企业、研发以及文化3个维度。2016

年的数据显示，谷歌在全球的雇员已超过72,000人。而根据2015年的数据，其中38%的劳动力分布在美国以外的地区。谷歌的悉尼办事处是规模较大的全球工程中心之一，如今在澳大利亚拥有超过1300名员工。此外，谷歌在澳大利亚还设有一个重要的研发机构，聘用了约500名工程师。谷歌地图正是从澳大利亚起步的，而且悉尼团队也参与了谷歌云盘和Chrome浏览器的开发工作，同时为"下一个10亿用户"（Next Billion Users）项目的应用程序开发作出了重要贡献。

谷歌宣称自己是澳大利亚科技创新的主要贡献者。但与它的全球运营模式一致，谷歌澳大利亚的主要业务在于通过与重要品牌方及广告商建立合作关系来增加收入，并让品牌方和广告商了解新的数字营销动态。实际上，2016年的谷歌年度报告表明，谷歌年度总收入的88%来源于广告业务。

在过去几年间，谷歌澳大利亚强化了自身在公共政策领域的影响力，积极参与公共咨询和辩论，并为自身的避税行为进行辩护。当面对多个司法辖区对它（以及微软、苹果和其他主要软件及娱乐跨国公司）施压时，谷歌澳大利亚列举了2012年至2015年间它在澳大利亚投资约10亿美元的事实（引自时任谷歌澳大利亚董事总经理卡内基的说法）（Lehmann, 2015）。除了政策层面的互动，谷歌澳大利亚还与澳大利亚政府主要的影视产业支持机构——澳大利亚银幕（Screen Australia）携手合作，共同推动澳大利亚油管博主的职业发展。

谷歌在澳大利亚文化政策领域所发出的声音，与既定的观念模式截然不同。它所秉持的社交媒体娱乐商业模式，激励内容创作者突破传统观念的桎梏，不再局限于文化内容仅面向国内市场、娱乐内容仅面向国际市场的二元对立格局。同时，鼓励创作者们开拓和接纳公共补贴、广播公司以及经销许可之外的，有时甚至完全独立于这些传统来源的新收入来源。澳大利亚的银幕内容和文化政策向来遵循德莫迪和杰卡（Dermody & Jacka, 1987）所提出的"第一产业"（具有文化特性、以国内市场为导向的生产模式）和"第二产业"（面向国际市场的娱乐产品生产模式）二元结构。在以文化政策为导向的国家资助与监管的影响下，该二元结构长期存在偏向于前者、而非后者的规范性倾斜。此外，这种文化政策导向还使长篇小说和社会纪录片这类内容特别容易面临市场失败的风险，因而要将它们列为优先获得补贴的类型。

随着屏幕产业的全球化发展，上述二元对立结构中的一些规范性权重已经削弱。费尔胡芬（Verhoeven, 2014）明确指出了如今已然确立的"第三产业"，该产业在国内外都能稳固立足，但她更关注的是"第四产业"，该产业的"特征在于采用了屏幕产业数字化所提供的内容生产和分发新方法"，如通过数据挖掘来识别受众，推行24小时工作制等不同的劳动实践，以及运用灵活多变的融资策略应对资金需求（Verhoeven, 2014, p.163）。在诸多方面，"第四产业"代表了澳大利亚新兴的社交媒体娱乐文化。

油管文化与澳大利亚屏幕文化在"先行一步"（Skip Ahead）项目中直接产生了交

255

集 [在新西兰也有一个同名项目，该项目见证了谷歌与主要资助机构"新西兰广播委员会"（NZ on Air）的合作]。2013年，谷歌与澳大利亚银幕共同推出了这一项目，旨在为本土人才提供必要的资源，包括资金和制作资源，用以开发适合油管播出的分集脚本内容。在2014年至2016年间，"先行一步"项目共开展了三轮。澳大利亚银幕负责为该项目选拔创作者，入选者能够共享联合提供的种子资金——在初始阶段，第一轮提供40万澳元，第二轮资金增加至50万澳元，第三轮则提供72.5万澳元——同时可使用本地制作资源，并获得进入洛杉矶油管空间建立人脉的机会。符合以下条件的澳大利亚创作者才有资格申请资金资助：在油管上积极创作新的原创内容，并拥有一定规模的粉丝群体（第一轮要求个人创作者至少有10万订阅者，或者合作项目的总订阅者达到12万）。澳大利亚银幕将该项目宣传为一个旨在培育专为全球在线观众制作澳大利亚原创叙事内容的项目。

256

首轮资助的项目包括：

- 《绝妙轴线》（*Axis All Areas*）：一部关于摇滚乐队的音乐喜剧；
- 《穿越澳大利亚》（*Across Australia*）：一部关于驾驶经济型改装汽车穿越澳大利亚的纪录片；
- 《家有芳邻——僵尸版》（*Neighbours—Zombie Edition*）[由《家有芳邻》官方和马鲁恩（Maroun）合作打造]：一部有脚本的网络系列剧，剧中原本经典的肥皂剧情节被一群僵尸化的老角色所占据并颠覆；
- 《费尔南多的合法生意》（*Fernando's Legitimate Business Enterprise*）：一部关于一位歌手和他的狡猾生意伙伴的动画片；
- 《重塑教育》（*Reinventing Education*）：一部探讨教育未来的纪录片。

第二轮资助的项目如下：

- 《故事讲述者》（*The Tale Teller*）：一部关于动画叙事的纪录片；
- 《堵车音乐剧》（*Traffic Jam—The Musical*）：一部关于路怒症的音乐喜剧；
- 《1999》（*1999*）：一部关于令人担忧的千年虫问题的喜剧；
- 《最甜蜜之事》（*The Sweetest Thing*）：一部关于超炫甜品和家庭的纪录片；
- 《澳大利亚旅社》（*The Australiana Hostel*）：一部以悉尼一家破旧旅馆为背景的喜剧。

第三轮资助的项目如下：

- 《拉卡拉卡现场秀》（*RackaRacka: LIVE*）：一个真人实景特别节目，着重展现了那些充满活力的电影制作者；
- 《超级沃格秀》（*The Superwog Show*）（由西奥·赛登和内森·赛登兄弟主演）；
- 《巧手王国》（*Crafty Kingdom*）系列动画（来自 Charli's Crafty Kitchen）频道；
- 《变异菜单》（*Mutant Menu*）：一部长达45分钟的纪录片，探讨了创造超级英雄的基因操纵（出自科学传播频道 BrainCraft）。

前文已探讨了谷歌对传统观念的冲击。但"传统观念"不是一成不变的，而是随着响应意图的变化而不断演进的。当代文化政策不能再仅仅将市场失灵作为采取行动的理由，还必须着力制定那些能够扶持新兴实践与市场的政策。"先行一步"项目就是应对此类挑战的小型实验典范。澳大利亚银幕负责"先行一步"项目开发的经理科瓦普（Mike Cowap）介绍了该项目的背景情况：

> 在"先行一步"项目启动前，我们与谷歌就开展一项联合行动进行了长达两年的沟通交流。我们当时的想法是，"你们在全球拥有无处不在的平台，而我们拥有才华横溢的内容创作者"。我们的关注点在于如何为我们的电影制作者提供一个契机，让他们能够最大限度地利用这个平台去精准触达观众，实现流量变现，并建立起一个忠实的粉丝群体。这同样契合油管的发展战略。他们希望展示的是，油管上并非只有猫咪搞笑视频，还有优质的内容可供选择，同时也想表明他们非常支持澳大利亚的内容创作者。（Cowap, 2015）

科瓦普强调，有一批澳大利亚在线内容创作者早在整个影视行业广泛认可他们之前，就已经能够成功吸引目标受众，并取得了显著成绩。他认为，澳大利亚银幕对两类在线内容创作者早有了解。一类是一些有着传统媒体背景的创作者，他们积极与新平台展开互动；另一类是一群社交媒体娱乐创作人才，他们多年来在没有电影行业协会或政府机构支持（甚至得不到理解）的情况下，一直以专业化的业余创作者身份进行内容创作。而后者中的许多人或许从未意识到需要这种理解。

科瓦普指出，更大的变化在于，更多的传统影视从业者开始意识到油管博主们多年来就知晓的一个事实——社交媒体娱乐并非仅仅在油管上取得成功后转战电影或电视行业的跳板，它本身就是一个能够实现变现和专业化的平台，而且任何被成功吸引的新锐网络人才都不会从油管彻底消失，然后完全迁移到电影或电视领域。相反，这些创作者会通过巧妙运用传统屏幕媒体的动作逻辑，力求在各个平台上都能取得成功，同时继续在线上为自己创造变现机会。他认为，"先行一步"项目的目标就是积极与新锐内容创作者展开合作，并借此向他们表明，有能力提供资金和支持的组织并非只有传统媒体。

科瓦普提出，第一轮（融资）所取得的成果——选择那些已在油管上取得一定成功的创作者，资助他们创作更具雄心的内容，并扩大用户群体——表明这一策略基本上达到了预期目标。2015年末，谷歌和澳大利亚银幕采取了极为不同寻常的举措，在全国性主流媒体上为第二轮融资的部分受益人投放一系列广告，例如，"《1999》正在寻求融资，所以我们助力它拥有未来，《澳大利亚旅社》需要资金支持，我们必须满足他们的需求，《堵车音乐剧》需要资助，我们帮它启动"。此举充分彰显了它们对项目的信心。

将"先行一步"项目视为一种兼具商业模式优化与内容创新的专业实践活动，使得澳大利亚银幕能够合理区分支持与不支持的项目类型：

> 我们在评估"先行一步"项目时所考量的核心标准之一是，"这会对作为内容创作者的你产生什么样的影响，它能否让你做到目前尚未做到的事情？"举个例子，如果一位开箱视频创作者来申请参与项目，并且表示希望继续制作更多的开箱视频，我们想尽管他也可能符合申请资格，但我们不确定这对他当下正在做的事情会产生多大的提升作用，我们并不希望看到他只是重复制作相同类型的内容。虽然这或许能让他变得更受欢迎，但我们更期望看到他在创作水平上有所提高。(Cowap, 2015)

科瓦普认为，通过类似"先行一步"这样的项目，澳大利亚银幕已经对油管以及社交媒体生态的运作机制有了颇为深入的了解：

> 整个产业必须认清当下观众的内容消费场景的变迁。我们不能一直闭目塞听，继续通过常规渠道推出内容，即便这些渠道目前仍然是可行的平台。此外，即便有些同行觉得自己对社交媒体了解不多，但实际上他们了解的往往比自己认为的要多。如今人们在社交媒体上都很活跃且精通其道，只是他们常常误以为这里面的门道比实际情况更复杂。我们大多数人对在线行为以及社群运作方式已经有了比较深刻的理解。澳大利亚银幕中的许多人都有编剧或电视节目开发的背景，他们深知讲述一个引人入胜的故事或者吸引观众所需的基本要素。这些技能对于创作在线内容和传统影视内容的人来说，具有同等重要的价值。即便在那些看似最简单、无关紧要或者比较表面化的视频中，对开头、中间和结尾这些基本结构的把握依然很有价值。(Cowap, 2015)

当被问及国家电影银幕机构的文化职权需要在多大程度上进行拓展，才能涵盖烹饪节目、汽车改装和低端Flash动画等内容时，科瓦普辩称澳大利亚银幕愿意捍卫它所认定的文化产品发展方向：

> 澳大利亚银幕真正欣赏的是油管上出现的全新节目类型……尽管其中一些新类型可能会让影视专业人士不屑一顾——因为其制作水准较低，通常也缺乏叙事性——但它很有吸引力。如果愿意依据观众数量以及他们的喜好程度来衡量一个节目的价值，那么这些新类型无疑是非常出色的。(Cowap, 2015)

　　澳大利亚银幕在第一轮资助中所选的内容便暗示了油管的主要垂直领域，其中包括素描喜剧、科普教学与汽车改装视频教程、面向都市潮人的动画以及一位知名的墨尔本视频博主。澳大利亚银幕希望进一步提升内容的专业性和通用性：澳大利亚银幕并不是要支持已然成功的油管博主制作更多相类似的内容，而是要将该项目定位为一项旨在培育澳大利亚本土"故事"在线传播的举措。经由"先行一步"项目支持的内容，无论是纪实类的还是含有纪实元素的，都必须包含一种强有力的叙事内核，能够以契合全球特定观众审美和接受度的方式，突破电影院和电视的限制，推广澳大利亚文化。

　　因此，《穿越澳大利亚》(*Mighty Car Mods*)的马蒂（Marty）、马尔霍兰（Mulholland）和穆格（Moog）不再局限于制作更多面向汽车爱好者们的DIY汽车改装教程视频，而是从汽车爱好者们、热心的当地居民以及他们的油管频道粉丝那里征集一批令人印象深刻的汽车，开启一场从悉尼到艾丽斯斯普林斯的、堪称史诗般的公路之旅。最终创作成果是6部时长20分钟的影片，这些影片融入了标志性的澳大利亚元素，并且戏仿和致敬了黑尔（John Heyer）的《超越的背后》(*The Back of Beyond*，1954)、迈克·雷兰德（Mike Leyland）和马尔·雷兰德（Mal Leyland）的《问问雷兰德兄弟》(*Ask the Leyland Brothers,* 1976—1984)等经典影视作品以及巴蒂（Batty）的《布什机械师》(*Bush Mechanics,* 2001)等近现代佳作。**260**

　　这一举措实际上就是在努力促成油管文化与澳大利亚屏幕文化的深度融合。墨尔本知名视频博主及油管名人马鲁恩与澳大利亚知名传媒公司（Freemantle）携手合作，对澳大利亚一档经典电视节目《家有芳邻》进行创新性改编，从而让她的创作"更上一层楼"。由此诞生的《家有芳邻（僵尸版）》让洛纳接触到《家有芳邻》的粉丝群体，同时，洛纳也将《家有芳邻》推介给了他的全球观众（尤其是美国和巴西的观众），以及更广泛的油管社群。对于一个完全没有行业背景的人来说，受到其他油管博主的启发，在还没有"真正意识到这是一种吸引观众的有效方式"的情况下，就"开始录制表演内容并与家人、朋友和同伴分享"，如今还能与"从小就在电视上看到的人"合作并担任导演，这无疑是"一种非凡体验"（Maroun, 2015）。

　　澳大利亚正深陷媒体内容的政治经济格局以及生产消费方式的剧烈变革中。广告收入大幅流向大型平台，这使得澳大利亚重要的媒体机构——澳大利亚广播公司（ABC）——时任负责人发出警示："澳大利亚媒体公司盈利的时代已经结束了，如今权力掌握在谷歌、脸书、亚马逊和苹果等数字巨头手中。"（Scott, 2015）谷歌澳大利亚的政策目标相当明确。油管（以及其他流媒体平台）带来了全球性的、新兴市场的机遇。但是，既有的监管和支持框架并非技术中立的，而且尚未做好充分准备去支持新的在线内容制作热潮。与此同时，现有的地区许可制度也阻碍了流媒体的国际化发展。尤其当年轻网络观众的消费偏好遭遇日益精准的数字营销时，政策制定者以及受此类变化影响的电影、电视、流媒体和互联网服务提供商等都无法回避这些问题日益加剧的紧迫性。

澳大利亚的人口结构和消费趋势极有可能复现美国的数据情况，这些数据显示儿童、青少年和年轻人几乎都因为对在线名人感兴趣而聚集在一起，却完全忽视那些在"主流"媒体中走红的"主流"名人。纵观本章研究可见，社交媒体娱乐代表了全球化媒体的新层级和新形态，无论规模大小、成就高低，每个内容创作者和聚合平台都深度参与多个市场与社群的建构。

261

小　结

本章分析了全球社交媒体娱乐的动态格局，表明有必要对有关媒体、文化和平台帝国主义的论述进行修订，因为这些论述坚称20世纪媒体与21世纪的媒体之间存在着紧密的连续性。这基于两个基本论点：其一，这种美国支配论的"连续性"版本仅仅聚焦于新闻和信息领域，而在娱乐和文化领域，支配的观点难以立足。其二，大型数字平台上的社交媒体娱乐内容能够完全独立于标准发行窗口期和地域许可制度而实现全球传播，且不受标准的知识产权控制，这表明一种截然不同的、非主导性的极端传播模式已然形成。

基于"简便化"而非知识产权控制的社交媒体娱乐全球传播虽然相对顺畅，但不可忽视的是，这种情形也为不可消除的国家文化、市场和监管特性所制约。印度的社交媒体娱乐在国家层面上被塑造为对抗宝莱坞长期霸权的替代形式。中国本土平台以及依托平台的社交媒体娱乐产业，受到了国家的保护监督，并借助中国向消费驱动型经济的转型机会，而取得长足发展，并且如下一章所述，正蓄力走向全球。德国强化的监管限制以及对本土创作者的公共资助，展现了独特的政府政策和战略，下一章也将对此展开进一步探讨。澳大利亚银幕与谷歌之间的合作，印证了在文化和产业发展政策层面，有效整合社交媒体娱乐所面临的挑战和机遇。

262

如今，社交媒体娱乐的全球化进程正逐渐引起学界关注。例如，艾莎耶德（Elsayed，2016）和马尔祖基（Marzouki, 2017）分别聚焦于埃及与摩洛哥的中东裔创作者的文化政治与商业化实践。斯科拉里和弗拉蒂切利（Scolari & Fraticelli, 2017）研究了西班牙油管博主的话语实践以及他们对传统西班牙媒体的影响。这些国别案例研究进一步凸显了全球社交媒体娱乐在国家、跨文化和语言维度上的多样性。这种新兴"地理语言市场"（Sinclair, Jacka & Cunningham, 1996）已经孕育出一些成功范例，譬如油管上订阅者数量仅次于菲利克斯的"你好，我是塞尔曼"（Hola Soy German）；美国著名社交媒体娱乐喜剧演员斯莫什（Smosh）的西班牙语配音频道艾尔·斯莫什（El Smosh）；粉丝数量超过莫塔和潘总和的美妆视频博主尤拉（Yula），以及获得大额融资的社交媒体娱乐中介平台"米图"（MiTú），它"正在改变拉美创作者与社群的连接方式"（Kozlowski, 2014）。

在媒体与传播学研究领域，关于媒体和文化帝国主义以及全球化的争论或许由来已久而显得陈旧。鉴于人类学对文化独特性的深入探究，它或许能为理解文化全球化提供新颖且更为细致入微的视角。例如，人类学家威尔克（Richard Wilk）在对伯利兹选美比赛进行研究时，既捕捉到了文化全球化的两种态势，即"弱"文化全球化和"强"文化全球化，也发现了全球文化系统是通过组织多样性而非复制同一性来推动文化差异的。文化多样性正通过日益全球化的形式化惯例（如面向年轻人的内容类型）来实现传播。其文化影响力取决于机构参与的程度以及这些形式化惯例拓展的广度。"我们并没有变得千篇一律。"他指出，"但我们正在以更广泛、更易于理解的方式来描述、演绎和交流彼此之间的差异。"（Wilk, 2003, p.118）

结　语

　　媒体史学家希尔姆斯（Hilmes, 2009, p.30-31）认为，研究媒体产业史学是一项"大胆且反传统的任务"——难度堪比"封住水银"。"毕竟墨丘利是信使之神，是人类交流的象征；而作为一种物质的水银，它难以被固定，且极善于摆脱各种限制。"历史编纂学正是理解这个"新的且不确定的"领域所依赖的"结构性框架"。她采用与本书研究目标惊人相似的话语写道，媒体"拒绝遵循的分析范式。它们反对本质化，需要多元要素与参与者，模糊创作界限，拓展表达形式的边界，僭越审美标准，跨越文化壁垒，打破受学科限制的接受方式，混淆意义，渗透公共和私人空间，从根本颠覆我们习以为常的学术研究方式"（Hilmes, 2009, pp.21-22）。

　　为解决书写当下行业史的难题——毕竟该产业的形态如水银般嬗变——首先，对该产业展开历史化研究，通过辨析SME 1.0阶段与SME 2.0阶段之间的根本性和非根本性变革差异，梳理该产业形态随时间推移所产生的动态变化。本结论性章节的后续部分还将描述一些关键的潜在趋势，这些趋势预示着该产业加速演进中的进一步变化。其次，采用社交媒体娱乐的"生态学"视角来"封住水银"：绘制该产业的多维图景，展示各维度之间相互依存的关系，以及它们与好莱坞之间的本质差异。这种多维策略需要采用多视角，借鉴政治经济学、网络经济学、生产文化、关于劳动和管理的批判性研究、内容类型与表征分析以及全球化辩论等领域的理论框架的同时，亦时常提出修正方案。从根本上说，本研究定位于批判性的媒体产业研究范畴，该领域一直借鉴文化研究、媒介研究和传播学的学科资源，并与之保持对话关系。

概　述

　　第一章从好莱坞（以娱乐知识产权驱动的内容产业）与硅谷（迭代式科技实验）之间既不稳定却又相互依存的文化冲突的角度，构建了这种新兴原始工业的政治经济学框架，而非将它们视为资本主义霸权的常规运作。数字电视类内容门户网站或社群驱动的社交媒体平台对传统屏幕产业的挑战并非单一维度的。这些网站既相互竞争，也共同冲击传统屏幕媒体产业。专注于专业内容制作并与有线电视与广播正面竞争的网飞和亚马逊，与脸书、微影、色拉布、照片墙等网站之间有着明确的分界线，那些网站尽管不断迭代内容策略并通过广告变现，但仍然坚守社交媒体娱乐的社交媒体观。油管处于中间地带。在持续迭代（永久测试版）和竞争性实验的驱动下，这些平台已经为聚焦创作者的研究建构了结构与物质基础。为"把握这一产业瞬息万变的态势"（即"封住水银"），本研究认为社交媒体娱乐历史的第一阶段是以平台为特征的，这集中体现在油管上，它通过提供开放的访问路径以分享内容和培养社群，从而使自己区别于数字电视门户。SME 2.0 则明显属于第二阶段，以第二代平台日益激烈的竞争以及多平台化趋势为标志。

第二章指出社交媒体娱乐中创作者的劳动环境既赋予他们自主权，又为他们带来风险。媒体劳动的多样化实践涵盖了内容生产环节，该环节贯穿于从构思到流通的全产业链的垂直整合，而且几乎没有保留传统媒体劳动分工。同时，随着平台功能特性日益增多和细分，跨平台实现可传播性的需求也使该环节变得复杂。虽然创作者社群的高参与度实践尚未被充分理解，但相较于传统媒体劳动，它们的运作更具独特性，也更难以类比。

创作者的创业精神促使他们不断探索保持可行性的途径。这是一种追求可持续性的风险管理形式，当下正扶持着众多备受瞩目的事业，但其最显著的特点是，由于需要服务全球范围内不断扩张的粉丝社群，创作者的收入普遍较为微薄。创作者既要培育传统收入来源，又要开拓创新性的收入渠道。他们通过程序化广告和影响者营销，利用多个平台内及跨平台的商业平台特性和用户可供性获得；同时与传统媒体合作，通过演出费和传统知识产权的创造获取收益，此外还借助提供粉丝众筹和周边商品销售的辅助平台创收。新平台纷纷效仿，推出了带有收入分成，结合新技术和商业特性（如电子商务和虚拟商品）的合作伙伴计划。

由于中介机构游走于平台与创作者、广告商与传统媒体之间，甚至常陷于多方夹缝中，其处境的不稳定程度可能不亚于创作者——甚至有过之而无不及。第三章探讨了一波又一波的企业和专业人士，与其说他们在各种投机、补贴、多元化业务和并购战略之间乘风破浪，不如说他们在随波逐流、左支右绌。对于一些过去以多频道网络著称的组织而言，它们的不稳定性已成为整个行业在风险浪潮中艰难前行的缩影。

尽管第三章部分例证显示，社交媒体娱乐中介机构的属性与传统媒体中介的属性有所重叠，但第四章可能比其他任何章节都更清楚地说明了这个产业与传统内容产业的不同之处。该章节试图将修正主义分析嵌入到文化真实性与商业性之间非此即彼的二元化表述中，即通过社交媒体娱乐内容中关于真实性和社群的双重话语，对品牌文化的管理与规训机制进行修正性分析。

265

第五章的实证研究表明，与主流屏幕媒体相比，社交媒体娱乐在种族多样性、文化多样性和性别多样性方面更为突出。本章通过聚焦亚裔美国人的行动主义，探讨了社交媒体娱乐培育跨越地理、文化、语言和国家边界的进步主义理念的潜力。第六章则指出，社交媒体娱乐的全球化并不是西方文化帝国主义的又一例证，而是由脱离标准版权行业高度控制机制约束的内容促成的。虽然本书以美国为中心（因为社交媒体娱乐就是从那里发展起来的），但不得不承认，在世界领先的平台增长与革新的推动下，在政府的持续保护和规范下，中国社交媒体娱乐产业已然崛起，并且实现了远超其西方同行的跨越式发展。本研究试图解释社交媒体娱乐在媒体全球化过程中更高程度的全球覆盖、因监管法则和政治差异所导致的地区不平衡，以及社交媒体娱乐自身所展现的巨大的文化多样性。

后续章节辨识出当下两种产业趋势，一种潜在地昭示着社交媒体娱乐历史上的进一步变革，另一种预示着或许一个全新发展阶段即将出现。本研究谨慎探索，因为倍增的利益相关者和多边压力正施加于这个高度不稳定的产业内外，它们使得任何宏观预测都变得充满争议且不可靠。但可发现的是，强度更高、形式更新的监管行动正在推行，与此同时，最新、最独特的创作者——主播，作为潜在的、强大的变革力量，与流媒体平台的激增共同引发了产业变革。

全新的监管时代

在社交媒体娱乐的全球化进程中，一个潜在新阶段的决定性特征是，平台正进入一个监管时代。在这个时代，公共政策和监管措施对它们的影响将比以往任何时候都要深远。这种监管既包括国家层面的干预，也包括围绕平台作为"中介"（Gillespie, 2018）（不要混同于第三章对这一术语的使用）的根本属性而实施的防御性自我监管实践。尽管美国和欧洲的监管框架之间存在明显且具有争议性的分歧，但平台监管仍然在国家和超国家的层面推进着。一个越来越无法回避的问题是，当平台逐渐向媒体公司转型时，将引发怎样的影响？（Napoli & Caplan, 2017）。

但同样重要的是，将公共监管干预、自我监管以及商业利益可能带来的那种监管（或者更准确地说，是巨大的影响）区分开来，并通过剖析这些差异来分析这个新的监管时代。在这样一个充满实验性的商业环境中，广告商和品牌方始终惴惴不安，商业模式也因而变得脆弱不堪。针对儿童保护和商业（信息）披露问题的忧虑持续了数十年，这也是平台和社交媒体娱乐文化所固有的，但当前这些忧虑比以往更甚。因此，如果将平台当作媒体公司来加以监管，那么便需要考虑其深远影响。

这些因素是相互关联的。尽管平台已对内容进行了大量治理、审查和管理——谷歌每月要处理8000万份下架通知，不仅包括版权申诉，还包括网络欺凌和虚假新闻——近年来，针对在线内容的监管压力在持续攀升。格里斯佩（Gillespie, 2018）发现：

> 社交媒体平台越来越多地承担起筛选内容和监管用户活动的责任：这不仅是为了迎合法律要求，或者避免被施与额外的政策（监管），还为了免于失去被冒犯或被骚扰的用户，安抚那些希望将自己的品牌与一个健康的在线社群关联起来的广告商，维护他们的企业形象，并遵循（平台管理者）个人与机构的伦理准则。

从广告末日事件可以看出，品牌方和广告商正在对社交媒体娱乐平台施加一种特殊形式的"监管压力"，而这种压力正产生显著影响。这促使谷歌和脸书迅速采取行动，建立品牌安全措施和过滤系统，以防止具有冒犯性内容的广告投放。但是，就像平台在知识产权控制方面过度修正一样，油管对程序化广告的干预已经对创作者赖以生存的收入来源造成了严重减损。

铺天盖地的忧虑

针对"虚假和误导性广告"的现有政策规划，早在商业互联网出现以前便已存在，并且一直是商业互联网的典型特征。第四章展现了这类政策框架对菲利克斯的影响，第六章亦介绍了它如何波及德国创作者（以《广告标识声明》为例）。2015年，美国联邦贸易委员会发布了《欺骗性广告格式执法政策声明》（*Enforcement Policy Statement on Deceptively Formatted Advertisements*），将"软文广告""在线广告"及"赞助内容"纳入监管范畴。最近，英国广告标准协会提出了世界上最严苛的在线广告指南之一：2014年通过的《非广播广告、销售、促销和直接营销守则》（CAP守则）明确要求创作者必须公开披露自己何时因推广产品、品牌或服务而获得报酬。

同样，为儿童寻求特别保护措施的监管性关注，也早在网络时代之前就已存在，并且一直是网络时代人们关注的焦点。数十年来，针对儿童媒体新技术的道德恐慌，在监管方面引发了大量回应。1930年，全国道德联盟（National Legion of Decency）开始审查电影中使包括儿童在内的观众觉得反感的内容。20世纪70年代，儿童电视行动组织（Action for Children's Television campaign）成功说服美国联邦贸易委员会禁止以儿童为目标的广告。从那时起，出于对儿童与暴力接触的担忧，电子游戏产业再三成为监管目标。

随着整合性媒体和参与式媒体的出现，围绕儿童媒体的忧虑不仅进一步加剧，还引发了争议。詹金斯（Jenkins, 2006, p.3）早已对此有过精辟论述："也许我们如今不能再把媒体制作者和消费者作为两种不同的角色进行讨论，而应将他们都视作参与者，他们都在依照一套人们尚未完全理解的新规则而进行互动。"据切斯特（Chester, 2015）所言："凭借年轻人对交互式媒体的热情，一场'数字淘金热'正在发生。"

268

社交媒体娱乐的崛起，促使多个政府机构出台针对不同年龄段儿童的监管政策，这些政策时而相互矛盾，但都是针对平台和广告商而设计的。联邦通信委员会和联邦贸易委员会都承担起了儿童监管职责。1998年，《儿童在线隐私保护法》要求联邦贸易委员会发布并执行儿童在线隐私的相关规定。该规定禁止平台、网站及应用程序收集13岁以下儿童的个人数据，以防这些数据被提供给广告商等第三方。

此类规定仅适用于美国境内，但大型数字平台几乎在全球范围内运营。因此，其他国家也开始发布类似的网络监管规定，这便导致了不可避免的矛盾。欧盟已实施了多项措施，包括加强互联网安全行动（Safer Internet Action）（1999—2004）、加强互联网安全+计划（Safer Internet Plus Programme）（2005—2008）、加强互联网安全计划（Safer Internet Programme）（2009—2013）以及《视听媒体服务指令》（*Audiovisual Media Services Directive*），该指令在2010年取代了《无国界电视指令》（*Television without Frontiers*）并被多次修订。最近，欧盟发布了《通用数据保护条例》（General Data Protection Regulation，2016），要求所有平台保护16岁以下用户的私人数据，而美国的《儿童在线隐私保护法》的年龄限制是13岁。

此外，大多数国家都见证了广告贸易组织所进行的自我监管举措，这些组织致力于阻止政府的进一步监管。在美国，北美商业改进局委员会（北美商业改进局）于1974年成立了国家广告审查委员会（National Advertising Review Council，缩写为NARC，该缩写巧妙暗含"监管"之意），负责监督面向儿童的广告。如今，国家广告审查委员会（NARC）为广告商提供预审，以确保其符合《儿童在线隐私保护法》的规定。

为应对这些日益加剧的忧虑，油管在儿童访问、隐私保护和广告投放方面实施了自我监管。虽然西班牙和韩国对谷歌用户的年龄限制是14岁，荷兰的限制是16岁，但在美国以及大多数国家，谷歌用户的年龄限制为13岁及以上。此外，油管的审查委员会可能会将视频的年龄限制设置为18岁以上，尤其是当视频中包含低俗语言、裸露、暴力，或危险行为时。至于广告方面，油管发布了一份复杂程度远超法律要求的"社群与技术指导原则"清单与广告政策。虽然油管允许产品植入和代言，但要求创作者必须使这些合作关系公开透明，并提醒创作者须遵守不同的司法管辖区的不同规定。

作为进一步自我监管的举措，以及阻止监管机构进一步监管儿童节目的预防性措施，油管在2015年推出了"油管儿童版"（YouTube Kids，简称YTK）。2017年，该应用程序便在26个国家/地区上线，为拥有新型智能设备的用户提供服务，累计获得超过300亿的观看量和800多万的每周活跃用户。根据油管的说法，该应用程序为儿童提供了一个更为安全和便捷的环境，让他们能够探索感兴趣的视频。这一举措反映了儿童观看习惯的巨大转变，即从电视转向油管、亚马逊和网飞等在线平台（Alba，2015）。这个应用程序的核心功能包括为儿童定制精选内容（如开箱视频）以及家长管控模块，还能防止儿童发布视频和观看定向广告，从而有效规避监管（Grande，2015）。尽管该应用程序是以广告为支撑的，但严格限制多个广告类别，如美容健身、食品饮料、约会网站和政治广告等。此外，所有品牌植入内容必须做到公开透明，而且广告/品牌内容和一般油管内容也需要被明确区分。

尽管如此，儿童权益倡导者们仍然对监管和责任制提出了更严格的要求，指控平台违反了国家规定，并声称油管儿童版应用程序对缓解他们的忧虑毫无用处。油管儿童版推出尚不足6个月，多家儿童媒体监管组织便声称该应用程序向儿童投放欺骗性的广告，并投诉谷歌以欺骗性的方式向父母推销油管儿童版，以及该应用程序上展示的受赞助视频违反了美国联邦贸易委员会的《代言指南》（*Endorsement Guide*）（Greenberg，2015）。持续加剧的忧虑导致行业中利益相关者之间出现了分歧，无论是监管机构与企业主、平台与广告商，还是创作者与包含家长、儿童的受众社群之间。

令倡导者尤为担忧的类型是儿童玩具开箱视频，这类视频的特点通常是由儿童创作者担任主持人。倡导者反复抱怨这些视频，他们认为这些视频纯粹是营销手段，而且即便最明显的推广标识也是不够的。对此，教育学家马什（Marsh，2016）提出反驳，没有证据显示孩子们仅仅因为看了这些视频就对新产品产生兴趣；反而是"儿童早已对这些产品产生兴趣"。在马什（Marsh，2016）看来，"关于开箱视频的商业化程度，以及它们对儿童或家长购买行为的影响程度，目前尚未得到充分研究"。

对开箱视频的监管恐慌，遮蔽了开箱视频可能为创作者带来的机遇和自主性，这些创作者包括儿童以及围绕这一类型建立自有品牌内容业务的父母和监护人。对开箱视频创作者或他们的父母——均为成年人——的访谈揭示了一种家族企业的创业抱负和经营理念。他们的叙述也反驳了活动人士的说辞，即这些视频只是企业广告，而创作者只是被大型玩具企业所雇用的无知的托儿。而他们的业务正因程式化主张而受损，这种主张认为开箱视频不过是对儿童的商业化剥削。

在内容领域背水一战

社交媒体平台在对自身中介角色的定位上始终摇摆不定。一方面，它们一直将自身定位为"开放、中立且拒绝干预的"（Gillespie，2018），这既反映出它们对规避监管的诉求，也体现了一种"硅谷精神"（Vaidhyanathan，2012），即对言论自由、开放文化和个人自治引以为傲。另一方面，它们在美国借助1996年《电信法案》（Telecommunications Act）第230条的"安全港"条款，获得了法律豁免保护（Mueller，2015）。

第一章阐述了油管和脸书是如何依据这些早于它们出现的法规，通过自动化的自我监管机制[如内容识别系统（Content ID）]，规避版权侵权责任的。平台只要在收到版权方的侵权投诉后，及时中止涉嫌侵权内容的访问，便可免除事先审查责任。但是，该章节同样揭示了这种限制用户和创作者借鉴或引用相关文化产品的平台机制，即便不是蓄意的过度校正，也会产生诸多意想不到的后果。尽管"合理使用条款"宽泛适用，该

271

条款也无法使涉嫌侵权的内容免于被移除。最理想的情况是，创作者保留了内容，但内容变现的机会却被背后的知识产权持有者剥夺。

第六章概述了安全港条款和《数字千年版权法》的深远影响，以及自动化数字版权管理（简称DRM）的自我监管机制，它们使得主流科技公司的社交媒体娱乐平台得以在全球范围内迅速扩张。此处纳入考量的核心监管原则是，将平台视为互联网服务供应商——类似于《电信法案》中的信息传输服务商，它们无须对传输内容承担直接责任。实际上，《数字千年版权法》将平台归类为在线服务供应商（这是一种包含互联网服务供应商ISP在内的类别），从而使它们尽管在广告披露、儿童保护或数字隐私等方面受到国内外监管的限制，但仍实现了近乎无阻碍的扩张。

社交媒体娱乐专家和分析师厄尔曼在采访中提出的观点，揭示了平台正小心翼翼地游走在一条微妙的界线上：

> 脸书尚未涉足原创内容创作，而油管出于法律原因也尚未正式按下摄像机的录制键。然而，它们几乎做了除此之外的所有事情。一旦油管成为真正的内容创作者，法律定义就会发生改变，并且会对平台版权体系产生极为重大的影响。就内容创作而言，虽然油管在为内容创作提供资金支持，但它并不直接制作内容。这是关乎版权的问题。目前它仅作为平台，为其他人清理内容，但凡参与制作，性质就会改变。这是知识产权的防御性策略。油管可以为内容提供资金支持，但不拥有知识产权。（Ullman, 2015）

正如本研究对社交媒体娱乐平台发展历程的描述，随着这些平台向全球范围拓展，除了内容策划和知识产权控制，它们已开始采用南加州式的内容运营策略，通过创造稀缺性提升内容价值。这一过程始于集成视频播放器的融合，进而延伸至独立的订阅制无广告平台（如油管红）上所进行的原创内容制作。这种平台会与油管主站及其他分支平台形成协同效应。2017年8月，脸书推出了观看平台（Watch）。这是一个独立视频平台，旨在与油管红和网飞展开竞争，并规避《数字千年版权法》对其社交媒体主平台的监管限制（Silver, 2017）。

因此，这些平台如今越来越趋近于人们所认知的媒体公司。那不勒斯和卡普兰（Napoli & Caplan, 2017）精准地剖析了将这些科技公司视作媒体公司的意义——这"绝非仅仅语义上的差异"。他们指出，脸书和谷歌在广告收入与"思想市场"中日益占据支配地位。这种现象在美国政策讨论中鲜少被提及，这部分归因于"迄今为止科技公司而非媒体公司论调的有效"。但是这些平台"不可避免地按照某种方式发展，这些方式使得科技公司与媒体公司之间的界限越发模糊"。例如，垂直整合到内容创作领域，以及采取更具干预性的内容筛选机制。2016年美国总统大选期间爆发的那场被称为"信息灾难"的事件，加速了美国高层在政策层面对数字平台的关注。鉴于数字平台如今已成为多数美国公民获取新闻的主要渠道，当局关注的焦点在于：如何迫使这些平台进行更有效的自我监管，或者以国家强制干预相威胁，以确保新闻价值得以维系。

在欧洲，各国政府和超国家机构已不再停留在引发讨论阶段，而是开始采取行动对美国平台实施监管，并且基于对美国数字平台广泛影响和势力的担忧，对这些平台处以巨额罚款。这些举措涵盖税收、隐私、竞争以及内容监管等多个方面。所有这些举措都有可能对社交媒体娱乐未来的运营环境产生影响，而其中最后一项（内容监管）与社交媒体娱乐直接相关。

大西洋的分歧线

驱动新一轮监管的根本分歧，在于美国与欧洲监管框架和实践之间日益显著的差异。美国的监管模式立足于竞争、创新以及国家领军企业（美国国内奉行反垄断竞争原则，对境外产业给予国家支持——正如古拜克（Guback, 1969）和汤普森（Thompson, 1985）所揭示的，这遵循了自20世纪20年代起为好莱坞确立的传统原则）。《数字千年版权法》的精妙平衡便凸显了这一点：一方面强化既有传媒巨头持续获取版权租金的能力，另一方面进一步将试图规避受版权控制的行为认定为犯罪。与此同时，借助安全港条款为新一代美国数字巨头创造发展条件，这些巨头遵循的是基于内容聚合和传播的全新准则，而非控制原则。

与之相反，在过去近10年间，欧盟不断升级应对数字平台的监管策略。首个重要干预举措是颇具争议的"被遗忘权"（right to be forgotten）法规，这项欧盟法规强制要求谷歌等企业从搜索结果中删除不准确或过时的个人信息。"GAFA"（谷歌、亚马逊、脸书、苹果）也因利用低税天堂最大限度减轻它们在高税收国家的税务负担而受到追查。如今，这已成为高层次国际协调的重要议题。

芬利（Finley, 2017）整理了欧洲对美国科技公司协同打击的最新证据：法国以脸书涉嫌侵犯隐私为由，对其处以15万欧元罚款，其他几个欧盟国家也在调查该公司的隐私操作。2016年，欧盟要求苹果公司支付130亿欧元拖欠税款（当时约合145亿美元）及利息，称爱尔兰给予了该公司税收优惠待遇。同年，欧盟对谷歌的安卓操作系统提起反垄断诉讼，指控谷歌要求手机制造商在安卓手机上预装谷歌应用程序，对竞争对手不公平。2017年，欧盟对谷歌处以27亿美元罚款，裁定它优待自有内容服务（谷歌购物）的行为非法且妨害竞争。"这可不只是一笔巨额罚款。"芬利指出，"它还要求谷歌从根本上改变其搜索业务运作模式。"这有可能对谷歌基于北加州模式的迭代创新战略产生冲击。

尽管大西洋彼岸阻力重重，但在美国国内，这些平台被视作国家领军企业和创新驱动力，它们在全球范围内传播美国的商业与创新理念。美国前总统奥巴马指责欧盟针对

274

美国平台的行动是贸易保护主义。奥巴马在2015年接受Recode采访时表示："互联网是属于（美国人）的。是我们的公司创造、拓展并以（欧洲公司）难以企及的方式完善了互联网。"他进一步指出，"而且，那些常在争论中被描绘为高尚立场的，有时不过是为获取某些商业利益的幌子"（Finley, 2017）。

谷歌在美国基本未因妨碍竞争而受到反垄断审查。芬利（Finley, 2017）指出，根据《华尔街日报》2015年获取的文件，2012年美国联邦贸易委员会的工作人员建议对谷歌的不正当商业行为提起诉讼。但最终，在谷歌做出一些让步后，如允许猫途鹰（TripAdvisor）和美国商户点评网（Yelp）等公司拒绝将它们的内容用于谷歌自有服务，美国联邦贸易委员会的委员们决定不再起诉。2016年，谷歌的政策或许已进入美国联邦贸易委员会的监管视野，但该机构始终未采取行动。

有一种观点认为，监管机构只应针对明显损害消费者利益的妨害竞争行为采取行动，如涨价；而谷歌和脸书的大部分在线服务都是免费的，与上述观点所设想的情况相反。这一点，再加上对创新的政策倾斜（其背后作为支撑的是扶持国家领军企业的执政意识形态），或许能解释为何美国联邦通信委员会在平台监管方面基本采取不干涉态度（《儿童在线隐私保护法案》除外），以及美国联邦贸易委员会主要关注在线商业利益披露规则的原因（Gutelle, 2017b）。

由于政府在平台监管和反垄断方面不作为，新闻出版行业已尝试自行采取行动。

> 一批新闻机构将争取与大型在线平台进行集体协商的权利，并为此向国会申请有限的反垄断豁免。这是一项成功希望渺茫的极端举措。但由于业界认为，无论谷歌和脸书意图如何，它们在经济上构成的威胁远超特朗普总统（截至目前）的言论威胁，所以仍觉得值得一试（Rutenberg, 2017）。

欧洲立法者试图通过部分平台收入来支持欧洲创作者，以及在流媒体平台上为本土内容设置最低配额，尽管这些措施主要针对专业生成内容创作者，但仍可能会对社交媒体娱乐产生更为直接的影响。一个延续这种传统国别实践的典型案例是，法国立法机构曾通过法案，对包括油管在内的在线视频平台的广告收入征收2%的税款，以资助本土内容创作。不过，该案例中的"本土内容"并非社交媒体娱乐，而特指法国电影产业。

同样，欧洲委员会在修订2010年《视听媒体服务指令》的提案中，正尝试制定针对在线平台的"精准化"监管框架。在"更多欧洲创意"的旗号下，委员会提出：

> 当前，欧洲电视广播公司将约20%的收入投入原创内容，而点播服务提供商的投入比例不足1%。欧洲委员会希望电视广播公司继续将至少一半的播出

时间分配给欧洲作品，并准备要求点播服务提供商确保其节目目录中至少20%为欧洲内容。该提案还明确表示，成员国有权要求本国的点播服务商为欧洲作品提供资金支持。（欧洲委员会，2017）

2017年，《视听媒体服务指令》进一步修订完善，欧洲议会成员要求视频点播目录中欧洲作品的配额达到30%，而非委员会提议的20%，并将规范范围扩大至"涵盖社交媒体服务"（欧洲议会，2017）。

这个新监管时代的新兴形态，或许有助于保护国家媒体产业，甚至是社交媒体娱乐创作者的文化权益。文中探讨的政策法规，或许可以遏制误导性广告行为，防止劳动剥削并促进竞争与多元化。但是，媒体监管的历史，尤其是美国媒体监管的历史，充斥着被行业巨头裹挟、商业利益凌驾于公共利益之上的案例。此外，如果将侧重于规范版权和知识产权控制的传统监管政策扩展至这一领域，虽然能强化平台的问责机制，但也存在抑制创作者能动性、创新及创业精神的风险。

直播时代

在对社交媒体娱乐进行历史梳理时，技术创新和平台竞争被视为其最为显著的特征。这些特征又与创作者劳动、中介管理以及社交媒体娱乐的全球维度相互交织。直播，即社交媒体用户实时出镜与发表评论的同步互动形式，或许正推动变革，而这场变革足以开启社交媒体娱乐的新阶段。到目前为止，本书的分析在很大程度上基于可上 **277** 传、可存档的视频内容，以及包含评论、点赞和分享等异步互动的社交媒体娱乐内容。

随着直播功能与既有社交媒体娱乐平台深度融合，以及专门直播平台的兴起，直播式社交媒体娱乐崭露头角。但是，直播式社交媒体娱乐的即时性和流行性，也引发了监管机构对主播们的强烈反应。中国直播式社交媒体娱乐产业表现亮眼，正如第六章所阐述的，展现出更成熟、发展更迅速的体系特征。而中国资本也已经在西方最为成功的直播平台中占据战略性的控股权地位。

直播：功能和可供性

直播并非新生事物。一些平台，如油管、脸书和推特，早已具备直播功能。以直播服务为特色的贾斯汀电视，后来更名为"图奇"，并被亚马逊收购。类似的早期直播平台还有Ustream。21世纪最初10年中，由于网络速度提升和移动接入普及，直播平台如雨后春笋般不断涌现。市场报告预测，到2021年，该产业（涵盖平台、广告及其他利益相关方）规模将达7000亿美元（Swant, 2016）。

"潜望镜"和"猫鼬"之间的竞争，是北加州与南加州产业模式博弈中，又一个凸显直播平台发展加速与不稳定的典型案例。潜望镜平台在推出前就已被推特收购（就像如今已关闭的微影一样）。当推特转型为媒体内容公司，平台随后便整合了直播功能，并达成了美国国家橄榄球联盟（NFL）赛事的直播合作。即便如此，潜望镜平台的首席执行官兼联合创始人贝克普尔（Kayvon Beykpour）坚称，潜望镜对推特的多平台战略依旧至关重要："拥有专用于观看和创建直播视频的空间，一个能探索社群、搜索地图的专属空间，这些都是推动推特平台的直播内容生态系统发展的要素。没有这些要素，生态系统将不复存在。"（Flynn, 2017b）

相比之下，猫鼬平台在不到一年的时间里，从"备受瞩目的热门项目转变为需要调整发展方向的项目"（Flynn, 2016）。这款直播平台于2015年3月推出，由技术精英打造，其雄厚的赞助资金来源混合了一众风险投资机构、传统好莱坞公司以及投资人，包括环球唱片公司（Universal Music Group）、创新艺人经纪公司（Creative Artists Agency）和联合精英经纪公司、康卡斯特环球公司以及明星投资人库彻（Ashton Kutcher）和莱托（Jared Leto）（Griffith, 2015）。然而到2016年秋，该平台从应用市场消失，据传它将以"视频社交网络"的形式重新被推出（Wagner, 2016a）。

猫鼬平台走向失败的原因在于，主流平台（除推特外，还有脸书和油管）纷纷增加直播功能。脸书创始人扎克伯格被形容为"痴迷于直播，并将直播视为脸书的首要任务"（Wagner, 2016b）。与此同时，第二波中国资本控股的直播平台强势进入市场，包括据称"风靡美国"的贾斯汀电视和直播我（Live.me）（Soo, 2016）。

直播技术为平台、广告商、用户以及创作者提供了新的传播可供性和商业可供性。与存档的点播内容不同，直播通过实时弹幕评论为消费者营造出更强的互动体验。

> 数字视频一直是众多品牌与消费者沟通以及娱乐消费者的首选方式，其终极目标是获得广泛传播。而直播则将数字视频向前推进了一步，让营销人员能够与消费者进行双向对话。脸书上一个直播视频的观看时长是非直播视频的3倍，该平台上直播视频收到的评论数量也是普通视频的10倍（Poggi，2016）。

直播的现场感为品牌带来了竞争优势，同时也带来了劣势。对于正在向传统媒体转型的平台而言，直播使它们能够通过版权高昂、专业制作的现场直播内容（如体育赛事和演唱会）与电视台竞争，而这些内容反过来又能吸引高端广告商和观众。但是，品牌和广告商在直播影响者营销策略的制定上仍面临挑战。据宝洁公司两名中国区高管在非公开采访中透露，直播内容在投资回报率和转化率方面无法与点播视频相媲美。此外，品牌方发现，直播创作者的品牌植入活动在共同创作、流程管理及质量监督方面难度更大。

直播技术催生了另一波创作者群体，他们在中国被称作"主播"或"直播间主持人"，在韩国则被叫作"BJs（直播骑士）"。第三方数据网站（如管形实验室）从2016年初开始将许多直播平台纳入统计范畴，并着手发布直播创作者排行榜。2017年，行业网站Tubefilter转载了直播我平台上的创作者排行榜，并指出：

> 脱胎于北京猎豹移动公司的直播我，从2016年4月起，便让用户能够直播自己的生活，并观看世界各地其他人的直播。在之后短短9个月里，这个直播平台就受到知名网络创作者、音乐人、粉丝，以及一批新兴的、极善于吸引同龄人关注的本土人才的青睐。如今，该应用程序每天提供数十万小时的直播内容，报告显示，截至2016年10月，它已通过礼物经济模式向创作者支付超过100万美元报酬。这一数字还会持续增长。它为一小部分直播我平台的明星提供了一个获利颇丰的机会，使他们能够辞去按部就班的工作，全职投身该平台，赚取五到六位数的年薪。（Cohen, 2017）

主播们采用了一系列独特的社交媒体娱乐屏幕美学，有时制作成本更为低廉：既可以在精心控制实现最佳灯光和音效的固定场景，也可以在较差灯光和音效条件下进行实况直播。直播创作实践对创作者和社群都提出了编排与调度方面的要求。例如，为了匹配观众的可观看时间，创作者必须在常规的上学和工作时间之外进行直播。

直播创作者更多采用即兴表演的形式，且没有后期编辑。脸书的直播魔术师迪恩（Julius Dein）"让居家观众参与到活动中，并询问他们接下来自己应该搞些什么恶作剧。这就是充分利用直播视频互动性的方式"（Johnson, 2017）。经验丰富的点播视频创作者正以实验性和策略性的方式，将直播融入他们的创作实践。许多受访的创作者都已经用直播频道和直播平台取代了他们的油管频道、脸书或推特，以及色拉布平台。直播 **280**
为创作者在开发、制作、剪辑和传播异步内容的间隙提供了更为简便且持续的社群互动方式。知名创作者瑞特和林克（Rhett & Link）采取了一种稍有不同的策略，每周他们在主频道上进行一次直播，与粉丝进行问答互动，以促进创作者与社群之间更多的互动和共创。

如前文所述，直播社交媒体娱乐平台往往无法带来利润丰厚的影响者营销机会。但这些平台可通过虚拟商品和打赏功能达成收益分成合作协议。除了这些粉丝资助策略，像图奇这样的直播平台还引入了赞助和订阅功能。正如一位图奇上的游戏玩家所说的，这些功能"成了主播的基础薪酬，（让他们）不再仅仅依靠打赏，因为打赏金额可能这个月100美元，下个月4000美元——但你永远无法预知"（Convery, 2017）。与此同时，平台持续推出新的、有助于创作者增加收入的商业功能，如"脸书直播"上的视频插播广告（Boland & Angelidou-Smith，2017），然而，这种模式复制了传统电视节目的广告插入结构——这无疑是一种倒退策略，也许会像新可乐一样昙花一现。

直播行业的西部狂野和东部风云

和所有社交媒体一样，直播平台和直播功能既有可能放大人类文化中的闪光点，也有可能暴露其阴暗面。脸书直播因允许用户直播犯罪活动而备受诟病，其中包括多起谋杀案件的直播。平台理所当然地要为这种荒诞的犯罪行为承担责任。但直播的即时性也使得受害者能够辨认出侵害者，美国用直播摄像头记录警察暴行的事件就是例证。2016年，当国会有线电视网络 C-Span 被关闭时，民主党人借助潜望镜和脸书直播平台直播了他们支持枪支管制的静坐抗议活动。2016年中期，土耳其一场未遂政变就是通过直播平台进行联络的。更新一下那句谚语：革命或许不会被电视转播，但可能会被直播。

直播影响社交媒体娱乐未来的最佳例证是中国直播产业。该产业的加速发展已领先西方同行数月，甚至数年。推特的直播平台潜望镜在全球范围内仅有约1000万用户，而中国前五的直播应用程序就拥有超过8500万活跃用户（NextShark.com，2016）。被认为比西方同行价值更高的中国直播社交媒体娱乐产业，进一步推动了"直播女王们——她们年轻、自恋且富有——的商业成功"（Birtles，2016）。中国的直播产业同时带动了配套业务的增长，包括寻找下一个直播明星的经纪公司、消费信贷，甚至整形手术（Zhang & Miller，2017）。美国消费者新闻与商业频道（CNBC）的陈茜（Chen，2016）将这一现象称为"影响各方的变革性力量"。这里的"各方"指的是平台、投资者、广告商、用户和内容创作者（主播）。面对有限的电视节目内容，数字门户网站（爱奇艺）上直播用户数量激增，甚至第一代、第二代录播平台（优酷和微博）上的本土社交媒体娱乐创作者也崭露头角。"吸引力在于中国的3.44亿网民——超过世界上除中国和印度以外所有国家的人口总和"（Zhang & Miller，2017），以及2016年增长了180%的直播市场（Xiang，2017）。

图1、图2展示了中国直播行业的快速增长情况。自2015年以来，基于个人电脑端的中国直播游戏平台，如斗鱼和熊猫TV，在竞相争夺顶级电子竞技选手的过程中迅速扩张。相比之下，2015年推出的 YouTube Gaming 是亚马逊旗下图奇仅有的竞争者。到2016年中期，中国已有300多个直播移动应用程序，这得益于积极的私人风险投资、创业经济，以及早期在中国香港市场上市的热潮。这些平台制作和运营成本低廉，且能获得中国快速壮大的上层阶级中一些有钱客户的资助，这些客户通过购买虚拟商品来支持"直播间主播"。与美国第一代平台类似，优酷（中国版油管）和微博（中国版推特）在2016年增添了直播功能。

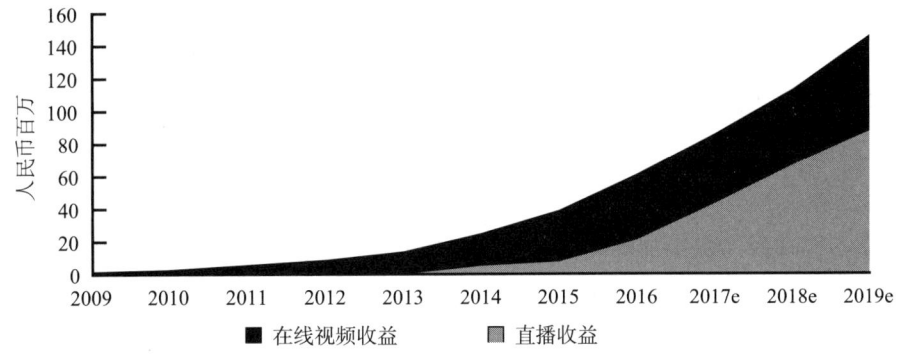

图1　2009—2019 年中国在线视频和直播行业收入

来源:《报告：2016 年中国直播市场增长 180%》，动点科技，https://technode.com/2017/03/31/chinas-live-video-streaming-market-grew-180-2016-report/。
《2016 年中国在线视频行业收入达到 600 亿元人民币》，艾瑞咨询，https://www.iresearchchina.com/content/details7_30535.htmlhttp://www.iresearchchina.com/content/details7_30535.html。

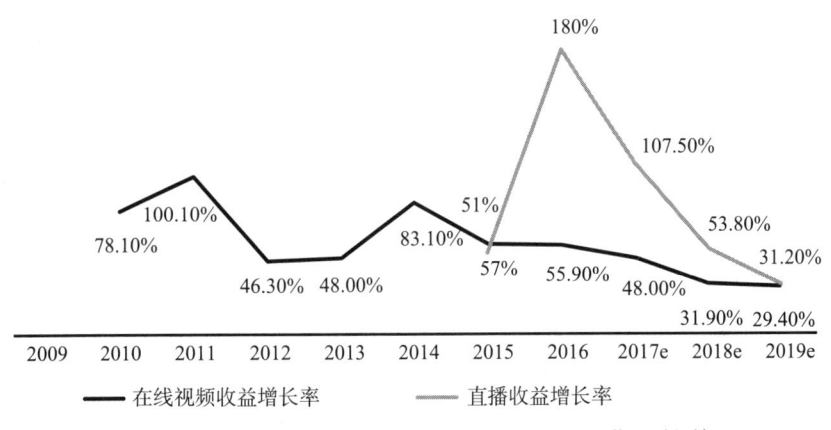

图2　2009—2019 年中国在线视频行业与直播行业收入增长情况

来源:《报告：2016 年中国直播市场增长 180%》，动点科技，https://technode.com/2017/03/31/chinas-live-video-streaming-market-grew-180-2016-report/。
《2016 年中国在线视频行业收入达到 600 亿元人民币》，艾瑞咨询，https://www.iresearchchina.com/content/details7_30535.html。

　　尽管直播平台的规模和盈利依赖于主播，但一些中国直播平台因压榨本土商业化主播而声名狼藉。要求主播专属于平台、放弃对其频道（直播间）的所有权利和所有权，以换取按次付费分成，并且仅在直播高峰时段采用品牌安全策略，这些做法既常见又普遍。

　　尽管存在这些状况，中国的直播创作者也取得了商业成功。与图奇一样，中国的社交媒体娱乐直播平台同样提供了综合性的商业功能，并实现了收益分成：

283　　　在直播行业迅速崛起的中国，像YY（当前的市场领导者，仅四月就有8000万小时的观看时长）这样的应用程序，允许观众用虚拟礼物打赏主播，包括以表情符号形式在屏幕上移动的鲜花或跑车。这些虚拟礼物可以兑现。其他服务还允许用户购买数字代币来打赏表演者。（《经济学人》，2016）

　　　对直播创作者与其粉丝社群的反复性别化塑造，凸显了中国直播社交媒体娱乐的文化与市场特质。许多报道描述了迷人的中国年轻女性如何主导这一领域，吸引着中国农村男性的"孤独心灵"（Yang, 2017a）。由于中国的独生子女政策，以及女性为从事新兴服务性工作而迁往城市中心，婚恋机会减少，直播间主播因而充当着伴侣角色。这种文化现象难逃国家监管。中国将其内容标记为过于"具有诱惑性"（Phillips, 2016）。

　　　中国的社交媒体娱乐直播平台吸引西方观众的能力，或许预示着中美企业之间即将展开的竞争。直播我隶属于北京专门从事应用程序开发的科技公司猎豹移动。据该公司称，其20多项服务每月覆盖超过6.2亿用户，其中约80%的用户位于中国以外地区（Russell, 2017）。基于以音乐为主题的移动视频点播平台音乐地（Musical.ly）的成功，其上海母公司又推出了对应的直播应用平台利夫利（Live.ly），"推出3个月后，该直

284 播视频应用已在美国苹果公司的iOS平台上吸引了近460万月活跃用户——使得这个面向青少年女性群体的服务平台目前在iPhone上的用户规模已超过推特的潜望镜平台，而根据SurveyMonkey Intelligence的数据，潜望镜平台在iOS上约有430万用户"（Spangler, 2016e）。

　　　中国已培育出社交媒体娱乐直播产业，该产业在技术创新和多平台竞争方面比西方更为先进，为中国创作者提供了可持续的回报。如本书所示，社交媒体娱乐产业的发展始终贯穿北加州科技公司与南加州内容产业之间的依存与碰撞过程，这需要灵活的管理、不断试验和持续调整。在直播技术的推动下，东西方之间即将到来的平台霸权之争或许比以往的较量更为关键。

创作者权益保卫战的终章

　　　结语部分除了概述全书内容，还强调了一些可能指向该行业未来的趋势。其中包括平台的发展演进，它在北加州式（基于技术的社交媒体可扩展性）与南加州式（一个世纪以来内容产业策略所促成的高价值、高接触度实践）之间摇摆不定。谷歌和脸书异军突起以及它们的全球主导地位，正引发越来越多的监管忧虑与审查，其中欧盟采取的是强势的监管行动。对儿童以及社交媒体娱乐商业化问题的担忧持续加剧。直播模式下的社交媒体娱乐昭示着，社交媒体娱乐既属于通信行业，也属于内容产业，并且可能会在中国催生出与美国截然不同的、具有显著优势的领域。

这些趋势或许表明产业正在走向规范化。但是，线上"规范化"——如果这一表述准确的话——与第一章提及的批评者所深思熟虑的路径有所不同（Kim, 2012; van Dijck, 2013）。社交媒体娱乐并未被主流媒体收编，也未重蹈传统媒体历史的覆辙：由非专业的创新与实验引发的集团化和合并，贯穿整个媒体供应链的纵向与横向整合，横跨电影、电视、音乐和出版业的娱乐知识产权开发，以及媒体技术从模拟到数字、从广播到宽带，再到移动通信乃至其他未来技术的进步与融合。

285

基于本书一开始就秉持以创作者为中心的立场，可预见某种崭新的局面——绝非传统的媒体业务模式。创作者们已证明自身更具灵活性，能够灵活且创造性地应对平台的专断和广告冲动。尽管算法更迭和社会、政治、文化方面的波动严重冲击了收入模式，但自给自足的创作者仍在全球范围内不断发展壮大。在大多数情况下，相较于传统媒体制作人和专业人士所处的竞争激烈且往往充满敌意的环境，创作者们即便没有从同行创作者那里获得鼓励，也已从他们身上汲取了力量。创作者社群由提供文化和商业支持的重要合作伙伴组成，他们绝不像媒体观众那样，通过自动的、非公开的平台操作，被出售给出价最高者。

政府与跨国组织针对平台和广告商的干预举措，通过当前不断增加的补贴与支持，以及未来的区域性和本土内容监管，或许会为创作者实践提供一定的保护与认可。其他形式的干预措施即便不至于促使参与者矫枉过正，也会使他们采取预防性的自我监管措施。正如此前对开箱视频的讨论所反映的，监管干预往往忽视了那些借助这些平台获取商业和文化价值的创作者，以及支持他们的社群。可以说，这些利益相关者恰恰是最有可能遭受损失的群体，但具有讽刺意味的是，他们正是监管机构声称要保护的公众。然而，谁来为他们的权益发声呢？

一些非营利组织已响应号召，致力于提升创作者的商业权益和文化权益。其中最具代表性的便是再创作联盟（Re-Create Coalition），该组织由"倡导版权平衡的革新者、创作者和消费者"共同组成。该组织的纲领明确指出：

> 能够激发创意并促进自由表达的在线平台，既在一定程度上依赖于《版权法案》所授予的专有权，也得益于该法案灵活的版权限制与例外条款，譬如合理使用原则及《数字千年版权法》的"安全港"条款。正是这种平衡机制，使得在线平台能够为创作者、小企业、创业者、应用开发者、初创企业和大型内容生产商创造收益。消费者因此拥有更多选择，公众也能享有更多获取信息的途径。（再创作联盟，2017）

286

公共利益倡导者拉梅尔（Lamel, 2017）在华盛顿特区的公共政策领域为再创作联盟提供顾问服务。他在接受采访时强调了再创作组织（Organization for Transformative

Works，简称OTW）和电子前沿基金会（Electronic Frontier Foundation，简称EFF）的重要性。前者是一个为粉丝创作者提供支持的在线平台，后者则通过大量诉讼为社交媒体娱乐创作者对抗平台及版权持有企业提供法律支持。

一个关键进展是2016年底成立的互联网创作者协会（Internet Creators Guild，简称ICG），其宗旨是"支持、代表和连接在线创作者"（https://internetcreatorsguild.com/）。该协会由汉克·格林发起，是视频博客兄弟频道的又一个商业项目。格林兄弟作为社交媒体娱乐创作者以及他们社群的意见领袖和倡导者，在本书中多次被提及。除了制作自身内容，这两位胆识过人的、由美国中西部教育工作者转型而来的影响者，还推出了一系列商业项目（包括美国红人大会）。这些项目致力于促进更高程度的社群参与，并作为一个交流平台，用以甄别行业技艺的最佳实践。他们的非营利项目（如"美好行动"）捍卫公民的想象力，并倡导创作者利用其文化影响力，开展进一步的媒体干预行动。这个由顶尖创作者支持成立的组织，正号召创作者们团结起来，共同抵御反复无常的平台政策、广告商剥削、传统媒体反攻以及网络中立性危机等监管倒退的风险。

经过多次尝试，美国联邦通信委员会最终于2015年通过了开放式互联网规则（通常被称为网络中立性规则）。该规则旨在保护用户访问合法在线内容的权利，不允许接入服务供应商拦截、干扰合法内容或为获取合法内容设置快速/慢速通道。在此规定下，互联网被视为一项与水、电等公用事业类似且理应无限制地向所有公民提供的服务。然而，特朗普政府通过联邦通信委员会的新领导层，兑现了一项竞选承诺，于2017年废除了网络中立性规则。互联网创作者联盟参与了保留该规则的斗争，但未能成功。他们认为，该规则的撤销可能会对创作者产生"巨大影响"（互联网创作者联盟，2017）。

无论社交媒体娱乐的格局如何演变，这样的斗争都将持续下去。本书的研究过程见证了人们对了解这一新兴产业的渴望，以及对全面、独立地描述其形态、规模、挑战和前景的需求。大多数受访者认为，广泛传播这些知识或许有助于这个新兴产业的生存与发展。谨以此书，回应这一时代需求。

287

参考文献

Abidin, C. (2015). "Communicative Intimacies: Influencers and Perceived Intercon- nectedness." *Ada: A Journal of Gender, New Media, and Technology,* 8. http:// adanewmedia.org/2015/11/issue8-abidin/, accessed 22 August 2017.

Abidin, C. (2016a). "Visibility Labour: Engaging with Influencers' Fashion Brands and #OOTD Advertorial Campaigns on Instagram." *Media International Australia* 161(1): 86–100.

Abidin, C. (2016b). "'Aren't These Just Young, Rich Women Doing Vain Things On- line?': Influencer Selfies as Subversive Frivolity." *Social Media + Society,* 2(2): 1–17.

Aisch, G., and Giratikanon, T. (2014). "Charting the Rise of Twitch." *New York Times,* 27 August. http:// www.nytimes.com/interactive/2014/08/26/technology/charting-the-rise-of-twitch.html, accessed 26 March 2017.

Alba, D. (2015). "Google Launches 'YouTube Kids,' a New Family Friendly App." *Wired. com,* 23 February. http://www.wired.com/2015/02/youtube-kids/, accessed 29 July 2016.

Albarran, A. (2008). "Defining Media Management." *International Journal of Media Management,* 10(4): 184–86.

Albarran, A. (2010). *The Media Economy.* New York: Routledge.

Anderson, C. (2006). *The Long Tail: Why the Future of Business Is Selling Less of More.* New York: Hyperion.

Anderson, R. (2015). Creator, Rachelleea, 23 March, interview with Stuart Cunning- ham, Australia.

Appadurai, A. (1990). "Disjuncture and Difference in the Global Cultural Economy." *Theory, Culture, and Society,* 7 (1990): 295–310.

Arvidsson, A., Malossi, G., and Naro, S. (2010). "Passionate Work? Labour Conditions in the Milan Fashion Industry." *Journal for Cultural Research,* 14(3): 295–309.

Ashley, B. A. (2015). Talent Manager, Big Frame/Awesomeness, 11 June, interview with David Craig, United States.

Ault, S. (2014). "Survey: YouTube Stars More Popular Than Mainstream Celebs among U.S. Teens." *Variety,* 5 August. http://variety.com/2014/digital/news/survey-youtube-stars-more-popular-than-mainstream-celebs-among-u-s-teens-1201275245/, accessed 20 July 2017.

Ault, S. (2015). "Digital Star Popularity Grows versus Mainstream Celebrities." *Variety,* 23 July. http:// variety.com/2015/digital/news/youtubers-teen-survey-ksi-pewdiepie-1201544882/, accessed 20 July 2017.

Bach, S. (1985). *Final Cut: Dreams and Disaster in the Making of Heaven's Gate.* New York: William

Morrow.

Bagdikian, B. (1983). *The Media Monopoly.* Boston: Beacon.

Bagdikian, B. (2004). *The New Media Monopoly.* Boston: Beacon.

Baker, G. (2014). "Meet PewDiePie's First Subscriber Ever!" *Baker Brother* TV, 6 June. http://bakerbrothertv.com/2014/06/06/pewdiepies-first-subscriber/, accessed15 May 2017.

Ballon, P. (2014). "Old and New Issues in Media Economics." *In The Palgrave Hand- book of European Media Policy,* edited by K. Donders, C. Pauwels, and J Loisen, 70–95. Basingstoke: Palgrave.

Banet-Weiser, S. (2011). "Branding the Post-Feminist Self: Girls' Video Production and YouTube." *In Mediated Girlhoods, edited by* M. Kearney, 277–94. New York: Peter Lang.

Banet-Weiser, S. (2012). *AuthenticTM: The Politics of Ambivalence in a Brand Culture.*New York: NYU Press.

Banks, J., and Deuze, M. (2009). "Co-creative Labour." *International Journal of Cultural Studies,* 12(5): 419–31.1

Banks, M. (2010). "Autonomy Guarantee? Cultural Work in the 'Art-Commerce' Rela- tion." *Journal for Cultural Research,* 14(3): 251–69.

Banks, M., and Hesmondhalgh, D. (2009). "Looking for Work in Creative Industries Policy." *International Journal of Cultural Policy,* 15(4): 415–30.

Baym, N. (2015). "Connect with Your Audience! The Relational Labor of Connection."*Communication Review,* 18(1): 14–22.

BBC (2016). "China Internet Star Papi Jiang Promises 'Corrections' after Reprimand." BBC *News,* 20 April. http://www.bbc.com/news/world-asia-china-36089057, accessed 16 June 2017.

Beale, T. (2016). "Why Scott Disick's Instagram Fail Is Everything Wrong with Influencer Marketing." *Traackr,* 20 May. http://wp.traackr.com/blog/2016/05/why-scott-disicks-instagram-fail-is-everything-wrong-with-influencer-marketing/, accessed 11 July 2017. "

Being Trans vs. Being Black with Todrick!" YouTube video, 8:40. Posted by "Gigi Gor-geous," 2 February 2016. https://youtu.be/HU7XCpdDyz4, accessed 7 November 2016.

Birtles, B. (2016). "Chinese Social Media 'Stream Queens' Getting Rich by Broadcasting Their Lives Online." ABC *News Lateline,* 27 July. http://www.abc.net.au/news/2016-07-26/chinas-narcissistic-social-media-stars-making-$20k-per-month/7661118, accessed 27 July 2016.

Bloom, D. (2014). "Fullscreen Launches First Live Event for Its Digital Stars." *Deadline Hollywood,* July 18. http://deadline.com/2014/07/fullscreen-intour-live-event-you tube-vine-kevin-lyman-jennxpenn-806125/, accessed 4 August 2015.

Blumberg, B. (2015). Chief Content Officer, Defy Media, 13 May, interview with Stuart Cunningham and David Craig, United States.

Boland, B., and Angelidou-Smith, M. (2017). "An Update on Video Monetization."*Facebook Media,* 23 February. https://media.fb.com/2017/02/23/update-on-video-monetization/, accessed 23 February 2017.

Bourdieu, P. (1984). *Distinction: A Social Critique of the Judgement of Taste.* Cambridge, MA: Harvard University Press.

Bourdieu, P. (1990). *Language and Symbolic Violence.* Cambridge, MA: Harvard Uni- versity Press.

boyd, d. (2010). "Social Network Sites as Networked Publics: Affordances, Dynamics, and Implications." In *Networked Self: Identity, Community, and Culture on Social Network Sites,* edited by Z. Papacharissi, 39–58. London: Routledge.

boyd, d., and Ellison, N. (2007). "Social Network Sites: Definition, History, and Schol- arship." *Journal of Computer-Mediated Communication,* 13(1): 210–30.

Boyd-Barrett, O. (2015). *Media Imperialism.* London: Sage.

"Brand Deal Rant." YouTube video, 4:08. Posted by "doodlevoggle," 27 August 2015. https://www.youtube.com/watch?v=PPChNyCwMEo, accessed 11 July 2017.

Brouwer, B. (2015a). "Digital Advertising Will Overtake TV Ad Spend Globally by 2017, in the U.S. by 2016." *Tubefilter,* 7 December. http://www.tubefilter.com/2015/12/07/digital-advertising-will-take-over-tv-ad-spend-globally-by-2017-in-the-u-s-by-2016/, accessed 26 March 2017.

Brouwer, B. (2015b). "Twitch Claims 43% of Revenue from $3.8 Billion Gaming Content Industry." *Tubefilter,* 10 July. http://www.tubefilter.com/2015/07/10/twitch-global-gaming-content-revenue-3-billion/, accessed 17 July 2017.

Brouwer, B. (2015c). "Vlogbrothers Open Sponsorship for Educationally Minded Online Video Channels, Projects." *Tubefilter,* 11 November. http://www.tubefilter.com/2015/11/11/vlogbrothers-sponsorship-applications/, accessed 29 November 2016.

Bruell, A. (2016). "The Ad Agency of the Future Is Coming. Are You Ready?" *Adver- tising Age,* 2 May. http://adage.com/article/print-edition/agency-future/303798/, accessed 18 July 2017.

Bruns, A. (2008). Blogs, *Wikipedia, Second Life, and Beyond: From Production to Pro- dusage.* New York: Peter Lang.

Brzeski, P. (2017). "Netflix Signs Licensing Deal with China's iQiyi." *Hollywood Re- porter,* 24 April. http://www.hollywoodreporter.com/news/netflix-signs-licensing-deal-chinas-iqiyi-997071, accessed 4 September 2017.

Bucher, T. (2015). "Networking; or, What the Social Means in Social Media." *Social Media + Society,* 1(1): 1–2.

Buckman, R. (2008). "Lonelygirl Gets Popular with Investors." *Wall Street Journal,* 17 April. https://www.wsj.com/article/SB120840403372722269.html, accessed 15 May 2017.

"Build Your YouTube Community—Featuring Kalista Elaine." YouTube video, 3:53. Uploaded by "YouTube Creator Academy," 19 June 2017. https://www.youtube.com/watch?v=G6guP7dMs3s, accessed 17 July 2017.

Burgess, J. (2006). "Hearing Ordinary Voices: Cultural Studies, Vernacular Creativity, and Digital Storytelling." *Continuum: Journal of Media & Cultural Studies,* 20(2): 201–14.

Burgess, J. (2013). "YouTube and the Formalisation of Amateur Media." In *Amateur Media: Social, Cultural, and Legal Perspectives,* edited by D. Hunter, R. Lobato, M. Richardson, and J. Thomas, 53–58. London: Routledge.

Burgess, J. (2014). "From 'Broadcast Yourself' to 'Follow Your Interests': Making Over Social Media." *International Journal of Cultural Studies,* 18(3): 281–85.

Burgess, J., and Green, J. (2008). "Agency and Controversy in the YouTube Com- munity." In IR 9.0: Rethinking Communities, Rethinking Place—Association of Internet Researchers (AoIR) Conference, 15–18 October 2008, IT University of Copenhagen, Denmark.

Burgess, J., and Green, J. (2009). *YouTube.* Cambridge: Polity Press.

Byford, S. (2015). "Google Is Helping Japanese YouTubers Shoot Samurai Dramas." *Verge,* 7 April.

https://www.theverge.com/2015/4/7/8359063/youtube-toei-samurai-drama-jidaigeki, accessed 6 June 2017.

Cai, H. (2016). Cofounder, Star Station TV, 31 May, interview with Stuart Cunningham and David Craig, China.

Caldwell, J. (2008). *Production Culture: Industrial Reflexivity and Critical Practice in Film and Television.* Durham, NC: Duke University Press.

Caldwell, J. (2009). "How Producers 'Theorize': Shoot-Outs, Bake-Offs, and Speed- Dating." *In Media/ Cultural Studies: Critical Approaches,* edited by R. Hammer and D. Kellner, 68–87. New York: Peter Lang.

Canada Media Fund (2017). "CMF and Google Canada Announce Partnership for Iconic Canadian Content." *Canada Media Fund,* 26 January. http://cmf-fmc.ca/en-ca/news-events/news/january-2017/cmf-and-google-canada-announce-partnership-for-ico, accessed 6 June 2017.

Castells, M. (2007). "Communication, Power, and Counter-Power in the Network Society." *International Journal of Communication,* 1: 238–66.

Caves, R. (2000). *Creative Industries: Contracts between Art and Commerce.* Cam- bridge, MA: Harvard University Press.

Chen, Q. (2016). "China's Live-Streaming Explosion: A Game Changer for All?" CNBC, 1 December. https://www.cnbc.com/2016/12/01/chinas-live-streaming-explosion-a-game-changer-for-all.html, accessed 3 August 2017.

Chen, Y. (2016). "Swinging from Vine: More Than Half of Top Vine Influencers Have Left the Platform." *Digiday,* 17 May. https://digiday.com/media/swinging-vine-half-top-influencers-left-platform/, accessed 24 August 2017.

Chen, Y. (2017). "'A Dicey Situation': Snapchat Gives Influencers the Cold Shoulder."*Digiday,* 5 July. https://digiday.com/marketing/dicey-situation-snapchat-gives-influencers-cold-shoulder/, accessed 27 August 2017.

Chernikoff, L. (2016). Executive Director, Internet Creators Guild, 4 February, inter- view with David Craig, United States.

Chester, J. (2015). "How YouTube, Big Data, and Big Brands Mean Trouble for Kids and Parents." *Alternet.com,* 6 April. http://www.alternet.org/media/how-youtube-big-data-and-big-brands-mean-trouble-kidsand-parents, accessed 29 July 2016.

Choi, D. (2015). Creator, David Choi, 17 June, interview with David Craig, United States.

Choudary, S. (2014). "Reverse Network Effects: Why Today's Social Networks Can Fail as They Grow Larger." Wired, 1 March. https://www.wired.com/insights/2014/03/reverse-network-effects-todays-social-networks-can-fail-grow-larger/, accessed 26 March 2017.

Christensen, C. (2000). *The Innovator's Dilemma.* Boston: Harvard Business School Press.

Cohen, H. (2014). "Are You Ready for Multi-Platform Social Media Use?*" Heidi Cohen: Actionable Marketing Guide,* 23 June. http://heidicohen.com/multi-platform-social-media-use/, accessed 26 March 2017.

Cohen, J. (2012). "YouTube's Next Goal: Catapulting 16 Vloggers to More Than 125M Views." *Tubefilter,* 9 May. http://www.tubefilter.com/2012/05/09/youtube-next-vloggers/, accessed 30 January 2017.

Cohen, J. (2014). "At 24 Million YouTube Subscribers, PewDiePie Decides to Scale Back." *Tubefilter,* 4 March. http://www.tubefilter.com/2014/03/04/pewdiepie-youtube-subscribers-scale-back/, accessed 11 May 2017.

Cohen, J. (2017). "Introducing the Tubefilter Live.me Top Broadcaster Rankings."*Tubefilter,* 9 January. http://www.tubefilter.com/2017/01/09/tubefilter-liveme-top-broadcaster-rankings/, accessed 3 August 2017.

Coldewey, D. (2016). "Facebook, Twitter, and YouTube Blocked in Turkey during Reported Coup Attempt." *TechCrunch,* 15 July. https://techcrunch.com/2016/07/15/facebook-twitter-and-youtube-blocked-in-turkey-during-reported-coup-attempt/, accessed 16 June 2017.

"Coming Out." YouTube video, 6:27. Posted by "ConnorFranta," 8 December 2014. https://www.youtube.com/watch?v=WYodBfRxKWI, accessed 24 October 2016.

"Coming Out (Ch. 6). 'Sticking Around.'" YouTube video, 1:07. Posted by "yourharto,"10 July 2014. https://www.youtube.com/watch?v=iazrQYZZxM4, accessed 15 June 2017.

Considine, A. (2011). "For Asian-American Stars, Many Web Fans." *New York Times,* 29 July. http://www.nytimes.com/2011/07/31/fashion/for-asian-stars-many-web-fans.html, accessed 16 June 2017.

Constine, J. (2016). "Facebook Launches Video Rights Manager to Combat Free- booting." *TechCrunch,* 12 April. https://techcrunch.com/2016/04/12/content-fb/, accessed 24 August 2017.

Constine, J. (2017a). "Instagram's Growth Speeds Up as It Hits 700 Million Users."*TechCrunch,* 26 April. https://techcrunch.com/2017/04/26/instagram-700-million-users/, accessed 24 August 2017.

Constine, J. (2017b). "Patreon Doubles in a Year to 1M Paying Patrons and 50K Cre- ators." *TechCrunch,* 18 May. https://techcrunch.com/2017/05/18/patreon-pushes-as-youtube-stutters/, accessed 18 May 2017.

Convery, S. (2017). "The Women Who Make a Living Gaming on Twitch." *Guardian,* 3 January. https://www.theguardian.com/technology/2017/jan/03/women-make-living-gaming-twitch, accessed 3 January 2017.

Covington, P., Adams, J., and Sargin, E. (2016). "Deep Neural Networks for YouTube Recommendations." Proceedings of the Tenth ACM Conference on Recommender Systems, ACM, New York, NY.

Cowap, M. (2015). Development Management, Screen Australia, 4 March and 4 Sep- tember, interview with Stuart Cunningham and Adam Swift, Australia.

Craig, D., and Cunningham, S. (2017). "How Social Media Stars Are Fighting for the Left." *Conversation,* February 21. https://theconversation.com/how-social-media-stars-are-fighting-for-the-left-71691, accessed 4 September 2017.

Cravo, C. (2016). "9 Micro-Influencer Statistics (No. 4 Will Seriously Surprise You!)." *Contevo,* 23 November. https://contevo.com.au/micro-influencers-statistics-2016/, accessed 16 December 2017.

"Creator Town Hall with Hillary Clinton." YouTube video, 1:00:13. Posted by "Hill- ary Clinton," 28 June 2016. https://www.youtube.com/watch?v=3FITPKRwaVw, accessed 1 November 2016.

Cresci, E. (2016). "Lonelygirl15: How One Mysterious Vlogger Changed the Inter- net." *Guardian,* 16 June. https://www.theguardian.com/technology/2016/jun/16/lonelygirl15-bree-video-blog-YouTube, accessed 22 August 2017.

Csathy, P. (2016). "Whatever Happened to MCNs?" TechCrunch, 10 June. https://tech crunch.

com/2016/06/10/whatever-happened-to-mcns/, accessed 16 December 2017.

Cunningham, S., and Craig, D. (2016). "Online Entertainment: A New Wave of Media Globalization?" International Journal of Communication, 10: 5409–25.

Cunningham, S., Craig, D., and Silver, J. (2016). "YouTube, Multichannel Networks, and the Accelerated Evolution of the New Screen Ecology." *Convergence: The Inter- national Journal of Research into New Media Technologies,* 22(4): 376–91.

Cunningham, S., Flew, T., and Swift, A. (2015). Media Economics. London: Palgrave. Cunningham, S., and Silver, J. (2013). *Screen Distribution and the New King Kongs of the Online World.* London: Palgrave MacMillan.

Curtin, M., and Sanson, K. (eds.). (2016). *Precarious Creativity: Global Media, Local Labor.* Berkeley: University of California Press.

Curtin, M., and Sanson, K. (eds.). (2017). Voices of Labor: *Creativity, Craft, and Conflict in Global Hollywood.* Berkeley: University of California Press.

Custer, C. (2016b). "WeChat May Be King, but Weibo Isn't as Dead as You Think." Tech in Asia, 28 June. https://www.techinasia.com/wechat-king-weibo-dead-data-shows, accessed 16 June 2016.

Cyk, J. (2015). "Cracking the Code of Beauty Vloggers' Authenticity." WWD, 16 Janu- ary. http://wwd.com/beauty-industry-news/beauty-features/cracking-the-code-of-b eauty-vloggers-authenticity-8093143/, accessed 21 November 2016.

Das, P. (2016). Co-founder, Ping Network, 26 May, interview with Stuart Cunningham and David Craig, India.

Defy Media (2015). "Millennials Ages 13–24 Declare It's Not Just the Cord, TV Content Doesn't Cut It." *Defy Media,* 3 March. http://www.defymedia.com/2015/03/03/mille nnials-ages-13-24-declare-just-cord-tv-content-doesnt-cut/, accessed 15 May 2017.

Dermody, S., and Jacka, E. (1987). The Screening of Australia: Volume 1, *Anatomy of a Film Industry.* Sydney, NSW: Currency Press.

Deuze, M. (2007). *Media Work.* Cambridge: Polity Press.

Deuze, M., and Steward, B. (2011). "Managing Media Work." In *Managing Media Work,* edited by M. Deuze, 1–11. Thousand Oaks: Sage.

"Don't Wait: Official Music Video." YouTube video, 4:32. Posted by "Joey Graceffa," 16 May 2015. https://www.youtube.com/watch?v=Kcwo_mhyqTw, accessed 24 October 2016.

"Draw My Life." YouTube video, 11:24. Posted by "Michelle Phan," 19 May 2013. https:// www.youtube.com/watch?v=05KqZEqQJ40, accessed 26 November 2016.

Dredge, S. (2015a). "YouTube Star Attacks 'Theft, Lies, and Facebook Video.'" *Guard- ian,* 4 August. https://www.theguardian.com/technology/2015/aug/04/youtube-facebook-video-vlogbrothers-hank-green, accessed 26 March 2017.

Dredge, S. (2015b). "YouTube: Hank Green Tells Fellow Creators to Aim for '$1 Per View.'" *Guardian,* 8 April. https://www.theguardian.com/technology/2015/apr/08/hank-green-youtube-1000-cpm-vlogbrothers, accessed 20 November 2015. Duffy, B. (2015a). "The Romance of Work: Gender and Aspirational Labour in the Digital Culture Industries." *International Journal of Cultural Studies,* 19(4): 441–57.

Duffy, B. (2015b). "Amateur, Autonomous, and Collaborative: Myths of Aspiring Female Cultural

Producers in Web 2.0." Critical Studies in Media Communication, 32(1): 48–64.

Duffy, B. (2017). (Not) *Getting Paid to Do What You Love: Gender, Social Media, and Aspirational Work*. New Haven, CT: Yale University Press.

Dunn, G. (2015). "Get Rich or Die Vlogging: The Sad Economics of Internet Fame."*Fusion,* 14 December. http://fusion.net/story/244545/famous-and-broke-on-youtube-instagram-social-media/, accessed 13 July 2017.

Elmer, G., Langlois, G., Powell, A., and Renzi, A. (2015). "Call for Papers: International Communication Association Preconference Big Data; Critiques and Alternatives." Fukuoka, 9 June 2016. http://www.icahdq.org/conf/2016/bigdataCFP.asp, accessed10 December 2015.

Elsayed, Y. (2016). "Laughing through Change: Subversive Humor in Online Videos of Arab Youth." *International Journal of Communication,* 10(2016): 5102–22.

Eördögh, F. (2014). "Why the Outrage over Daily Grace and My Damn Channel Mat- ters." *Medium,* 13 January. https://medium.com/@fruzse/why-the-outrage-over-daily-grace-and-my-damn-channel-matters-3bac86166b62, accessed 18 July 2017.

European Commission (2016). "Commission Updates EU Audiovisual Rules and Presents Targeted Approach to Online Platforms Brussels." European Commission, 25 May. http://europa.eu/rapid/press-release_IP-16-1873_en.htm, accessed 3 August2017.

European Parliament (2017). "The Audiovisual Media Services Directive." *Briefing: EU Legislation in Progress,* 25 April. http://www.europarl.europa.eu/RegData/etudes/BRIE/2016/583859/EPRS_BRI%282016%29583859_EN.pdf, accessed 4 September 2017.

Evey, K. (2015). Producer and Writer, Geek and Sundry, 12 May, interview with Stuart Cunningham and David Craig, United States.

Finkle, T. (2015). Publicist, Metro Public Relations, 11 June, interview with David Craig, United States.

Finley, K. (2017). "Google's Big EU Fine Isn't Just about the Money." *Wired,* 27 June. https://www.wired.com/story/google-big-eu-fine/, accessed 28 June 2017.

Fish, A., and Srinivasan, R. (2011). "Digital Labor Is the New Killer App." *New Media & Society,* 14(1): 137–52.

Flew, T. (2007). *Understanding Global Media*. Basingstoke: Palgrave Macmillan. Florida, R. (2002). *The Rise of the Creative Class: And How It's Transforming Work,Leisure, Community, and Everyday Life.* New York: Basic Books.

Flynn, K. (2016). "What Happened to Meerkat? From Hype-Ball to Pivot in Just One Year." *International Business Times,* 9 March. http://www.ibtimes.com/what-happened-meerkat-hype-ball-pivot-just-one-year-2333379, accessed 3 August 2017.

Flynn, K. (2017a). "Instagram Adds 'Paid Partnership' Feature, the Formal Alternative to #ad or #spon." *Mashable,* 14 June. http://mashable.com/2017/06/14/instagram-paid-partnership-ad-spon/#JTETAq_HBkqg, accessed 15 December 2017.

Flynn, K. (2017b). "Inside Twitter's Decision to Keep Periscope and Abandon

Everything Else." *Mashable Australia,* 1 March. http://mashable.com/2017/02/28/periscope-ceo-kayvon/, accessed 3 August 2017.

Forde, E. (2016). "Is YouTube Wrecking the Music Industry—or Putting New Artists in the Spotlight?" *Guardian,* 18 July. https://www.theguardian.com/business/2016/jul/18/youtube-music-industryartists-spotlight, accessed 26 March 2017.

Foucault, M. (1991). *Discipline and Punish: The Birth of a Prison.* London: Penguin. Foxx, C. (2016). "Fine Brothers Spark Fury with YouTube Trademark Attempt." BBC,1 February. http://www.bbc.com/news/technology-35459805, accessed 2 February 2016.

Friedman, T. (2005). The World Is *Flat: A Brief History of the Twenty-First Century.* New York: Farrar, Straus, and Giroux.

Frosch, S. (2015). Creator, ElloSteph, 7 July, interview with David Craig, United States. Fuchs, C. (2010). "Labour in Informational Capitalism and on the Internet." *Informa-tion Society,* 26(3): 179–96.

Fuchs, C. (2014). *Social Media:* A Critical Introduction. London: Sage.

Gabe and Garret channel (2016). Manager, Gabe and Garrett, 24 June, interview with Jarrod Walczer, United States.

Garrahan, M. (2017). "Disrupting Hollywood: Amazon Goes to the Oscars." *Finan- cial Times,* 17 February. https://www.ft.com/content/d4784afe-f432-11e6-95ee- f14e55513608, accessed 4 September 2017.

Gelles, D. (2014). "Citigroup Says Instagram Is Worth $35 Billion." *New York Times,* 19 December. https://dealbook.nytimes.com/2014/12/19/citigroup-says-instagram-is-worth-35-billion/, accessed 15 December 2017.

Gerbner, G., and Gross, L. (1976). "Living with Television: The Violence Profile." *Jour- nal of Communication,* 26: 172–99.

Gibson, J. (1977). "The Theory of Affordances." In *Perceiving, Acting, and Knowing: To- ward an Ecological Psychology,* edited by R. Shar and J. Bransford, 67–82, Hillsdale, NJ: Lawrence Erlbaum.

Gill, R. (2007). "Technobohemians or the New Cybertariat? New Media Work in Amsterdam a Decade after the Web." Institute of Network Cultures. http://www. networkcultures.org/_uploads/17.pdf, accessed 13 July 2017.

Gill, R., and Pratt, A. (2008). "The Social Factory? Immaterial Labour, Precariousness, and Cultural Work." *Theory, Culture, and Society,* 25(7–8): 1–30.

Gillespie, T. (2018). "Regulation of and by Platforms." In *The Sage Handbook of Social Media,* edited by J. Burgess, T. Poell, and A. Marwick, 254–78. Thousand Oaks, CA: Sage.

Gillespie, T., and Seaver, N. (2016). "Critical Algorithm Studies: A Reading List." *Social Media Collective Research Blog,* 15 December. https://socialmediacollective.org/reading-lists/critical-algorithm-studies/, accessed 13 July 2017.

Glamour (2013). "YouTube Makeup Guru Michelle Phan on Becoming a Beauty Superstar: 'My Only Goal Was to Help My Family.'" *Glamour,* 3 September. http:// www.glamour.com/story/michelle-phan-youtube-beauty-glamour-october-2013, accessed 15 May 2017.

Goffman, E. (1959). *The Presentation of Self in Everyday Life.* New York: Doubleday. Goldman, W. (1989). Adventures in the Screen Trade. New York: Grand CentralPublishing.

Gorgeous, G. (2015). Creator, GigiGorgeous, 9 July, interview with David Craig, United States.

Graceffa, J. (2015). Creator, JoeyGraceffa, 6 July, interview with David Craig, United States.

Grande, A. (2015). "Google Launches YouTube Kids App as Privacy Issues Linger."*Law360.com,* 23 February. http://www.law360.com/articles/624055/google-launches-youtube-kids-app-as-privacy-issues-linger, accessed 29 July 2016.

Gray, M. (2009). *Out in the Country: Youth, Media, and Queer Visibility*. New York: NYU Press.

Green, H. (2014). "The $1,000 CPM: Advertising Is a Kinda Shitty Model; It's Very Exciting That We're Moving beyond It." *Medium.com,* 15 April. https://medium.com/@hankgreen/the-1-000-cpm-f92717506a4b, accessed 5 July 2017.

Green, H. (2015a). Creator, VlogBrothers, 5 July, interview with David Craig, United States.

Green, H. (2015b). "A Decade Later, YouTube Remains a Mystery, Especially to Itself."*Medium,* 23 February. https://medium.com/@hankgreen/a-decade-later-youtube-remains-a-mystery-especially-to-itself-80a1c38feeaf, accessed 31 August 2017.

Green, H. (2015c). "Theft, Lies, and Facebook Video." *Medium,* 3 August. https:// medium.com/@hankgreen/theft-lies-and-facebook-video-656b0ffed369#. k2uj8hh8l, accessed 31 January 2017.

Greenberg, J. (2015). "Exposing the Murky World of Online Ads Aimed at Kids."*Wired,* 7 April. https:// www.wired.com/2015/04/exposing-murky-world-online-ads-aimed-kids/, accessed 17 August 2017.

Griffith, E. (2015). "Meerkat Raises Cash from Greylock and Hollywood." *Fortune,* 26 March. http:// fortune.com/2015/03/26/meerkat-funding/, accessed 3 August2017.

Grimstone, S. (2015). Creator, Sarah Stone, 25 March, interview with Stuart Cunning- ham and Andrew Golledge, Australia.

Grossberg, L. (2010). "Forward." In *Hollywood's Exploited: Public Pedagogy, Corporate Movies, and Cultural Crisis*, edited by B. Frymer, T. Kashani, A. Nocella, R. Van Heertum, xii–xv. New York: Palgrave Macmillan.

Grubb, J. (2016). "PewDiePie Denies Wrongdoing in Warner Bros.–YouTube Game Scandal." *Venture Beat,* 13 July. https://venturebeat.com/2016/07/13/pewdiepie-denies-wrongdoing-in-warner-bros-youtube-game-scandal/, accessed 10 May 2017.

Guback, T. (1969). The International Film Industry: *Western Europe and America since* 1945 (Indiana University international studies). Bloomington: Indiana University Press.

Guo, L., and Harlow, S. (2014). "User-Generated Racism: An Analysis of Stereotypes of African Americans, Latinos, and Asians in YouTube Videos." *Howard Journal of Communications,* 3(1): 281–302.

Guo, L., and Lee, L. (2013). "The Critique of YouTube-based Vernacular Discourse: A Case Study of YouTube's Asian Community." *Critical Studies in Media Communica- tion,* 30(5): 391–406.

Gutelle, S. (2013). "YouTube Has Removed All References to Its Original Channels Initiative." *Tubefilter* 12 November. http://www.tubefilter.com/2013/11/12/youtube-original-channels-initiative-experiment-end/, accessed 18 July 2017.

Gutelle, S. (2017a). "Casey Neistat's Airport Protest Vlog Gets Three Million Views in One Day." *Tubefilter,* 30 January. http://www.tubefilter.com/2017/01/30/casey-neistat-jfk-protest-vlog/, accessed 4 September 2017.

Gutelle, S. (2017b). "'Anti-Haul' Videos Provide Fresh Perspective in YouTube's Beauty Scene." *Tubefilter,* 17 May. http://www.tubefilter.com/2017/05/17/anti-haul-videos-beauty-youtube/, accessed 22 August 2017.

Gutelle, S. (2017c). "FTC Pushes for More Disclosure of Sponsored Content on Instagram." *Tubefilter,* 19 April. http://www.tubefilter.com/2017/04/19/ftc-guidelines-sponsored-posts-instagram/, accessed 20 April 2017.

Hackett, R., and Carroll, W. (2006). *Remaking Media: The Struggle to Democratize Public Communication*. New York: Routledge.

Hallinan, B., and Striphas, T. (2016). "Recommended for You: The Netflix Prize and the Production of Algorithmic Culture." New Media & Society, 18(1): 117–37.

Hamedy, J. (2015). "Diversity Report Card: YouTubers Get the Only 'A' Grade of 2015."*Mashable,* 30 December. http://mashable.com/2015/12/29/diversity-report-card-online-video-2015/#78l8wVn3BGqR, accessed 30 December 2015.

Hamedy, S. (2015). "E!'s Grace Helbig Experiment: Does YouTube Stardom Equal Rat- ings?" Los Angeles Times, 1 May. http://www.latimes.com/entertainment/envelope/cotown/la-et-ct-grace-helbig-show-20150502-story.html, accessed 17 July 2017.

Hart, P. (2013). "Bob McChesney on Internet Giants and the National Security State."*Fair: Fairness & Accuracy in Reporting*, 7 June. http://fair.org/home/bob-mcchesney-on-internet-giants-and-the-national-security-state/, accessed 24 August 2017.

Hartley, J., Potts, J., Cunningham, S., Flew, T., Keane, M., and Banks, J. (2013). *Key Concepts in Creative Industries*. London: Sage.

Havens, T. (2014). "Towards a Structuration Theory of Media Intermediaries." In *Mak- ing Media Work: Cultures of Management in the Entertainment Industries*, edited byD. Johnson, D. Kompare, and A. Santo, 39–63. New York: NYU Press.

Havens, T., and Lotz, A. (2011). *Understanding Media Industries*. Oxford: Oxford Uni- versity Press.

Havens, T., Lotz, A., and Tinic, S. (2009). "Critical Media Industry Studies: A Research Approach." *Communication, Culture & Critique*, 2(2): 234–53.

Heath, A. (2017). "Facebook and Google Completely Dominate the US Digital Ad Industry." *Business Insider Australia,* 27 April. https://www.businessinsider.com. au/facebook-and-google-dominate-ad-industry-with-a-combined-99-of-growth-2017-4, accessed 27 April 2017.

Hebdige, D. (1979). Subculture: The Meaning of Style. London: Routledge.

Hechter, S. (2013). "Amateur Creative Digital Content and Proportional Commerce Type Equation Here." In *Amateur Media: Social, Cultural, and Legal Perspectives*, edited by D. Hunter, R. Lobato, M. Richardson, and J. Thomas, 35–52. London: Routledge. Hesmondhalgh, D., and Baker, S. (2010). "'A Very Complicated Version of Freedom': Conditions and Experiences of Creative Labour in Three Cultural Industries." *Poet- ics,* 38(1): 4–20.

Hesmondhalgh, D., and Baker, S. (2011). *Creative Labour: Media Work in Three Cul- tural Industries*. London: Routledge.

Hess, A. (2016). "Asian-American Actors Are Fighting for Visibility: They Will Not Be Ignored." *New York Times,* 25 May. http://www.nytimes.com/2016/05/29/movies/asian-american-actors-are-fighting-for-visibility-they-will-not-be-ignored.html, accessed 25 May 2016.

Hetcher, S. (2013). "Amateur Creative Digital Content and Proportional Commerce." In *Amateur Media: Social, Cultural and Legal Perspectives,* edited by D. Hunter,R. Lobato, M. Richardson, and J. Thomas, 35–52. London: Routledge.

Higgins, S. (2014). "List of YouTube Multi-Channel Networks." *Play Square,* 31 August. http://www.playsquare.co/blog/list-of-youtube-multi-channel-networks/, accessed 18 July 2017.

Highfield, T. (2016). *Social Media and Everyday Politics*. Malden, MA: Polity. Hilmes, M. (1997).

Radio Voices: American Broadcasting, 1922 to 1952. Minneapolis: University of Minnesota Press.

Hilmes, M. (2009). "Nailing Mercury: The Problem of Media Industry Historiography." In Media Industries: History, Theory, and Method, edited by J. Holt and A. Perren, 21–34. Malden: Blackwell.

Hilmes, M. (2010). "Cinema and the Age of Television, 1945–1975." In *The Wiley- Blackwell's History of American Film*, edited by C. Lucia, R. Grundmann, andA. Simon. Oxford: Wiley-Blackwell.

Hipes, P. (2016). "Amazon Taking on YouTube with User-Generated Hub." *Dead- line Hollywood,* 10 May. http://deadline.com/2016/05/amazon-video-direct-user-generated-platform-launch-avd-1201752405/, accessed 26 March 2017.

Hodorowicz, J. (2015). Manager, Collective Digital Studios, 12 May, interview with Stuart Cunningham and David Craig, United States.

Holt, J., and Perren, A. (eds.). (2009). *Media Industries: History, Theory, and Method.*
Malden, MA: Wiley-Blackwell.

Holt, J., and Sanson, K. (eds.). (2013). *Connected Viewing: Selling, Streaming, and Shar- ing Media in the Digital Age*. London: Routledge.

Hough, J. (2015). "Why YouTube Is Twice as Valuable as Netflix." *Barron's,* 26 December. http://www.barrons.com/articles/why-youtube-is-twice-as-valuable-as-netflix-1451108321, accessed 26 March 2017.

"How Collaboration Can Help Your YouTube Channel Grow (ft. LaToya Forever & King of Random)." YouTube video, 1:48. Uploaded by "YouTube Creator Academy," 5 January 2017. https://www.youtube.com/watch?v=wWjV_axRHNo, accessed 17 July 2017.

"How to Be a Nerdfighter: A Vlogbrothers FAQ." YouTube video, 3:58. Posted by "vlogbrothers," 27 December 2009. https://www.youtube.com /watch?v=FyQi79aYfxU, accessed 5 July 2017.

"How to Vote in Every State." YouTube Channel. 12 July 2016. https://www.youtube. com/channel/ UC7SMwipBlDwBPEwxq8QD8sw, accessed 4 September 2017.

Howkins, J. (2001). *The Creative Economy: How People Make Money from Ideas.*London: Penguin.

Howley, K. (2014). *Media Interventions*. New York: Peter Lang.

Hsieh, Y. (2012). "Online Social Networking Skills: The Social Affordances Approach to Digital Inequality." First Monday, March. http://firstmonday.org/ojs/index.php/fm/article/view/3893/3192, accessed 26 March 2017.

Huang, W. (2015). Creator, Wengie, 23 March, interview with Stuart Cunningham, Australia.

Hudson, D. (2017). "This Is What Disclosing Paid Partnerships Means for Brands."*Medium,* 28 June. https://medium.com/@DashHudson/this-is-what-disclosing-paid-partnerships-means-for-brands-d81b59eafd42, accessed 14 December 2017. Huet, E. (2014). "Google Finally Shuts Down Orkut, Its First Social Network." *Forbes,* 30 June. https://www.forbes.com/sites/ellenhuet/2014/06/30/google-kills-orkut, accessed 24 August 2017.

Humphreys, S. (2009). "The Economies within an Online Social Network Market: A Case Study of Ravelry." In: ANZCA 09 annual conference: Communication, Creativity, and Global Citizenship, 8–10 July 2009, QUT Brisbane.

Hunter, D., Lobato, R., Richardson, M., and Thomas, J. (eds.). (2013). *Amateur Media: Social, Cultural, and Legal Perspectives.* London: Routledge.

Ifeanyi, K. (2017). "Gigi Gorgeous Ups Her Brand with 'This Is Everything' (but 'This' Is Just the Start)." *Fast Company,* 15 February. https://www.fastcompany.com/3068121/gigi-gorgeous-ups-herbrand-with-this-is-everything-but-this-is-just-the-start, accessed 4 September 2017.

"I'm Banned . . ." YouTube video, 14:53. Posted by "PewDiePie," 22 January 2015. https://www.youtube.com/watch?v=61686cq6s7c&t=8s, accessed 13 January 2017.

"I'm Sorry [VOSTFR]." YouTube video, 8:51. Posted by "PewDiePie," 8 January 2013. https://www.youtube.com/watch?v=Ws4kb1wMeUU, accessed7 November 2016.

Internet Creators Guild (2017). "Creators Fighting for Net Neutrality." 25 May. https://docs.google.com/document/d/1HAkMxxKuU2vZRSqIeiI-5b9TJt7GC-Jhoz4Q2xA3gos/edit, accessed 17 August 2017.

"I've Discovered the Greatest Thing Online　" YouTube video, 13:08. Posted by"PewDiePie," 11 January 2017. https://www.youtube.com/watch?v=KtxXKezbQ9w, accessed 13 January 2017.

Iyengar, J. M. (2016). Head of Operations, YouTube Spaces (India), 21 May, interview with Stuart Cunningham and David Craig, India.

Jacewicz, N. (2017). "Social Media Star Has a 'Crazy Idea' to Help Somalia." NPR, 22 March. http://www.npr.org/sections/goatsandsoda/2017/03/22/521097218/social-media-star-has-a-crazy-idea-to-help-somalia, accessed 4 September 2017.

James, E. (2015). "Facebook Video Is Now Bigger Than YouTube for Brands." *Social Bakers,* 15 January. http://www.socialbakers.com/blog/2335-facebook-video-is-now
-bigger-than-youtube-for-brands, accessed 26 March 2017.

Jarvey, N. (2017a). "Web Video Star Casey Neistat Reveals His Plans at CNN." Holly- *wood Reporter*, 3 January. http://www.hollywoodreporter.com/news/web-video-star-casey-neistat-reveals-his-plans-at-cnn-981501, accessed 4 September 2017.

Jarvey, N. (2017b). "What's Next for Maker Studios amid Disney's Digital Downsiz- ing." *Hollywood Reporter,* 3 March. http://www.hollywoodreporter.com/news/what-maker-studios-pewdiepie-fallout-downsizing-means-disney-981433, accessed 3 March 2017.

Jenkins, H. (1992). *Textual Poachers: Television Fans and Participatory Culture: Studies in Culture and Communication.* New York: Routledge.

Jenkins, H. (2006). *Convergence Culture: Where Old and New Media Collide.* New York: NYU Press.

Jenkins, H. (2016). "Youth Voice, Media, and Political Engagement: Introducing the Core Concepts." In By Any Media Necessary: The New Youth Activism, edited by H. Jenkins, S. Shresthova, L. Gamber-Thompson, N. Kligler-Vilenchik and A. Zimmerman, 1–60. New York: NYU Press.

Jenkins, H., Ford, S., and Green, J. (2013). *Spreadable Media: Creating Value and Meaning in a Networked Culture.* New York: NYU Press.

Jerslev, A. (2016). "In the Time of the Microcelebrity: Celebrification and the YouTuber Zoella." *International Journal of Communication,* 10: 5233–51.

Jin, D. Y. (2013). "The Construction of Platform Imperialism in the Globalization Era."*triple*C, 11(1): 145–72.

Johnson, C. (2017). "10 Top Live Video Influencers to Follow." *Entrepreneur*, 21 March. https://www.entrepreneur.com/article/290400, accessed 3 August 2017.

Johnson, D., Kompare, D., and Santo, A. (eds.). (2014). *Making Media Work: Cultures of Management in the Entertainment Industries.* New York: NYU Press.

Johnson, J. (2017). "Is Facebook's Rights Manager Really Protecting Video Creators from Freebooting? Short Answer: Not Quite." *Video Link,* 17 January. https:// thevideoink.com/is-facebooks-rightsmanager-really-protecting-video-creators-from-freebooting-9dcc18963734, accessed 24 August 2017.

Jones, J. (2010). *Entertaining Politics: Satiric Television and Political Engagement.* New York: Rowman & Littlefield.

Kain, E. (2017). "YouTube Wants Content Creators to Appeal Demonetization, but It's Not Always That Easy." Forbes, 18 September. https://www.forbes.com/sites/erikkain/2017/09/18/adpocalypse-2017-heres-what-you-need-to-know-about-youtubes-demonetization-troubles/#7734a4fc6c26, accessed 16 December 2017. Kam, B., and Chambers, C. (2015). Creators, BriaandChrissy, 7 July, interview with David Craig, United States.

Kantrowitz, A. (2017). "Frustrated Snap Social Influencers Leaving for Rival Plat- forms." *Buzzfeed,* 2 March. https://www.buzzfeed.com/alexkantrowitz/frustrated-snap-social-influencers-leaving-for-rival-platfor?utm_term=.pawOkYAWD# .endLKzlrx, accessed 17 July 2017.

Keane, M. (2016). "Disconnecting, Connecting, and Reconnecting: How Chinese Television Found Its Way out of the Box." *International Journal of Communication,* 10(2016): 5426–43.

Kellner, D. (2003). "Cultural Studies, Multiculturalism, and Media Culture." In *Gender, Race, and Class in Media,* edited by G. Dines and J. M. Humez, 9–20. Thousand Oaks, CA: Sage.

Kellner, D. (2009). "Media Industries, Political Economy, and Media/Cultural Studies: An Articulation." In *Media Industries: History, Theory, and Method,* edited by J. Holt and A. Perren, 95–107. Malden, MA: Blackwell.

Kellner, D., and Durham, M. (2012). "Adventures in Media and Cultural Studies: Introducing the Keywords." In *Media and Cultural Studies: Keywords*, edited by

M. Durham and D. Kellner, ix–xxxviii. Oxford: Blackwell.

Kellogg, C. (2015). "Can YouTube Stars Save Publishing?" *Los Angeles Times,* 11 June. http://www.latimes.com/books/jacketcopy/la-et-jc-can-youtube-stars-save-publishing-20150611-story.html, accessed 4 August 2015.

Kelly, S. (2015). Manager, Charlis Crafty Kitchen, 23 March, interview with Stuart Cunningham, Australia.

Kemper, T. (2009). *Hidden Talent: The Emergence of Hollywood Agents.* Berkeley: University of California Press.

Kerr, D. (2012). "YouTube Cedes to Turkey and Uses Local Web Domain." CNET, 2 October. https://www.cnet.com/news/youtube-cedes-to-turkey-and-uses-local-web-domain/, accessed 16 June 2017.

Khadem, N. (2015). "Google Paid $11.7M Tax in 2014, but Says 'There's More We Can Do.'" *Sydney Morning Herald, May* 1. http://www.smh.com.au/business/google-paid-117m-tax-in-2014-but-says-theres-more-we-can-do-20150430-1mxbx7. html#ixzz3rcFMTXnX, accessed 16 November 2015.

Khatri, A. (2016). Creator, Atul Khatri, 24 May, interview with Stuart Cunningham and David Craig, India.

Kim, J. (2012). "The Institutionalization of YouTube: From User-Generated Content to Professionally Generated Content." *Media, Culture & Society,* 34(1): 53–67.

King, Z. (2015). Creator, Zach King, 15 July, interview with David Craig, United States. Kligler-Vilenchik, N. (2016). "Mechanisms of Translation: From Online Participa-tory Cultures to Participatory Politics." *Journal of Digital and Media Literacy,* 4(1–2). http://www.jodml. org/2016/06/27/mechanisms-of-translation-from-online-participatory-cultures-to-participatorypolitics/, accessed 10 May 2017.

Kouvchinov, S. (2015). Sales Executive, Boom Video, 2 March, interview with Stuart Cunningham, Australia.

Kozlowski, L. (2014). "MiTu, a YouTube Network Changing How Latino Content Creators and Audiences Connect." *Forbes,* 27 June. https://www.forbes.com/sites/lorikozlowski/2014/06/27/mitu-a-youtube-network-changing-how-latino-content-creators-and-audiences-connect/, accessed 7 August 2017.

KPMG (2017). *Media for the Masses: The Promise Unfolds*, Media and Entertainment Industry Report. https://assets.kpmg.com/content/dam/kpmg/in/pdf/2017/04/FICCI-Frames-2017.pdf, accessed 21 August 2017.

Kretschmer, T., and Peukert, C. (2014). "Video Killed the Radio Star? Online Music Videos and Digital Music Sales." CEP D*iscussion Papers dp*1265, Centre for Economic Performance, London School of Economics, http://cep.lse.ac.uk/pubs/download/dp1265.pdf, accessed 28 June 2018.

Krieger, J. (2016). "ARD and ZDF Unveil Youth Service 'Funk.'" *Broadband TV News,* 29 September. http://www.broadbandtvnews.com/2016/09/29/ard-zdf-unveil-youth-service-funk/, accessed 19 July 2017.

Kücklich, J. (2005). Precarious Playbour: Modders and the Digital Games Industry."*Fibreculture,* 5. http://five.fibreculturejournal.org/fcj-025-precarious-playbour-modders-and-the-digital-games-industry/, accessed 25 June 2018.

Kuehn, K., and Corrigan, T. (2013). "Hope Labour: The Role of Employment Prospects in Online Social Production." *Political Economy of Communication,* 1(1): 9–25.

Kumar, A. (2016). Founder, Viral Fever, 24 May, interview with Stuart Cunningham and David Craig, India.

Kumar, K. (2015). Creator, Krishna the Kumar, 22 May, interview with Stuart Cunningham and David Craig, United States.

Kumar, S. (2016). "YouTube Nation: Precarity and Agency in India's Online Video Scene." *International Journal of Communication,* 10(2016): 5608–25.

Küng, L. (2008). Strateg*ic Management in the Media: From Theory to Practice*. Thou- sand Oaks, CA: Sage.

Küng, L. (2017). Strategic Management in the Media: From Theory to Practice, 2nd ed.Thousand Oaks, CA: Sage.

Lamel, J. (2017). Executive Director, Re:Create Coalition, 24 July, interview with David Craig and Stuart Cunningham, United States.

Langston, B. (2016). Creator, Toy Replay, 24 August, interview with Jarrod Walczer, United States.

Lash, S., and Urry, J. (1987). The End of Organised Capital. Madison: University of Wisconsin Press.

Lawler, R. (2013). "Maker Studios Co-Founder Danny Zappin Sues the Company over His Ouster." TechCrunch, 26 June. https://techcrunch.com/2013/06/26/maker-studios-co-founder-danny-zappin-sues-the-company-over-his-ouster/, accessed 17 July 2017.

Le, K. (2016). "Monetization in Livestreaming: 2015 & 2016." *StreamLabs,* 24 Janu- ary. https://blog.streamlabs.com/monetization-in-livestreaming-2015-2016-c08835ca2331, accessed 17 July 2017.

Leadbeater, C. (1999). Living on Thin Air: The New Economy. London: Penguin. Lehmann, M. (2015).

"Eyes Wide Open: Google Australia's Maile Carnegie." *Weekend Australian,* 27–28 June, 12–16.

Levin, J. (2015). Executive Vice President, Defy Media, 17 April, interview with Stuart Cunningham and David Craig, United States.

Levine, M. (2015). Fanthropologist, ZEFR, 11 May, interview with Stuart Cunningham and David Craig, United States.

Linqia (2017). *The Value of Influencer Content 2017: A Look into How Brands and Agencies Value Influencer Content in 2017.* http://www.linqia.com/wp-content/uploads/2017/04/The-Value-of-Influencer-Content-2017_Final_Report.pdf, accessed 13 July 2017.

Lobato, R. (2016). "The Cultural Logic of Digital Intermediaries: YouTube Multichan- nel Networks." Convergence: The International Journal of Research into New Media Technologies, 22(4): 348–60.

Lobato, R., and Thomas, J. (2015). *The Informal Media Economy*. Cambridge: Polity.

Lopez, L. K. (2014). "Blogging While Angry: The Sustainability of Emotional Labor in the Asian American Blogosphere." *Media, Culture & Society,* 36(4): 421–36.

Lopez, L. K. (2016). Asian American Media Activism. New York: NYU Press. Lotz, A. (2017). *Portals: A Treatise on Internet-Distributed Television*. Ann Arbor: Michigan Publishing, University of Michigan Library.

Lunden, I. (2014). "If WhatsApp Is Worth $19B, Then WeChat's Worth 'At Least $60B' Says CLSA." *TechCrunch,* 11 March. https://techcrunch.com/2014/03/11/if-whatsapp-is-worth-19b-then-wechats-worth-at-least-60b-says-clsa/, accessed 16 June 2017.

Luo, B. (2015). Founder, New Media Rockstars, 11 May, interview with Stuart Cunning-ham and David Craig, United States.

Madrigal, A. (2014). "How Netflix Reverse Engineered Hollywood." *Atlantic,* 2 January. http://www.theatlantic.com/technology/archive/2014/01/how-netflix-reverse-engineered-hollywood/282679/, accessed 26 March 2017.

Maheshawri, S. (2016). "Endorsed on Instagram by a Kardashian, but Is It Love or Just an Ad?" *New York Times*, 30 August. https://www.nytimes.com/2016/08/30/business/media/instagram-ads-marketing-kardashian.html, accessed 14December 2017.

Main, S. (2017). "Micro-Influencers Are More Effective with Marketing Campaigns Than Highly Popular Accounts." *Adweek,* 30 March. http://www.adweek.com/digital/micro-influencers-are-more-effective-with-marketing-campaigns-than-highly-popular-accounts/, accessed 30 March 2017.

Mann, D. (2014). "Welcome to the Unregulated Wild, Wild, Digital West." *Media Industries,* 1(2). http://dx.doi.org/10.3998/mij.15031809.0001.206, accessed 27 April2018.

Marotta, J. (2015). "After a Billion Views on YouTube, Michelle Phan Shows a New Side of Herself." Cosmopolitan, 8 June. http://www.cosmopolitan.com/style-beauty/beauty/a39944/michelle-phan-internets-most-fascinating/, accessed 21 November 2016.

Maroun, L. (2015). Creator, LunaMaroun, 23 March, interview with Stuart Cunning- ham, Australia.

Marsh, J. (2016). Professor of Education, University of Sheffield, 5 July, interview with Jarrod Walczer, United Kingdom.

Marsh, L. (2015). Vice President Talent, Addition Management, 6 July, interview with Stuart Cunningham and David Craig, United States.

Marshall, P. D. (2009). "New Media as Transformed Media Industry." In *Media Indus- tries: History,*

Theory, and Method, edited by J. Holt and A. Perren, 81–89. Malden MA: Wiley-Blackwell.

Marwick, A. (2013). *Status Update: Celebrity, Publicity, and Branding in the Social Media Age.* New Haven, CT: Yale University Press.

Marwick, A., and boyd, d. (2014). "Networked Privacy: How Teenagers Negotiate Context in Social Media." *New Media & Society,* 16(7): 1051–67.

Marzouki, M. E. (2017). "Commerce, Creativity, and Youth Participation on YouTube Morocco." Paper presented at the 67th Annual Conference of the International Communication Association, Interventions: Communication Research and Practice, 25–29 May, San Diego, California.

Mau, D. (2014). "How the Fastest-Rising Beauty Bloggers Found YouTube Success." *Fashionista,* 30 January. http://fashionista.com/2014/01/beauty-vloggers, accessed 21 November 2016.

Mayer, V., Banks, M., and Caldwell, J. (eds.). (2010). *Production Studies: Cultural Stud- ies of Media Industries.* New York: Routledge.

Mayes, J. (2017). "YouTube Hate Videos Haunt Advertisers on Google." *Bloomberg,* 24 March. https://www.bloomberg.com/news/articles/2017-03-23/youtube-hate-videos-snare-ikea-ads-as-google-crisis-spans-europe, accessed 16 December 2017.

McChesney, R., and Schiller, D. (2003). *The Political Economy of International Commu- nication: Foundations for the Emerging Global Debate about Media Ownership and Regulation.* United Nations Research Institute for Social Development, Technology, Business, and Society Program.

McCormick, R. (2016). "PewDiePie and Other YouTubers Took Money from War- ner Bros. for Positive Game Reviews." Verge, 12 July. https://www.theverge.com/2016/7/12/12157310/pewdiepie-youtubers-sponsored-videos-ftc-warner-bros, accessed 10 May 2017.

McLaughlin, R., and Neal, C. L. (2015). Creators, Rhett & Link, 3 September, interview with David Craig, United States.

McNab, J. (2016). "Netflix Is on F***ing Fire," Medium, 3 January. https://medium.com/swlh/netflix-is-on-f-ing-fire-1675d47e722, accessed 4 September 2017.

McNary, D. (2016a). "Minority Coalition Pushes Movie Studios for More Diversity."*Variety,* 4 February. http://variety.com/2016/film/news/oscars-diversity-minority-coalition-movie-studios-1201697518/, accessed 20 July 2017.

McNary, D. (2016b). "Steven Spielberg's Amblin Developing Digital Star Zach King's 'My Magical Life.'" Variety, 27 October. http://variety.com/2016/film/news/steven-spielberg-amblin-zach-king-my-magical-life-1201902957/, accessed 24 July 2017.

McRobbie, A. (2002). "Clubs to Companies: Notes on the Decline of Political Culture in Speeded Up Creative Worlds." *Cultural Studies,* 16(4): 517–31.

Meade, A. (2015). "ABC's Mark Scott Calls for New Funding Model to Keep Australian Content Alive." *Guardian,* 15 September. https://www.theguardian.com/media/2015/sep/15/abcs-mark-scott-calls-for-new-funding-model-to-keep-australian-content-alive, accessed 16 June 2017.

Mediakix (2015). "Influencer Marketing to Be a $5–$10 Billion Market within Next 5 Years." *Mediakix,* 21 December. http://mediakix.com/2015/12/influencer-marketing-5-10-billion-dollar-market/#gs.bEQ4mvc, accessed 18 July 2017.

Mediakix (2017). "Instagram Influencer Marketing Is a $1 Billion Dollar Industry."*Medikix,* 5 May. http://mediakix.com/2017/03/instagram-influencer-marketing-industry-size-how-big/#gs.OtSPVhw, accessed 14 December 2017.

Meyer, M. (2015). Cofounder, JASH, 19 May, interview with Stuart Cunningham and David Craig, United States.

Meyer, R. (2015). "The Decay of Twitter." Atlantic, 2 November. http://www.theatlantic.com/technology/archive/2015/11/conversation-smoosh-twitter-decay/412867/, accessed 26 March 2017.

Micus, A. L. (2016). Programs Strategist, YouTube Space (Germany), 7 October, inter- view with Stuart Cunningham and David Craig, Germany.

Miller, T. (2006). *Cultural Citizenship: Cosmopolitanism, Consumerism, and Television in a Neoliberal Age*. Philadelphia: Temple University Press.

Miller, T. (2010). "A Future for Media Studies: Cultural Labour, Cultural Relations, Cultural Politics." In How Canadians Communicate. Volume 3, *Contexts of Cana- dian Popular Culture,* edited by B. Beaty, D. Briton, G. Filax, and R. Sullivan, 35–53. Athabasca: Athabasca University Press.

Mills, C. (2016). "Google's Copyright Takedowns Have Grown by a Gazillion Per Cent in Ten Years." Gizmodo, 8 March. https://www.gizmodo.com.au/2016/03/googles-copyright-takedowns-have-grownby-a-trillion-percent-in-ten-years/, accessed 21 August 2017.

Miltner, K., and Highfield, T. (2017). "Never Gonna GIF You Up: Analyzing the Cultural Significance of the Animated GIF.*" Social Media + Society*, 3(3): https://doi.org/10.1177/2056305117725223.

"Minecraft Multiplayer Fun." YouTube video, 2:03. Posted by "PewDiePie," 2 October 2010. https://www.youtube.com/watch?v=9jeJbdVl2jI, accessed 7 November 2016.

Mittal, A. (2016). Creator, Aditi Mittal, 24 May, interview with Stuart Cunningham and David Craig, India.

Mittell, J. (2015*). Complex TV: The Politics of Contemporary Television Storytelling*. New York: NYU Press.

Mittell, J. (2016). "Why Netflix Doesn't Release Its Ratings." Atlantic, 23 February. http://www.theatlantic.com/entertainment/archive/2016/02/netflix-ratings/462447/, accessed 26 March 2017.

Moe, H., Poell, T., and van Djick, J. (2016). "Rearticulating Audience Engagement."*Television & New Media,* 17(2): 99–107.

Morrison, K. (2015). "Snapchat Is the Fastest Growing Social Network." *Social Times*, July 28. http://www.adweek.com/socialtimes/snapchat-is-the-fastest-growing-social-network-infographic/624116, accessed 16 June 2017.

Moses, L. (2017). "Publishers Are Switching Affections from Snapchat to Instagram."*Digiday,* 14 July. https://digiday.com/media/publishers-switching-affections-snapchat-instagram/, accessed 24 August 2017.

Mozur, P. (2016). "China, Not Silicon Valley, Is Cutting Edge in Mobile Tech.*" New York Times,* 2 August. http://www.nytimes.com/2016/08/03/technology/china-mobile-tech-innovation-silicon-valley.html, accessed 16 June 2017.

Mueller, M. (2015). "Hyper-transparency and Social Control: Social Media as Magnets for Regulation." *Telecommunications Policy,* 39(9): 804–10.

Mukherjee, R., and Banet-Weiser, S. (2012). *Commodity Activism: Cultural Resistance in Neoliberal Times*. New York: NYU Press.

"My Thoughts on Bruce Jenner." YouTube video, 3:16. Posted by "Gigi Gorgeous," 24 April 2015.

https://youtu.be/YSmBKqhqXUE, accessed 7 November 2016.

Nagy, P., and Neff, G. (2015). "Imagined Affordance: Reconstructing a Keyword for Communication Theory." Media + Society, 1(2): 1–9.

Napoli, P., and Caplan, R. (2017). "Why Media Companies Insist They're Not Media Companies, Why They're Wrong, and Why It Matters." *First Monday,* 22(5). http://firstmonday.org/ojs/index.php/fm/article/view/7051/6124.

"Natural Looking Makeup Tutorial." YouTube video, 7:09. Posted by "Michelle Phan," 20 May 2007. https://www.youtube.com/watch?v=OB8nfJCOIeE, accessed 26November 2016.

Neff, G. (2012). *Venture Labour: Work and the Burden of Risk in Innovative Industries.*Cambridge, MA: MIT Press.

Neff, G., Wissinger, E., and Zukin, S. (2005). "Entrepreneurial Labor among Cultural Producers: 'Cool' Jobs in 'Hot' Industries." Social Semiotics, 15(3): 307–34.

Neidell, I. (2016). Lead Writer, Mediakraft Networks (The Great War), 6 October, inter- view with Stuart Cunningham and David Craig, Germany.

Newcomb, H., and Alley, R. (1983). *The Producer's Medium: Conversations with Creators* of American TV. Oxford: Oxford University Press.

Newcomb, H., and Hirsch, P. (1983). "Television as a Cultural Forum: Implications for Research." *Quarterly Review of Film & Video,* 8(3): 45–55.

Newton, C. (2016a). "Is Twitter Doomed?" Verge, 26 January. http://www.theverge.com/2016/1/26/10833024/is-twitter-doomed, accessed 26 March 2017.

Newton, C. (2016b). "Why Vine Died." Verge, 28 October. https://www.theverge.com/2016/10/28/13456208/why-vine-died-twitter-shutdown, accessed 24 August 2017.

NextShark.com (2016). "Girls in China Are Making up to $20,000 a Month Live Streaming Their Lives Online." *Nextshark.com,* 27 July. https://nextshark.com/china-live-streaming-cam-girls/, accessed 3 August 2017.

Nilsen, I. (2015). Creator, IngridNilsen, 23 September, interview with David Craig, United States.

Nordenstreng, K., and Varis, T. (1974). "Television Traffic: A One-Way Street."UNESCO *Reports and Papers on Mass Communication No.* 70, UNESCO, Paris.

O'Connor, C. (2017). "Forbes Top Influencers: Meet the 30 Social Media Stars ofFashion, Parenting, and Pets (Yes, Pets)." *Forbes,* 26 September. https://www.forbes.com/sites/clareoconnor/2017/09/26/forbes-top-influencers-fashion-pets-parenting/#647fced27683, accessed 16 December 2017.

O'Neil-Hart, C., and Blumenstein, H. (2016). "Why YouTube Stars Are More Influential Than Traditional Celebrities." *thinkwithgoogle.com,* July. https://www.thinkwithgoogle.com/infographics/youtube-stars-influence.html, accessed 16 July 2017.

O'Reilly, L. (2015). "Google Just Told Advertisers That If They Want to Reach Young People YouTube Will Need to Take 24% of Their TV Budgets." *Business Insider,* 14 October. http://www.businessinsider.com/at-brandcast-google-tells-advertisers-to-shift-tv-money-to-video-youtube-2015-10, accessed 26 March 2017.

"Orlando Shooting." YouTube video, 1:58. Posted by "Gigi Gorgeous," 12 June 2016.https://youtu.be/9HUvzqNknD8, accessed 7 November 2016.

Palazzolo, M. (2015). Writer and Producer, *Bloomers,* 16 May, interview with Stuart Cunningham and

David Craig, United States.

Papacharissi, Z. (2015). *Affective Publics: Sentiment, Technology, and Politics*. Oxford: Oxford University Press.

Parker, G., Alstyne, M., and Choudary, S. (2016). *Platform Revolution: How Networked Markets Are Transforming the Economy—and How to Make Them Work for You.* New York: Norton.

Patel, S. (2017). "Inside Disney's troubled $675 Mil. Maker Studios Acquisition." *Digiday,* 22 February. https://digiday.com/media/disney-maker-studios/, accessed 23 February 2017.

Pathak, S. (2017). "Brands Are Using Influencers like Ad Agencies." *Digiday,* 24 May. https://digiday.com/marketing/brands-using-influencers-like-ad-agencies/, accessed 24 May 2017.

"Peanut Butter Face (while discussing the Georgia-Russia War)." YouTube video, 3:58. Posted by "vlogbrothers," 12 August 2008. https://youtu.be/v_p3hLtr5Ok, accessed 5 July 2017.

Perez, S. (2016a). "YouTube Expands Creator Outreach with New Features, Better Support." *TechCrunch,* 24 June. https://techcrunch.com/2016/06/24/youtube-expands-creator-outreach-with-new-features-better-support/, accessed 26 March 2017. Perez, S. (2016b). "YouTube Gets Its Own Social Network with the Launch of YouTubeCommunity." *TechCrunch,* 13 September. https://techcrunch.com/2016/09/13/youtube-gets-its-own-social-network-with-the-launch-of-youtube-community/, accessed 26 March 2017.

Perrin, A., and Duggan, M. (2015). "Americans' Internet Access: 2000–2015: As Internet Use Nears Saturation for Some Groups, a Look at Patterns of Adoption." *Pew Research Center,* 26 June. http://www.pewinternet.org/2015/06/26/americans-internet-access-2000-2015/, accessed 27 June 2016.

Pew Research Center (2013). "The Rise of Asian Americans." *Pew Research Center.* http://www.pewsocialtrends.org/2012/06/19/the-rise-of-asian-americans/, accessed 24 July 2017.

PewDiePie (2015). "Nintendo 'Sharing' YouTube Ad Revenue." *PewDiePie,* 30 January. http://pewdie.tumblr.com/post/109571543425/nintendo-sharing-youtube-ad-revenue, accessed 5 July 2017.

PewDiePie (2017). "Just to Clear Some Things Up . . ." *PewDiePie,* 12 February. http:// pewdie.tumblr.com/post/157160889655/just-to-clear-some-things-up, accessed 5 July 2017.

Pinder, J. (2015). Creator, SimpleCookingChannel, 23 March, interview with Stuart Cunningham, Australia.

Pittman, T. (2015). "How YouTubers Became a New Breed of Celebrity That Hollywood Stars Can't Touch." *Huffington Post,* 3 March. http://www.huffingtonpost.com.au/entry/teens-prefer-youtubers-over-celebrities_n_6801792.html?section=australia, accessed 30 January 2017.

Podell, L. (2016). Global Head Studios, YouTube, 8 February, interview with Stuart Cunningham and David Craig, United States.

Poggi, J. (2016). "CMO's Guide to Live Video." *Advertising Age,* 18 July. http://adage.com/article/media/cmo-s-guide-live-video/304978/, accessed 3 August 2017.

Poggi, J. (2017). "Digital Advertising Tops TV in the U.S. for the First Time." *Advertis- ing Age,* 29 March. http://adage.com/article/advertising/magna-u-s-digital-ad-sales-top-tv-time-2016/308468/, accessed 31 August 2017.

Popper, B. (2017). "YouTube Will No Longer Allow Creators to Make Money until They Reach 10,000 Views." *Verge,* 6 April. https://www.theverge.com/2017/4/6/15209220/youtube-partner-program-rule-change-monetize-ads-10000-views, accessed 7 April 2017.

Postigo, H. (2009). "America Online Volunteers: Lessons from an Early Co-production Community." *International Journal of Cultural Studies,* 12(5): 451–69.

Postigo, H. (2014). "Playing for Work Independence as Promise in Gameplay Commentary on YouTube." In *Media Independence: Working with Freedom or Working for Free?* edited by J. Bennett and N. Strange, 202–22. New York: Routledge.

Postigo, H. (2016). "The Socio-technical Architecture of Digital Labor: Converting Play into YouTube Money." New Media & Society, 18(2): 332–49.

PRWeb (2012). "Michelle Phan Launches FAWN (For All Women Network)." *PRWeb*, 4 April. http://www.prweb.com/releases/youtube/fawn/prweb9368622.htm,accessed 15 May 2017.

Rao, L. (2016). "YouTube CEO Says There's 'No Timetable' for Profitability." *Fortune,* 19 October. http://fortune.com/2016/10/18/youtube-profits-ceo-susan-wojcicki/,accessed 24 August 2017.

Raun, T. (2016). *Out Online: Trans Self-Representation and Community Building on YouTube (Gender, Bodies, and Transformation).* New York: Routledge.

Ravi, A. (2016). Director and Cofounder, NH7, 23 May, interview with Stuart Cunning- ham and David Craig, India.

"Reacting to Old Videos (45 Mil Subs) (Fridays with PewDiePie—Part 118)." YouTube video, 9:08. Posted by "PewDiePie," 18 June 2016. https://www.youtube.com/watch?v=dtAuAu3nI_0, accessed 5 July 2017.

Re-Create Coalition (2017). "Re-Create Coalition Letter to 115th Congress and White House: Supporting a Pro-Innovation, Pro-Creator, Pro-Consumer Copyright Agenda." *Re-Create Coalition* Blog, 3 April. http://www.recreatecoalition.org/recreate-coalition-letter-115th-congress-supporting-pro-innovation-pro-creator-pro-consumer-copyright-agenda/, accessed 3 August 2017.

Reddit.com (2015). "I Miss the Old PewDiePie." Reddit.com—PewDiePie, 2 March. https://www.reddit.com/r/pewdiepie/comments/2xn6tp/i_miss_the_old_pewdiepie/, accessed 4 July 2017.

Rivera, B. (2015). Vine creator (Mr Rivera), 3 September, e-mail interview with David Craig, United States.

Robehmed, N. (2015). "How Michelle Phan Built a $500 Million Company." Forbes, 5 October. https://www.forbes.com/sites/natalierobehmed/2015/10/05/how-michelle-phan-built-a-500-million-company/#770150fe8c4a, accessed 15 May 2017.

Robertson, M. (2015). "500 Hours of Video Uploaded to YouTube Every Minute [Forecast]." http://tubularinsights.com/hours-minute-uploaded-youtube/, accessed 10 July 2017.

Robinson, J. (2015). Chief Technology Officer, Awesomeness, 17 April, interview with Stuart Cunningham and David Craig, United States.

Roettgers, J. (2017). "Disney's Maker Studios Drops PewDiePie Because of Anti-Semitic Videos." Variety, 13 February. http://variety.com/2017/digital/news/disney-pewdiepie-anti-semitic-videos-1201987380/, accessed 14 February 2017.

Romer, C. (2015). "Big Exposure." Arts Professional, 18 June. https://www.artsprofessional.co.uk/magazine/285/article/big-exposure, accessed 18 July 2017.

Ross, A. (2002). No-Collar: The Humane Workplace and Its Hidden Costs. New York: Basic Books.

Ross, A. (2007). Fast Boat to China: Corporate Flight and the Consequences of Free Trade; Lessons from Shanghai. New York: Vintage.

Ross, A. (2009). Nice Work If You Can Get It: Life and Labor in Precarious Times. New York: NYU Press.

Rossiter, N. (2007). Organized Networks: Media Theory, Creative Labour, New Institu- tions. Rotterdam: NAi Publishers.

Roussel, V. (2015). "'It's Not the Network, It's the Relationship': The Relational Work of Hollywood Talent Agents." In *Brokerage and Production in the American and French Entertainment Industries: Invisible Hands in Cultural Markets*, edited by V. Roussel and D. Bielby, 103–22. London: Lexington Books.

Roussel, V. (2016). "Talent Agenting in the Age of Conglomerates." In *Precarious Creativity: Global Media, Local Labor,* edited by M. Curtin and K. Sanson, 74–87. Berkeley: University of California Press.

Roussel, V., and Bielby, D. (eds.). (2015). *Brokerage and Production in the American and French Entertainment Industries: Invisible Hands in Cultural Markets*. London: Lexington Books.

Rushe, D. (2011). "Myspace Sold for $35M in Spectacular Fall from $12B Heyday."*Guardian,* 30 June. https://www.theguardian.com/technology/2011/jun/30/myspace-sold-35-million-news, accessed 24 August 2017.

Russell, J. (2017). "Cheetah Mobile's Live.me Streaming Service Raises $60M from Chinese Investors." *TechCrunch,* 2 May. https://techcrunch.com/2017/05/02/cheetah-mobile-live-me-60-million/, accessed 3 August 2017.

Rutenberg, J. (2017). "News Outlets to Seek Bargaining Rights against Google and Facebook." *New York Times,* 9 July. https://www.nytimes.com/2017/07/09/business/media/google-facebook-news-media-alliance.html, accessed 10 July 2017.

Ryzik, M. (2016). "Chris Rock's Asian Joke at Oscars Provokes Backlash." New York Times, 29 February. http://www.nytimes.com/2016/03/01/movies/chris-rocks-asian-joke-at-oscars-provokes-backlash.html?_r=0, accessed 29 February 2017.

Sambath, V. (2015). Business Development, Social Edge, 16 April, interview with Stuart Cunningham and David Craig, United States.

Samuelson, K. (2014). "25 Vloggers under 25 Who Are Owning YouTube." *Huffing- ton Post,* 26 October. http://www.huffingtonpost.co.uk/2014/12/17/25-vloggers-under-25-who-are-owning-the-world-of-youtube_n_6340280.html, accessed 27 December 2016.

Sanchez, R. (2015). Former Vice President Production, Machinima, 11 April, interview with Stuart Cunningham, New Zealand.

Scholz, T. (2008). "Market Ideology and the Myths of Web 2.0." *First Monday*, 13(3). http://firstmonday.org/article/view/2138/1945, accessed 13 July 2017.

Scholz, T. (ed.). (2013). *Digital Labour: The Internet as Playground and Factory*. New York: Routledge.

Schumpeter, J. A. (1975 [1942]). *Capitalism, Socialism, and Democracy.* New York: Harper Perennial.

Scolari, C., and Fraticelli, D. (2017). "The Case of the Top Spanish YouTubers: Emerging Media Subjects and Discourse Practices in the New Media Ecology." *Convergence: The International Journal of Research into New Media Technologies,* 10.1177/1354856517721807.

Scutt, D. (2014). "The Growth of China's Mobile Use Is Mind-Blowing." *Business Insider Australia,* July 24. https://www.businessinsider.com.au/china-mobile-growth-2015-7, accessed 16 June 2017.

Seetharaman, D., and Perlberg, S. (2016). "Facebook to Pay Internet Stars for Live Video." *Wall Street Journal,* 19 July. https://www.wsj.com/articles/facebook-to-pay-internet-stars-for-live-video-1468920602, accessed 18 July 2017.

Senft, T. (2008). Camgirls: *Celebrity and Community in the Age of Social Networks.*New York: Peter Lang.

Shao, B. (2016). Vice President Corporate Strategies and PGC Operation, Youku, 31 May, interview with David Craig, China.

Shaughnessy, H. (2011). "Who Are the Top 10 Influencers in Social Media?" *Forbes,* 2 December. https://www.forbes.com/sites/haydnshaughnessy/2011/12/02/who-are-the-top-10-influencers-in-social-media/#754d98f260b7, accessed 16 December 2017.

Sherman, L. (2013). "Want to Make $5 Million a Year? Become a Beauty Vlogger."*Cosmopolitan,* 22 November. http://www.cosmopolitan.com/style-beauty/beauty/how-to/a16610/beauty-vloggers/, accessed 15 May 2017.

Shifman, L. (2013). *Memes in Digital Culture.* Cambridge, MA: MIT Press.

Shinal, J. (2017a). "Meet the Man Who Helped Facebook Bring Snapchat to Its Knees."CNBC, 15 July. https://www.cnbc.com/2017/07/15/instagram-kevin-weil-helped-facebook-beat-snapchat.html, accessed 24 August 2017.

Shinal, J. (2017b). "Facebook Plans to Launch Its Own TV-Like Shows in June, Says Report." CNBC, 5 May. https://www.cnbc.com/2017/05/05/facebook-plans-to-launch-its-own-tv-shows-in-june-says-report.html, accessed 24 August 2017. Siegel, T. (2016).

"Sundance: How Amazon, Netflix turned the Market on Its Head." *Hollywood Reporter,* 27 January. http://www.hollywoodreporter.com/news/sundance-how-amazon-netflix-turned-859372, accessed 27 January 2016.

Siegismund, F. (2016). Creator, Battle Bros, 6 October, interview with Stuart Cunning- ham and David Craig, Germany.

Silver, C. (2017). "Facebook Watch Is Here to Quench Our Undying Thirst for Online Video Content." *Forbes,* 11 August. https://www.forbes.com/sites/curtissilver/2017/08/11/facebook-watch-online-video-content, accessed 17 August 2017.

Simpson, A. (2011). "X-Rated Ethics: Socially Sustainable Sex Could Save the Economy, the Environment, and Our Society." *Utne Reader,* September. http://www.utne.com/mind-and-body/sustainable-sex-industry-corporate-social-responsibility, accessed 3 August 2017.

Sinclair, J., Jacka, E., and Cunningham, S. (eds.). (1996). *New Patterns in Global Televi- sion: Peripheral Vision.* London: Oxford University Press.

Slefo, G. (2017). "Desktop and Mobile Ad Revenue Surpasses TV for the First Time."*Advertising Age,* 26 April. http://adage.com/article/digital/digital-ad-revenue-surpasses-tv-desktop-iab/308808/, accessed 31 August 2017.

Sloan, G. (2016). "Facebook's Using Its Muscle to Remake the Ad Tech World." Digiday, 31 May. http://digiday.com/platforms/facebooks-using-muscle-remake-ad-tech/,accessed 16 June 2017.

Smith, S., Choueiti, M., and Piper, K. (2016). "Inclusion or Invisibility? Comprehen- sive Annenberg Report on Diversity in Entertainment." University of Southern California. http://annenberg.usc.edu/pages/~/media/MDSCI/CARDReport%20 FINAL%2022216.ashx, accessed 20 July 2017.

Snell, T. (2017). "The #Adpocalypse Is Here to Stay." Tubefilter, 11 May. http://www.tubefilter.com/2017/05/11/the-adpocalypse-is-here-to-stay/, accessed 11 May 2017.

Social Blade (2017). "Broadband TV." Social Blade. https://socialblade.com/youtube/network/broadbandtv, accessed 18 July 2017.

Solomon, F. (2017). "YouTube Could Be About to Overtake TV as America's Most Watched Platform." Fortune, 28 February. http://fortune.com/2017/02/28/youtube-1-billion-hours-television/, accessed 14 December 2017.

Somaney, J. (2016). "2015 Was a Year to Forget from Every Aspect for Tim Cook and Apple." Forbes, 3 January. https://www.forbes.com/sites/jaysomaney/2016/01/03/2015-was-a-year-to-forget-from-every-aspect-for-tim-cook-and-apple/, accessed 26March 2017.

Soo, Z. (2016). "Meet the Chinese Live-Streaming App Live.me That's Taking the US by Storm." *South China Morning Post*, 23 November. http://www.scmp.com/tech/enterprises/article/2048354/cheetah-mobiles-live-streaming-app-liveme-showed-us-users-will, accessed 3 August 2017.

Spangler, T. (2014a). "Facebook Adds YouTube-Like Video Features, as It Tops 1 Billion Daily Views." Variety, 7 September. http://variety.com/2014/digital/news/facebook-expands-video-features-now-tops-1-billion-views-daily-exclusive-1201300064/, accessed 26 March 2017.

Spangler, T. (2014b). "Zefr Buys Social-Marketing Startup Engodo to Expand beyond YouTube." *Variety,* 24 September. http://variety.com/2014/digital/news/zefr-buys-social-marketing-startup-engodo-to-expand-beyond-youtube-1201312727/, accessed 18 July 2017.

Spangler, T. (2016a). "Amazon Takes on YouTube and Others, Opening Video Platform to All Creators." *Variety,* 10 May. http://variety.com/2016/digital/news/amazon-video-direct-youtube-creators-1201770058/, accessed 26 March 2017.

Spangler, T. (2016c). "Warner Bros. Settles FTC Charges over Payments to PewDiePie, Other Influencers to Promote Game." *Variety,* 11 July. http://variety.com/2016/digital/games/warner-bros-pewdiepie-ftc-1201811908/, accessed 10 May 2017.

Spangler, T. (2016d). "PewDiePie Responds to Warner Bros. Pay-for-Play 'Scandal': 'It's Kind of Bulls—.'" *Variety,* 13 July. http://variety.com/2016/digital/news/pewdiepie-warner-bros-video-game-scandal-response-1201813386/, accessed 10 May 2017.

Spangler, T. (2016e). "Musical.ly's Live.ly Is Now Bigger Than Twitter's Periscope on iOS (Study)." Variety, 30 September. http://variety.com/2016/digital/news/musically-lively-bigger-than-periscope-1201875105/, accessed 3 August 2017.

Spangler, T. (2017). "Disney's Maker Studios Set for Round of Big Layoffs." Va- riety, 15 February. http://variety.com/2017/digital/news/maker-2017-layoffs-disney-1201989473/, accessed 17 July 2017.

Spector, L. (2015). "How Social Authenticity Creates Community and Customers." *Linke- din,* 29 May. https://www.linkedin.com/pulse/show-tell-how-social-authenticity-creat es-community-leah-spector, accessed 5 July 2017.

Srauy, S. (2015). "The Limits of Social Media: What Social Media Can Be, and What We Should Hope They Never Become." *Social Media + Society,* 1(1): 1–3.

Srnicek, N. (2016). Platform Capitalism. Oxford: Polity.

Stellar, T. (2016). Producer, Mediakraft Networks (*The Great War*), 6 October, inter- view with Stuart Cunningham and David Craig, Germany.

Stern, A. (2017). "In 2017, Every Brand Needs to Have an Influencer Strategy." *Tubular Insights,* 31 May. http://tubularinsights.com/influencer-strategy/, accessed 13 July 2017.

Strangler, D., and Arbesman, S. (2012). "What Does Fortune 500 Turnover Mean?" *Ew- ing Marion Kauffman Foundation,* June 17. http://www.kauffman.org/what-we-do/research/2012/06/what-does-fortune-500-turnover-mean, accessed 26 March 2017. Straubhaar, J. (2007). *the United States.* Global to Local. Thousand Oaks, CA: Sage.

Streeter, T. (1996). Selling the Air: A Critique of the Policy of Commercial Broadcasting in *the United States.* Chicago: University of Chicago Press.

Streeter, T. (2011). *The Net Effect: Romanticism, Capitalism, and the Internet.* New York: NYU Press.

Sun, R., and Ford, R. (2016). "Where Are the Asian-American Movie Stars?" *Hollywood Reporter,* 9 May. http://www.hollywoodreporter.com/features/are-asian-american-movie-stars-890755, accessed 15 June 2017.

Swant, M. (2016). "As Social Platforms and Brands Turn to Live Video, Will Viewers Keep Tuning In?" *Adweek,* 4 December. http://www.adweek.com/digital/social-platforms-and-brands-turn-live-video-will-viewers-keep-tuning-174876/, accessed 3 August 2017.

"Take Your Pants Off! (Update Vlog)." YouTube video, 5:01. Posted by "PewDiePie," 3 March 2014. https://www.youtube.com/watch?v=kCjboXbqiLE, accessed 4 July2017.

Talavera, M. (2015). "Making the Market for Influencer Marketing." *Adweek,* 19 May. http://www.adweek.com/digital/making-the-market-for-influencer-marketing/, accessed 13 July 2017.

Taplin, J. (2017*). Move Fast and Break Things: How Facebook, Google, and Amazon Cornered Culture and Undermined Democracy.* Boston: Little, Brown.

Tartaglione, N. (2017). "TF1, Mediaset Take Stakes in ProSieben's Studio71 with 53M Euro Investment." *Deadline|Hollywood,* 12 January. http://deadline.com/2017/01/tf1-mediaset-investment-53-million-euros-studio71-1201883942/, accessed 3 Septem- ber 2017.

Tassi, P. (2013). "Google Plus Creates Uproar over Forced YouTube Integration." *Forbes,* 9 November. https://www.forbes.com/sites/insertcoin/2013/11/09/google-plus-creates-uproar-over-forced-youtube-integration, accessed 24 August 2017.

Tassi, P. (2014). "YouTube's PewDiePie Details Machinima's Disinterest, May Cre- ate His Own Video Network." Forbes, 5 October. https://www.forbes.com/sites/insertcoin/2014/10/05/youtubes-pewdiepie-details-machinimas-disinterest-may-create-his-own-video-network/#2ea7c21b4079, accessed 18 July 2017.

Tate, R. (2014). "Disney's $1B YouTube Channel Investment Is the Future of TV." *Wired,* 1 April. https://www.wired.com/2014/04/disney-maker-studios/, accessed 17 July2017.

Taylor, A. (2015). Chief Executive Officer, DanceOn, 12 May, interview with Stuart Cunningham and David Craig, United States.

Terranova, T. (2004). *Network Culture: Politics for the Information Age.* London: Pluto Press.

The Economist (2016). "Live Streaming: Amateur's Hour." Economist, 11 April. https:// www.economist.com/news/business/21704850-amateurs-hour, accessed 3 August 2017.

The Hollywood Reporter (2014). "Silicon Beach Power 25: A Ranking of L.A.'s Top Digital Media Players." *Hollywood Reporter,* 28 May. http://www.hollywoodreporter.com/person/ynon-kreiz, accessed 18 July 2017.

"The PewDiePie 'Scandal'!!" YouTube video, 5:16. Posted by "PewDiePie,' 13 July 2016. https://www.youtube.com/watch?v=9JqJDRkKlt8, accessed 14 July 2016.

"The YouTube Heroes!" YouTube video, 4:12. Posted by "PewDiePie," 24 September 2016. https://www.youtube.com/watch?v=OkcdKKVuLg4, accessed 13 January 2017.

Thompson, K. (1985). *Exporting Entertainment: America in the World Film Market,* 1907–1934. London: British Film Institute.

Toffler, A. (1980). The Third Wave: The Classic Study of Tomorrow. New York: Bantam. Tomlinson, J. (1999). *Globalization and Culture. Chicago:* University of Chicago Press.

Topolsky, J. (2016). "The End of Twitter." New Yorker, 29 January. http://www.new yorker.com/tech/elements/the-end-of-twitter, accessed 26 March 2017.

Tracey, M. (1988). "Popular Culture and the Economics of Global Television." *Interme- dia,* 16(2): 19–25.

Tsoi, G. (2016). "Wang Hong: China's Online Stars Making Real Cash." BBC *News,*1 August. http://www.bbc.com/news/world-asia-china-36802769, accessed 17 July2017.

Tully, S. (2017). "How Snapchat's IPO Became One of Wall Street's Biggest Flops." Fortune, 21 March, http://fortune.com/2017/03/21/snapchat-snap-ipo-wall-street/, accessed 24 August 2017.

Ullman, S. (2015). Founder and Creator, the Jungle, 16 December, interview with Stuart Cunningham, United States.

"Underneath Your Love." YouTube video, 22:24. Posted by "Michelle Phan," 12 January 2012. https://www.youtube.com/watch?v=nDtcso0Jq40, accessed 5 July 2017.

Vaidhyanathan, S. (2012). The Googlization of Everything (*and Why We Should Worry*).Berkeley: University of California Press.

van Dijck, J. (2013). *The Culture of Connectivity: A Critical History of Social Media.* New York: Oxford University Press.

van Dijck, J., and Poell, T. (2013). "Understanding Social Media Logic." *Media and Communication,* 1(1): 2–14.

Vardhan, J. (2015). "The Startups behind the Ultimate Rise of Multi-channel Networks (MCN)." Your Story, 16 February. https://yourstory.com/2015/02/rise-of-multi-channel-networks-mcn, accessed 18 July 2017.

Varley, S. (2016). "Did Casey Neistat Just Commit the Ultimate YouTube Sin?" BBC, 5 December. http://www.bbc.co.uk/bbcthree/item/24f75660-01bb-45b6-8e67-98115115bc57, accessed 4 September 2017.

VAST Media (2014). "34 Multi-channel Networks That Matter—Exclusive VAST MEDIA White Paper." MIP *Blog, March* 17. http://blog.mipworld.com/2014/03/34-multi-channel-networks-that-matter---vast-media-exclusive-white-paper/#. U3FU2hYRCik, accessed 4 August 2015.

Vaynerchuk, G. (2016). "The Snap Generation: A Guide to Snapchat's History." *Gary Vaynerchuk*, 28 January. https://www.garyvaynerchuk.com/the-snap-generation-a-guide-to-snapchats-history/, accessed 26 March 2017.

Verhoeven, D. (2014). "Film, Video, DVD, and Online Delivery." In *The Media and Communications in Australia,* 4th ed, edited by S. Cunningham and S. Turnbull, 151–71. Crows Nest, NSW: Allen & Unwin.

Vonderau, P. (2016). "The Video Bubble: Multichannel Networks and the Transfor- mation of YouTube." *Convergence: The International Journal of Research into New Media Technologies,* 22(4): 361–75.

Vossen, R., and Osteroth, R. (2016). Senior Manager of Business Development and Senior Vice President of Sales and Marketing, Studio 71 GmbH, 4 October, inter- view with Stuart Cunningham and David Craig, Germany.

Votta, R. (2015). "The Definitive Guide to YouTube Stars with Book Deals." *Daily Dot,* 13 April. https://www.dailydot.com/upstream/youtube-celebrity-book-deals/, accessed 17 July 2017.

Vranica, S., and Marshall, J. (2016). "Facebook Overestimated Key Video Metric for Two Years." *Wall Street Journal,* 22 September. https://www.wsj.com/articles/facebook-overestimated-key-video-metric-for-two-years-1474586951, accessed 24 August 2017.

Wagner, K. (2016a). "Meerkat Is Ditching the Livestream—and Chasing a Video Social Network Instead." *Recode,* 4 March. https://www.recode.net/2016/3/4/11586696/meerkat-is-ditching-the-livestream-and-chasing-a-video-social-network, accessed 3 August 2017.

Wagner, K. (2016b). "Mark Zuckerberg Is 'Obsessed' with Livestreaming, Mak- ing Live a Top Priority at Facebook." *Recode,* 26 February. https://www.recode.net/2016/2/26/11588264/mark-zuckerberg-is-obsessed-with-livestreaming-making-live-a-top, accessed 3 August 2017.

Wagner, K. (2017). "Here's Why Facebook's $1 Billion Instagram Acquisition Was Such a Great Deal." *Recode,* 9 April. https://www.recode.net/2017/4/9/15235940/facebook-instagram-acquisition-anniversary, accessed 15 December 2017.

Wallenstein, A. (2017). "YouTube Unveils New Streaming Features at Vidcon." *Variety,* 22 June. http://variety.com/2017/digital/news/youtube-unveils-new-streaming-features-at-vidcon-1202476251/, accessed 24 August 2017.

Wang, P. (2015). Partner, Wong Fu Productions, 12 June, interview with David Craig, United States.

Weinstein, B. (2015). Agent, UTA Digital, 13 May, interview with Stuart Cunningham and David Craig, United States.

Weintraub, L. (2015). Chief Innovation Officer, Fanscape, 28 April, interview with Stuart Cunningham and David Craig, United States.

Weiss, E. (2015). Executive Vice President Strategic Alliances, Collective Digital Studios, 19 May, interview with Stuart Cunningham and David Craig, United States.

Weiss, G. (2016a). "Warner Bros. Has Agreed to Acquire Gamer Video Network Machinima." *Tubefilter*, 17 November. http://www.tubefilter.com/2016/11/17/warner-bros-acquires-gamer-network-machinima/, accessed 18 July 2017.

Weiss, G. (2016b). "YouTube Announces 'Breakneck Growth' in India, Slate of New Shows from Local Content Partners." *Tubefilter,* 17 March. http://www.tubefilter.com/2016/03/17/youtube-announces-breakneck-growth-in-india-slate-of-new-shows-from-local-content-partners/, accessed 16 June 2017.

Weiss, G. (2017). "Here's How the YouTube 'Adpocalypse' Is Affecting Top Creators."*Tubefilter,* 4 May. http://www.tubefilter.com/2017/05/04/how-youtube-adpocalypse-affected-top-creators/, accessed 4 May 2017.

Weiß, M. (2016). "Is Amazon Video, Now at 4.26% of U.S. Prime Time Downstream, Growing Fast Enough?" *Early Moves,* 24 June. https://earlymoves.com/2016/06/24/is-amazon-video-now-at-4-26-of-u-s-prime-time-downstream-growing-fast-enough/, accessed 10 July 2017.

Welch, C. (2015). "Google+ and YouTube Are Finally Splitting Up." *Verge,* 27 July. https://www. theverge.com/2015/7/27/9047785/youtube-ditching-google-plus-requirement, accessed 24 August 2017.

Westbrook, T. (2015). Creator, Tati (GlamLifeGuru), 4 September, interview with Stuart Cunningham and David Craig, United States.

Whitaker, B. (2016). "The Influencers." 60 Minutes, 23 October. http://www.cbsnews.com/news/60-minutes-kim-kardashian-logan-paul-social-media-influencers/, accessed 23 October 2016.

"Why I Left." YouTube video, 11:11. Posted by "Michelle Phan," 1 June 2017. https://www.youtube. com/watch?v=UuGpm01SPcA, accessed 22 August 2017.

"Why I'm a Sell Out." YouTube video, 2:15. Posted by "Anna Akana," 1 June 2015. https:// www. youtube.com/watch?v=Rgd30_JiK24, accessed 11 July 2017.

Wilk, R. (2003). "Learning to Be Local in Belize: Global Systems of Common Dif- ference." In *Worlds Apart: Modernity through the Prism of the Local*, edited byD. Miller, 110–33. New York: Routledge.

Willey, C. (2016). Vice President of Development, DEFY Media, 29 October, personal communication with David Craig, United States.

Williams, R. (1981). Culture. London: Fontana.

Willman, K. (2016). "10 Reasons PewDiePie Is YouTube's Most Subscribed Chan- nel." *Turbo Future,* 25 November. https://turbofuture.com/internet/10-Reasons-PewDiePie-Is-Most-Subscribed-on-YouTube, accessed 10 May 2017.

Winkler, R. (2015). "YouTube: 1 Billion Viewers, No Profit: Revenue Growing at Google Video Site, but Still Limited by Narrow Audience." *Wall Street Journal,* 25 February. http://www.wsj.com/articles/ viewers-dont-add-up-to-profit-for-youtube-1424897967, accessed 26 March 2017.

Winokur, J. (2004). *The War between the State: Northern California vs. Southern Cali- fornia.* Seattle: Sasquatch Books.

Winter, D. (2011). "Adsense, No Sense at All: What It's Like Being Sacked by a Com- puter . . ." *Ducksworth Magazine,* January. http://www.duckworksmagazine.com/11/columns/guest/winter/index. htm, accessed 13 July 2017.

Witteg, F. (2016). Producer and Social Media Manager, Mediakraft Networks (The Great War), 6 October, interview with Stuart Cunningham and David Craig, Germany.

Wolff, M. (2015). *Television Is the New Television.* New York: Portfolio/Penguin. Wong, F. (2015). Creative Director, RocketJump, 9 July. Personal interview with DavidCraig, United States.

Woolley, E. (2014). "PewDiePie: YouTube's Biggest Star Is a Profane Swede You've Never Heard Of." *Globe and Mail,* 25 February. https://www.theglobeandmail.com/technology/digital-culture/ pewdiepie-this-profane-bro-you-never-heard-of-is-youtubes-biggest-star/article17079452/, accessed 5 July 2017.

Xi, J. (2014). *The Governance of China.* Beijing: Foreign Languages Press.

Xiang, T. (2017). "Report: China's Live Streaming Market Grew 180% in 2016." *Tech- crunch,* 31 March. http://technode.com/2017/03/31/chinas-live-video-streaming-market-grew-180-2016-report/, accessed 3 August 2017.

Yang, Y. (2017a). "In China, Live-Streaming Apps Soothe Lonely Souls and Create Fortunes." *Los Angeles Times,* 5 January. http://www.latimes.com/world/asia/la-fg-china-live-streaming-20161128-

story.html, accessed 3 August 2017.

Yi, D. (2016). "Michelle Phan Is Starting Over." *Mashable,* 13 February. http://mashable. com/2016/02/13/michelle-phan-starting-over/, accessed 21 November 2016.

YouTube Help (2017). "Multi-Channel Network (MCN) Overview for YouTube Cre- ators." *YouTube Help.* https://support.google.com/youtube/answer/2737059?hl=en, accessed 18 July 2017.

YouTube Help. (2018). "Policies and Safety." *YouTube Help,* https://www.youtube.com/intl/en-GB/yt/ about/policies/#community-guidelines, accessed 26 June 2018.

"YouTube's New Thing (and a New Thing of Our Own)." YouTube video, 3:52. Posted by "vlogbrothers," 13 September 2016. https://www.youtube.com/watch?v=K9V0p29u_UE, accessed 5 July 2017.

Zapata-Kim, L. (2016). "Should YouTube's Content ID Be Liable for Misrepresentation under the Digital Millennium Copyright Act?" *Boston College Law Review,* 57(5): 1847–74.

Zhang, S., and Miller, M. (2017). "China Live Streaming: Would-Be Internet Stars Boost Billion-Dollar Market." *Reuters,* 12 April. http://www.reuters.com/article/us-china-internet-livestreaming-idUSKBN17E0EV, accessed 3 August 2017.

Zhao, E. (2016). "Professionalization of Amateur Production in Online Screen Enter- tainment in China: Hopes, Frustrations, and Uncertainties." *International Journal of Communication,* 10(2016): 5444–62.

Zhou, Q. (2016). Chief Communication Officer, Feidieshou Communication and Tech- nology Company, 16 June, interview with Stuart Cunningham and David Craig, China.

主题索引

H

I

J

K

L

M

N

S

图书在版编目（CIP）数据

社交媒体娱乐 /（澳）斯图尔特·坎宁安（Stuart Cunningham），（美）大卫·克雷格（David Craig）著；陈彦瑾，陶然译 . -- 北京：中国传媒大学出版社，2025. 7.

ISBN 978-7-5657-4010-7

Ⅰ . G206.2

中国国家版本馆 CIP 数据核字第 20256FN948 号

著作权合同登记号　图字：01-2024-2750

娱乐研究译丛

社交媒体娱乐

SHEJIAO MEITI YULE

著　　者	［澳］斯图尔特·坎宁安（Stuart Cunningham）　　［美］大卫·克雷格（David Craig）
译　　者	陈彦瑾　陶　然
责任编辑	裴向敏
封面设计	闰江文化
责任印制	李志鹏

出版发行	中国传媒大学出版社		
社　　址	北京市朝阳区定福庄东街 1 号	**邮　　编**	100024
电　　话	86-10-65450528　65450532	**传　　真**	65779405
网　　址	http://cucp.cuc.edu.cn		
经　　销	全国新华书店		

印　　刷	唐山玺诚印务有限公司
开　　本	787mm×1092mm　　1/16
印　　张	15.75
字　　数	345 千字
版　　次	2025 年 7 月第 1 版
印　　次	2025 年 7 月第 1 次印刷

书　　号	ISBN 978-7-5657-4010-7	**定　　价**	79.00 元

本社法律顾问：北京嘉润律师事务所　郭建平